全球化语境下的新闻传播与媒介责任构建研究

赵轶 著

辽宁大学出版社
Liaoning University Press

图书在版编目（CIP）数据

全球化语境下的新闻传播与媒介责任构建研究 / 赵轶著. —沈阳：辽宁大学出版社，2019.12
ISBN 978-7-5610-9893-6

Ⅰ.①全… Ⅱ.①赵… Ⅲ.①新闻学－传播学－研究 ②传播媒介－研究 Ⅳ.①G210②G206.2

中国版本图书馆CIP数据核字(2019)第296506号

全球化语境下的新闻传播与媒介责任构建研究
QUANQIUHUA YUJINGXIA DE XINWEN CHUANBO YU MEIJIE ZEREN GOUJIAN YANJIU

出 版 者：辽宁大学出版社有限责任公司
　　　　　（地址：沈阳市皇姑区崇山中路66号　邮政编码：110036）
印 刷 者：沈阳文彩印务有限公司
发 行 者：辽宁大学出版社有限责任公司
幅面尺寸：170mm×240mm
印　　张：13.5
字　　数：256千字
出版时间：2019年12月第1版
印刷时间：2020年3月第1次印刷
责任编辑：田苗妙
封面设计：孙红涛　韩　实
责任校对：齐　悦

书　　号：ISBN 978-7-5610-9893-6
定　　价：55.00元

联系电话：024-86864613
邮购热线：024-86830665
网　　址：http:// press.lnu.edu.cn
电子邮件：lnupress@vip.163.com

前　言

　　在全媒体时代，人们的生活与工作都已经无法离开互联网，网络新闻也成为人们获取信息的核心渠道。在全媒体时代，新闻传播在为人们带来诸多便利的同时，也带来了许多现实问题，包括网络谣言、新闻诈骗、舆论恐慌等，严重污染了网络空间环境，带来了严重的社会负面影响。全媒体时代的新闻伦理问题已经成为新时期每个传媒人必须面对和思考的重要议题。

　　全媒体时代的社会是网络的社会，互联网成了重要甚至主要的生活媒介。本书基于当下时代的全球化语境，从现代中国社会的转型与网络焦虑入手，结合新闻学与伦理学的基础理论，探讨在如今多元价值体系的冲撞之下，新闻事业的价值与"忠诚"归属，从隐私权、言论自由、媒体自律等方面解读全媒体时代新闻伦理与新时代的重构。

目 录
Contents

第一章　全媒体时代下的全球化语境　/　001

　　第一节　全球化与全球网络社会　/　001

　　　　一、全球网络社会　/　001

　　　　二、全球与地方关系的重构　/　005

　　　　三、大众自我传播的兴起　/　006

　　　　四、个体与社会自治权的重新建构　/　008

　　第二节　媒介化与社会关系　/　008

　　　　一、移动共生与人际关系的拆聚　/　009

　　　　二、新媒介与人际传播　/　010

　　　　三、移动媒介与移民身份认同　/　012

　　　　四、新媒体与社会内聚力　/　016

第二章　传播革命带来认知革命　/　019

　　第一节　社会传播新基础　/　019

　　　　一、信息技术革命　/　020

　　　　二、自由的流动空间　/　022

　　　　三、认同的力量　/　023

　　　　四、参与规则与网络精神　/　024

　　第二节　新媒体的力量　/　026

　　　　一、交流革命正在发生　/　026

二、互联网拓展后的精神领地 / 027

三、社会能量的积累与爆发 / 029

第三节　从大众社会到网络社会的变构 / 030

第三章　互联网与社会的神经系统的构成 / 034

第一节　网络社会 / 034

一、当代社会的类型 / 034

二、长期演化 / 036

第二节　人类网络 / 036

一、古代历史上的网络 / 036

二、五个连续的世界网络 / 037

三、网络史的结论 / 038

第三节　从大众社会到网络社会的变构 / 039

一、网络崛起的原因 / 039

二、从大众社会到网络社会 / 042

第四章　新时代中国的互联网焦虑 / 050

第一节　当代中国的网络社会焦虑 / 051

一、网络中的个体焦虑 / 053

二、网络中的群体焦虑 / 054

三、当代中国网络社会中的集体认同焦虑 / 061

第二节　焦虑传递 / 062

一、焦虑的个体感知 / 064

二、焦虑的社会传递及后果 / 068

第三节　全媒体时代网络媒体对社会发展的影响 / 069

一、网络媒体对社会裂痕的加深 / 070

二、媒介融合的背景下社会断层的弥合 / 072

三、信任危机之下达成共识的困难 / 074

目 录

第五章　全媒体时代的新闻传播 / 076

　　第一节　社会学视角的传媒市场化 / 077

　　第二节　资本的推动力 / 084

　　第三节　新闻娱乐化 / 088

　　　　一、对报道形式进行形形色色的包装 / 091

　　　　二、再从人力资源来看 / 092

第六章　全媒体时代的互联网伦理 / 095

　　第一节　互联网伦理倾向 / 096

　　第二节　互联网时代的"正义" / 098

　　　　一、作为公平的正义 / 098

　　　　二、程序正义的选择 / 099

　　　　三、互联网的平等 / 100

　　　　四、"人肉搜索"与正义 / 109

　　第三节　全媒体时代的道德原点 / 112

　　　　一、互联网伦理的后现代主义特征 / 113

　　　　二、全媒体时代的道德原点 / 114

　　第四节　互联网与协商伦理 / 117

　　　　一、网络赋权 / 119

　　　　二、网络协商 / 120

　　　　三、网络围观 / 123

　　　　四、网络民主 / 125

第七章　全媒体时代的新闻伦理重建 / 127

　　第一节　转型期中国的伦理失范 / 127

　　　　一、当代中国转型社会中的价值冲突 / 127

　　　　二、社会转型中的伦理失范 / 129

三、社会转型的过程也是伦理重建的过程 / 132

第二节 伦理变迁与媒介功能分析 / 133

一、伦理话题报道的概念界定 / 134
二、新中国成立以来我国的伦理建设及媒介报道流变 / 134
三、新时代社会背景下新闻媒体在伦理重建过程中的社会责任 / 137

第三节 正义的诉求 / 142

案例 / 144
—个隐藏的美国：山里的孩子们 / 144

第八章 全媒体时代的社会责任 / 149

第一节 消费伦理传播探究 / 149

一、消费伦理 / 150
二、我国消费伦理观的演进 / 151
三、当前新闻报道中的消费伦理观 / 153

第二节 婚姻家庭伦理传播探究 / 161

一、当前我国家庭伦理建设热点 / 162
二、新闻中的家庭伦理话题 / 163

第九章 全媒体背景下的伦理困惑 / 171

第一节 "恶搞"的伦理底线 / 171

一、新闻媒体对"恶搞"现象的报道 / 172
二、报道"恶搞"现象中媒介的伦理视角 / 176

第二节 大数据与隐私权 / 177

一、大数据新闻的隐私权保护 / 177
二、大数据新闻与新闻版权 / 179

第三节 底层社会的伦理失陷 / 181

一、相关报道概述 / 181
二、报道折射出的当代伦理困境 / 182

第十章　全媒体时代新闻伦理重建的媒介责任探讨 / 185

第一节　全媒体时代媒体报道理念转型 / 185

一、新集体主义价值观与"宽容"和"尊重"的报道方针 / 185
二、道德建设的层次性与媒体的底线问题 / 186
三、社会结构转型背景与新闻媒体的伦理问题制度解决 / 188

第二节　全媒体时代的媒体责任再思考 / 189

一、新闻媒体在伦理话题报道中的角色定位模糊问题 / 189
二、新闻媒介辨识消极伦理能力、解疑伦理冲突的能力有待提高 / 191
三、新闻媒体在伦理话题报道中对制度的伦理起点的模糊 / 193
四、新闻报道中的叙事伦理 / 194

第三节　全媒体时代的媒介品格塑造 / 195

一、公平伦理 / 195
二、理解与共情 / 197
三、尊重 / 197

参考文献 / 199

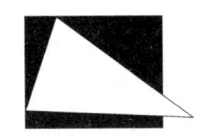

第一章　全媒体时代下的全球化语境

席卷世界的新媒体革命已经成为全球化的一个结构性因素。新媒体以其无孔不入的技术优势，全面植入全球政治、经济、文化的交流与冲突之中。新媒体在成为全球化的助力器的同时，也日益重塑着全球社会形态。

在全球化背景下，新媒体发展日新月异，凸显出强大的传播力与影响力。一方面，新媒体突飞猛进的快速发展对新闻业产生了巨大冲击，它彻底变革了媒介生产消费的方式，加速了媒体的转型，加快了媒介融合的进程。另一方面，新媒体对社会发展、人际关系、民主进程、文化教育等诸多方面都带来了深刻的影响。本章意在从全球范围视角着眼，从新媒体的大发展、新媒体在线新闻生产消费与经营管理、新媒体技术应用、新媒体对社会关系的影响以及新媒体与新闻实践等方面探究新媒体的传播影响力。

第一节　全球化与全球网络社会

美国洛杉矶南加州大学传播学院教授曼纽尔·卡斯特（Manuel Castells）曾指出网络技术是一种新的社会结构的介质和新的文化。随着新媒体在世界各地蔓延，全球网络社会逐步形成。全球网络社会不仅作为更深刻地推动全球化进程的结构性因素而存在，而且成为全球化进程本身的最新表征。

一、全球网络社会

网络社会的结构是以微电子为基础，由数字化信息和通信技术形成的网络。网络社会结构的实质是在人的组织安排下，用有意义的文化传播编码表达生产、消费、再生产、经验和权力之间的关系。网络具有全球性,通过计算机的传导,网络超越了地域和机构的界限。

(一)网络社会的时空观念

加拿大学者哈罗德·亚当斯·英尼斯(Harold Adams Innis)在其著作《传播的偏向》中指出了传播与时空之间的关系,即"根据传播媒介的特征,某种媒介可能更加适合知识在时间上的纵向传播,而不是适合知识在空间中的横向传播,尤其是该媒介笨重而耐久,不适合运输的时候;它也可能更加适合知识在空间中的传播,尤其是该媒介轻巧而便于运输的时候。所谓媒介或倚重时间或倚重空间,其含义是对于它所在的文化,它的重要性有这样或那样的偏向"。英尼斯这里所说的"知识",当是泛指一般的传播内容,他所谓的"时间"和"空间"是结合具体丰富的语境抽取的抽象的时间与空间概念。

时间历来是哲学家们思考的重要命题。西方传统中,时间长期属于物理学视域中的问题。在亚里士多德时代,古希腊先哲们常常被称为物理学家,因为他们所要讨论的主要是自然,而 physis 最初就是自身涌现的东西。涌现者是如何涌现的?物理学对自然根基的追问带来了一种时间观念,这从追问伊始就遮盖了本源时间。譬如,亚里士多德把时间定义为一个现成的现在之流,它自在地流失着。在他眼中,整个物理世界的生灭就受到这种自在之流的时间支配。然而,这种观念受到中世纪奥古斯丁的质疑,他在《忏悔录》一书中表示:"时间究竟是什么?没有人问我,我倒清楚,有人问我,我想说明,便茫然不解了。"在他看来,时间不是"什么","时间只存在于我们心中,别处找不到"。奥古斯丁认为时间具有两个特征:一是"时间存在于人类的心灵之中,是心灵或思想的伸展",二是"过去、将来统一于现在,通过现在而存在"。这种将时间心灵化的理解颇具现代意味,在海德格尔的《存在与时间》中得到回应。海德格尔从生存论角度解释时间,认为时间是时间性的到时。时间性有三种到时样式,即"将来"、"已在"和"当前",并据此划分为三种视界,"走向自己"、"返回自己"和"让……来相遇"。海德格尔对时间的沉思指向的是存在论,他要以此唤起人们对时间结构中自身存在的感知。他认为存在的人有三个特征:必然性,人是被迫进入这个世界中的;可能性,人面临着各种可能性,不断筹划,不断超越自己;现实性,存在的本质总是被现实遮蔽着,人不得不沉沦于世俗生活之中。

在海氏思维的启迪下,我们可以得出现代人的个体时间已经被卷入到社会时间之中的结论。德国哲学家汉斯-格奥尔格·伽达默尔(Hans-Georg Gadamer)认为:"在这些(时间)经验中,时间的实在性不是在某种相期而遇的东西中被变化形式,而是作为人的生存的一种构成因素在其中发挥着自己的作用。自从海德格尔使人的此在的时间性和历史性的存在论意义成为新的主题并把这种'本己的'时间同那种被度量的'世界—时间'明确加以区别以来,我们一直在重新维护时间作为我们生活的'存在论上的'结构因素所起的构成性作用。"媒介作为现代社会的重要特征和结构功能要素,与现代人的生活休戚相关。媒介通过声音、图像、文字为现代人提供了对时间的社会性进行多元解读的途径,对人们有着潜移默化的深刻影响。随着对现代人生活方式的介入,媒介逐渐消解了钟表时间的意义,将现代人的生活时间重新予以安排,建立起新的时序观念,使现代人对时间的体验发生根本性转变。在未竟的现代性的进程中,媒介不断影响和塑造着人的时间意识与观念。

在全球网络社会中,时间观念和认知被改写。一方面,新兴通信技术可以实现多任务的同时处理,从而缩短时间,提高效率。另一方面,新兴通信技术打破了线性时间的顺序,如超文本链接的功能就体现为在时间上对信息进行交叉重组。这一改变对人们的心理和行为都产生了重大影响,人们需要有一个从钟表时间过渡到媒介时间的适应过程。美国加州大学历史学系和电影与传播学系教授马克·波斯特(Mark Poster)在《第二媒介时代》一书中提出:"'实时'概念产生于音频录制领域;在该领域中,拼接式多轨录音、多速录音促成了与钟面时间或现象学上的时间不同的'他类时间(other times)'。在此情形中,对'时间'的正常感觉或惯常感觉必须有修矫器保存为'实的'。而修矫器的使用又一次仅仅把人们的注意力引向钟面时间的非现实性、非唯一性、无实体性以及无根基性。"由于媒介时间与钟面时间存在着不一致性,为了统一需要借助修矫器。但是,随着技术的进步和发展,媒体种类的不断涌现,媒介化时间日益成为人们的参照标准。首先表现为时间的获知途径更加便捷,其次是时间获取的空间有了进一步的扩展。这不是简单地对钟表功能的取代,而是带来一种深层的社会意义,即人时刻处在通信的时间中。在这种状态下,人们把对时间的自主性感受建立在对媒介的依赖上,对时间的掌握与通信和交往密切相关。

再来看空间概念。在网络社会,与实体空间不同,网络空间是虚拟的世界,在物理空间并不毗邻的情况下,形成了一种新型的组织环境。新媒体技术重塑了地理学意义上的空间概念,诚如英国文化地理学家迈克·克朗(Mike Crang)在《文化地理学》中提出:"我们能够将这些媒体形式看成在更强意义上创造了地理学,即依据各种不同的文化标准形成了地区内部与地区之间的互动作用。而且,这些媒体'侵入'我们的日常生活中,就其传播的广度而言,可以说它所创造的地理景观将其消费者完全淹没了，实际上成了消费者生活中的一部分。"媒介重新构造着人们的生活空间，私人生活与公共活动的界限逐渐模糊，在外在形式上表现的是媒介技术的综合，在内在结构上则是媒介与人全方位彼此依存，这种依存体现在人和机器之间的交互关系上。麻省理工学院实验室创始人尼克拉斯·尼葛洛庞帝（Nicholas Negroponte）对此现象这样评价："后信息时代里机器与人，就好比人与人之间因经年累月而熟识一样：机器对人的了解程度和人与人之间的默契不相上下，它甚至连你的一些怪癖（比如总是穿蓝色条纹的衬衫）以及生命中的偶发事件，都能了如指掌。"

基于上述分析，全球网络社会是高度媒介化的社会，媒介改变了时空的观念，时间不再是线性状态，空间的界限也在流动中变得模糊。"全球空间是流动的空间、电子空间、没有中心的空间，可以渗透疆界和边界的空间。在这个全球舞台上，诸经济和文化群落陷入互相直接的极度接触——与每一个'他者'的接触（这个'他者'不再仅仅'在那边'了，而且还在内部）。"

（二）无处不在的无线传播

随着互联网和无线通信的崛起，新一轮的以这两者为特色的技术融合（包括Wi-Fi和WiMAX网络）和分散到整个无线网络中的多个应用程序的传播能力成为网络的倍增点。多种数字化产品传送平台（如新闻、游戏、音乐、图像和视频的交付平台）提供了人类整个活动范围内的即时信息。这种新形式是大众传播和大众自我传播结合而成的。从大众传播来看，无线传播通过P2P网络和互联网向全球用户传送信息。它具有多种模式，基于可以免费下载的开放源程序，允许对任何形式的任何内容进行重新格式化，并经由无线网络散播。从大众自我传播角度来看，这是由用户参与的内容生产，利用自编自导自发行的方式实现多对多传播中的自我选择。这种新的传播方式是以数字化语言为载体，通过计算机网络在全球进行传播互动。P2P（peer-to-peer networking）指的是"点对点"的对等网络，网络参与者可以共享资源和服务，而参与者本身也兼具提供者（server）和获取者（client）双重角色。这将在传播的组织和管理上形成全球多媒体业务网络。波兰著名社会学家彼得·什托姆普卡（Piotr Sztompka）提出："电脑技术强化了另一种一致性：软件，随着相同程序在全球应用，软件成为组织和处理数据信息的共同模式。随着对地方本土文化传统的压制和腐蚀，西方型的大众消费文化成为一个遍布全球的'文化统一体'。"

二、全球与地方关系的重构

全球网络社会如何看待全球和地方的关系？对于多媒体公司而言，资本是全球性的，身份是地方性的或国家性的。全球与地方的关系是研究全球媒介化社会的重要概念。只有发展全球网络才可以掌握全球媒体制作的资源，但征服地方市场的能力取决于其内容是否适合本地受众的口味。全球对地方有渗入作用，而地方又会以何种方式来应对全球一体化的挑战？比利时学者阿芒·马特拉（Armand Mattelart）提出了以下思考："构成全球化网络的无数子网怎样为每一个社区和每一种文化捕捉意义？这些社区和文化又是如何抵制、适应和屈从（外来的）意义？"各文化之间的张力和鸿沟以及出现在世界商业一体化中的离心力，都显示出对新出现的单一世界市场的复杂反应。

数字化促使由技术集成的媒体系统迅速扩散，其产品支持全球/本土传播网络中的多种内容，其进程在媒体平台上得到快速推进。全球媒体的核心格局有如下四个发展趋势：（1）媒体所有权越来越集中。（2）传媒集团能够在一个平台上实现的产品多元化，和一个产品在多元化平台上一样，它们通过不同产品的数字部分的组合形成新的产品。（3）广告收入最大化和目标受众的市场细分是通过跨平台传播产品促进的。（4）最后，这些策略成功的程度是由经济协同作用最佳点来确定的。

全球化的媒体集团打入新的地方市场后，利用有利于它的经营网络和商业形态重新有效地安排着地区市场。它们在当地媒体市场对节目和频道的直接进口，形成全球影响力，如美国有线电视新闻网（CNN）、福克斯（FOX）、娱乐与体育节目电视网（ESPN）等跨国媒体。需要注意的是，虽然输出的节目和内容是按照当地形式制作的，但往往都是基于西方推广的标准格式制定的。

全球化并不意味着地方的消泯，甚至可以说越是在这样的背景下，地方的问题越值得关注。英国社会学家安东尼·吉登斯（Amhony Giddens）认为，"社会学家使用全球化这一术语来指那些强化着世界范围内的社会关系的相互依赖性的过程……全球化不应被简单地理解为世界系统（即远离个人关注范围的社会和经济体系）的发展。全球化也是一个地方性的现象——一个会影响到我们所有人的日常生活的地方性现象"。从吉登斯的观点来看，全球化加强了世界各国的联系，促进了国与国之间的交流，但是全球化本身也是一个地方性现象。在媒介高度融合的今天，全球化媒介社会日益形成，各个国家和各个地方的信息交流愈加频繁。电子疆域在无限扩展的同时重新构造着全球与地方的关系，这是一个动态发展过程。"虽然全球化可算是当今主导力量，但是并不意味着地方主义就不重要了。即便我们曾强调非本土化（delocalisation）进程，但该进程尤其与发展新的信息传播网有关，不应该把它看作是绝对的趋势。地域和文化的特性永远不能消除，永远不能绝对超越。全球化事实上也跟重新本土化的新动态相连。它是指形成新的全球—地方关系，指全球空间与地方空间错综复杂的新关系。全球化就像是拼凑七巧板：将多种多样的地方插到新的全球体系这幅大图画之中。"如果从媒介地理学的视角来看，"地方既是人类从事某一行为的地方，也是由感知而形成的总体印象。它具有以下特征：（1）地方不是静止的，而是动态的，亦即地方是不断变化的过程；（2）地方不是封闭的，而是开放的，地区的分隔边界已经越来越不具有实质的意义；（3）地方不只是客观的存在，也是主观的感受和叙述；（4）地方不是单一的认同，而是独特的感受，承认并尊重地方之间的联系与差异显得非常重要；（5）地方的特殊性不具有专利权，它是可以克隆、复制和再生产的"。

将全球性与地方性相结合，有助于新闻媒体更好地以地方视角思考全球问题。所谓新闻媒体的全球化，是指以全球化的眼光去关注具有普遍意义的议题（如健康问题、教育问题等），并以此指导新闻实践，从而体现新闻价值。2009年9月21日，CNN国际频道推出了新口号"超越国界"（Going Beyond Borders），并把这一理念注入一般新闻节目当中，如世界新闻（World News）、CNN今天（CNN Today）、世界亚洲新闻（World News Asia）、世界欧洲新闻（World News Europe）和你的今日世界（Your World Today），形成世界报道地区新闻主题。

新口号"超越国界"从平台传播的内容上看，强调其国际视野，意在联系起世界各地的受众。例如，英国的《卫报》（The Guardian）及其网站提出的目标是发出世界领先的自由派的声音。英国读者在卫报网站上阅读关于自己国家和世界的新闻、政治、文化和观点，而美国读者在卫报网站上可以看到世界如何看待美国。由此可见，网络是高度细分受众及其兴趣的环境，没有单一的模式可以适合所有的用户。以万维网为例，其目标具有全世界性，意在培养全球范围内不同国家不同民族的人们之间的相互理解和合作关系。从这一层面上看，全球与地方形成一种互相促进的关系。"在指出全球市场互动和碎片化的潜在好处的同时，我们还必须认识到这一分析路径具有两面性。一方面它可能鼓励质疑统一化的逻辑与日常的民主生活组织之间的关系，另一方面它调和了多种形式的文化和种族的再认同"。

三、大众自我传播的兴起

20世纪80年代，经济全球化推动世界范围内经济高速增长。与之相伴随，社会个体民主意识和主体意识不断增强，特别是青年人，更加强调个体与个性，不再满足于被动式接受信息，希望能够积极地参与信息传播，并且主动发布信息，阐述自己对问题的观点和意见。新媒体实现了信息传播者与信息接收者之间的双向互动，信息接收者可以作为信息的发布者。新媒体的个性化使社会个体根据自己的喜好与需要选择和定制接收的信息，能够发表个人对某一事件的观点和态度。新媒体以平民化的姿态，获得更多的社会个体的喜爱。新媒体促进了大众自我传播的兴起。这不是限于一时或一地，而是一种全球范围的普遍性存在。其革命形式起源于以年轻人为主体的用户生产者的自主参与。最为突出的例子就是YouTube与青年人的关系。YouTube是世界上最大的视频网站，2005年由查德·赫利（Chad Hurley）、陈士骏（Steve Chen）和贾德·卡林姆（Jawed Karim）创立。YouTube是典型的由用户生产内容的网站，具有共享的性质。一方面，任何人都是获取者和消费者，他们都可以在YouTube的选择性列表中观看他感兴趣的视频和影片，并留言发表评论。另一方面，每一个人又都是生产者，可以上传视频供他人欣赏。因此，YouTube的出现迅速受到了年轻人的追捧，活跃用户呈现飞速增长的态势。究其原因，抛开设备方面的因素不谈，最为主要的是YouTube有大量的忠实的年轻的拥趸。这些优质用户不仅对时下最新最热门的话题、流行的趋势具有很好的判断力，还能挖掘出珍贵的历史镜头。他们对即时上传的视频按照内容做出较为详细的归纳整理。YouTube会根据用户个人的视频浏览历史做用户偏好分析，根据其主题词进行定位，及时向用户推荐相关的内容。可以说YouTube具有典型的大众自我传播的特质。

基于青年人对新媒体的自然亲近性、接收的快捷性和接触的频繁性来考察他们的使用对媒介发展的重要性，这是很多学者研究的起点。青年人是未来人类社会的代表，他们具有构建未来社会领头羊的作用。"这就是为什么我们主张有必要重新审视在移动通信（领域）携手并进的社区和青年的互构想法。"澳大利亚新南威尔士大学数字媒体研究学者杰拉德·高金（Gerard Goggin）和凯特·克劳福德（Kate Crawford）在《代的断裂：青年文化和移动通信》一文中也谈到为何要选择年轻人作为他们的研究对象，因为他们与技术的联系最为紧密，由此可以窥探到未来的成人社会，从而预知未来社区。"自18世纪以来，青年和技术已经被经常放在一起考虑，就好像当作家在查看与他者联系时希望争取到更清晰的图像一样。技术通常被视为青年天然的合作伙伴，反之亦然，但是这种耦合情况中存在相当大的以及经常不被承认的问题。全球移动通信中色彩杂陈的经验需要更精细和详尽的说明，不是仅仅在技术使用方面，而是在根据构成最普遍的研究主体的小组方面：年轻人。"其中，电子茧（telecocooning，也翻译成远程茧）是一个很好的例证。

大众自我传播的发展鼓励了草根组织和个人创业时所使用的自主传播这一新形式，如低功率电台、私人电视台、利用数字视频的低成本生产以及独立视频生产实践。例如，RSS（Really Simple Syndication），称为简易信息聚合，它搭建的信息迅速传播技术平台，使每个人都成为潜在的信息提供者。RSS 技术目前被广泛应用于网上新闻频道、博客文章、头条新闻、音频、视频等地方。博客、电子邮件以及网络上的其他文件提供 RSS，并且与在线新闻相结合，已经成为传播的新形式。

四、个体与社会自治权的重新建构

在全球化媒介社会中，新媒体促进了个人主义的兴起，促使了社会自治权的建构。新媒体让每个公民都有成为传播者的可能，都可以在平台上对时事等发出自己的观点和评论，由此个人主义得以彰显。这些积极的个体传播者具有很强的行为能力，其力量不容小觑。他们以自己的能力在社会生活的各个领域中引入新的变化，且表现在方方面面，"在工作（创业精神）、在媒体（积极受众）、在互联网（创造性的用户）、在市场（知情'专业消费者'：生产者—消费者）、在教育（电子学习和移动学习教育学、开放内容学习、慕课等）、在保健（以病人为中心的健康管理系统）、在电子政务（参与公民）、在社会运动（草根文化的改变，如女权主义或环保）、在政治（独立意识的公民能够参与到自我生成的政治网络）。在互联网使用带来的社会影响的报告上提供了互联网和社会自治兴起之间的直接关系的证据"。新媒体的发展让个人与社会的关系更为紧密。他们在媒体平台上讨论各种社会问题，寻求解决方案，推动民主的进程。这是社会自治权建构的新形式。为了更好地实现自治，维护自身的利益，他们会为了建立起更大范畴的同盟战线而积极与他者以各种形式进行联系。他们会主动搜寻各方面的信息，并最大限度地将获取的信息在全社会进行共享。

第二节 媒介化与社会关系

在媒介融合的过程中，新媒体在方方面面都对社会产生了巨大的传播影响力，这既是媒介的自我重构，也是重构当下与未来社会形态的重要力量。新媒体的发展改变了社会结构，对社会关系产生了很大的影响。新媒介日益深入且成为人们日常生活中不可或缺的组成部分。它不仅是功能性的使用工具,而且是人际交往、自我确认的重要方式。按照麦克卢汉"媒介是人体的延伸"的思维,新媒介实际上成了媒介化社会中人的存在方式的重要侧面。这肇始于无线移动通信在此领域的快速发展,以及随之形成的密切的人际交往与各种关系的建立。早在1999年,日本东京NTT DoCoMo公司的i-Mode无线网络手机就受到公众和媒体专业人士的青睐,甚至受到了学界的极大关注。这种手机在通话功能的基础上全面开拓新的功能,如提供娱乐。在此过程中,i-Mode与内容提供商实现了互利双赢,用户也从中体验了内容丰富的信息服务。应该说,手机媒体的这些功能体现了高度的人性化特征,是人机交互友好度的表现,"所谓人性媒体特征,是指手机作为一种融入人们生活最深的个性化媒体,具有实用性、情感性与娱乐性三者高度统一的特质……手机全面地满足了个人在实用、情感和娱乐三方面的基本需要,表现出很强的人性化特征"。新媒体对社会关系的影响越发显著,这已经成为一个全球性的社会现实。

一、移动共生与人际关系的拆聚

新媒体的出现使得传播形式发生了很大的变化,对人际关系产生了很大的影响。以手机为例,手机是当下全球最普遍使用的工具,它使人们之间的联系更为便捷,全球也因此被连接成一个巨大的网络。

美国纽约城市大学史泰登岛学院学者凯瑟琳·M.库米斯基(Kathleen M. Cumiskey)在《移动共生:公众冒险行为的先导》一文中对这一现象做了进一步的探究,并且提出了"移动共生"这一概念,大多数手机应用背后连接的是已知的他者,记住这一点是非常重要的。有时候,这种连接可以促使移动共生的发生。移动共生的现象改变了其周围用户的即时感知。这种变化的感知可能会使用户以意想不到的方式行事,因为他们的所在地,即两人通话时所创建的即时周围环境和一些虚拟的不确定的空间之间是分离状态。她从用户心理感知的角度分析了手机所带来的影响。手机的移动性使得用户在联系他人时的环境处于动态变化中,具有很强的不确定性。而环境的不确定性又会影响用户在使用过程中的心理状态,产生不同的行为。

之后,她进一步阐释了"移动共生"的背景,认为其受到社会环境、地理因素和心理状态等因素的制约。手机可以持续地保持与他人的联系状态,从这个意义上看,用户即时将别人带入自己的经历中,以此加强日常活动即时经验的共享,加强自己与他人之间随时随地的联系。当个体联系到他者时,会感到在与对方的互动中，自己心理状态也会悄然发生改变，尤其是当处在亲密的社交网络中。凯瑟琳·M.库米斯基对这种人际关系的变化持肯定态度，并且认为手机作为移动设备，在开发利用情感共享的方法上迈出了第一步。除了加强陌生人之间社会关系的凝聚力之外，最终它会鼓励人们形成世界意识和社会责任感。

杰拉德·高金（Gerard Goggin）和凯特·克劳福德（Kate Crawford）在《代际断裂：青年文化与移动通信》中也谈到关于凝聚力的问题，他们认为通过年轻人的大量使用，手机对社区凝聚力的形成产生了积极的作用。继而，他们进一步论证了手机如何重新定义社会关系以及如何塑造新的公众概念，有力的复杂排列有助于手机和社会的共同构成，这不是独立和团结之间的简单张力。手机有助于创造新类型的公众。五花八门的手机使用方法和移动技术的高度特异性及本地化应用，使它很难在广义上实现深层连接和分离的要求。相反，它可能是富有成效地发展更紧密切合经验的方式。在这里，他们强调了手机在公众意识形成过程中所起到的纽带作用，弥合了在情感社会中断裂的部分。手机作为一种社交媒体，在人们频繁地使用中缔造了新的社会共同体，正如芬兰学者尤卡·格罗瑙（Jukka Gronow）所设想的："即便是在现代社会之中，或者更准确地讲，是否存在这样一种共同体，它是反思性的，同时又是非传统的——就是说，人们不是生来就喜欢被强行'扔'进去的共同体，而是人们自由选择的共同体，涵盖广阔'抽象'空间的共同体，以及有意识地提出自己创造和重新发明的问题的共同体。"手机的自由使用在一定程度上说明了人们在自由选择和组建个人社交网，在这样一张移动网络中，构成了一种新的社会共同体。

二、新媒介与人际传播

新媒体在人际传播方面产生了非常重要的影响。一些学者通过实证研究，力图寻找新媒体给人际交往带来的变化。

在考察新媒体与人际传播之间的关系时，另一些学者则把眼光聚焦到校园里面，研究与新媒体使用普及最为息息相关的大学生们，观察他们的人际关系是如何受到新媒体的影响的。《超越地域的限制人际传播：大学生维持地理上分散关系的案例研究》一文中探讨了大学生如何通过运用新媒体去维系地理上分散的朋友关系。这项研究调查的案例特殊之处在于大学生的朋友在地理上都是分散的，他们中的"亲密关系性"的朋友都不是地理上的近距离者。对于处于人生关键成长阶段的年轻人而言，大学生涯是自身显著发展与社会关系发生重要变化的时期。个人在这一阶段的社交面明显拓宽，维系和开拓人际关系尤为必要。一方面，结识新朋友，许多大学生会与那些在不同地区甚至不同国家长大的同辈建立新的关系。另一方面，不忘老朋友，他们还保持着与一起长大的玩伴的关系。这种关系的开发和维护发生在远离家和父母的新环境中，因而手机起到至关重要的作用。

为了检验手机如何帮助大学生维护地理上分散的友谊，这项调查和访谈于2007年至2008年间在瑞士一所国际大学开展。参与者们均在远离自己国家的地方进行学习。他们中的大多数都没有出国留学的经历。这些学生来自世界各地。根据数据统计，在433名学生中，约65%来自北美（North America）、19%来自欧洲（Europe）、8%来自中东（the Middle East），其余来自南美（South America）。

调查中充分考虑了物理位置和关系类型。物理位置分两种情况：在校和在家。关系类型也分两种情况：在老家的朋友和在大学的朋友。在研究参与者和他们朋友之间的物理距离时要考虑到物理环境的社会饱和问题。当他们的物理环境处于社会饱和状态时，手机在发展和维持人际团结方面没有发挥很大的作用。在这种情况下，那些在身边的人对于参加者而言是居于首要地位的。当他们的物理环境处于社会不饱和状态时，无论其是近或远，参加者使用手机维护人际关系是非常重要的。手机用以建立各种新的友谊，调查数据表明，这些大学生用手机更频繁地接触离他们近的朋友，以发展和保持新的关系，从而远离熟悉的关系。数据还显示，无论在校或在家，高年级学生往往用手机与开发的新关系保持联系，尤其是那些使用手机频繁者，在使用时并不考虑他们在哪里以及他们的朋友在哪里。手机超越地域的限制，实现了人际沟通的直接性。

研究是为了证实手机是否连接或分离我们这一问题的复杂性，然而很难得出定论。无论远近，手机都可以连接起两人之间的对话，它提供了超出地域限制的建构能力。手机将这些大学生与他们在地理上分散的朋友连接在一起。大学生及其朋友之间因手机建立起来的关系有其特殊性，这种特殊性不是指接触的频率，而是连接时的感觉。这项研究涉及了意义建构过程中的二元层面的机器精神（apparatgeist, spirit of the machine）理论。詹姆斯·卡茨是研究互联网、社交媒体和移动电话的传播学者，他和马克·阿库斯一起开发了 Apparatgeist 这一概念，涉及人们如何发展技术与他们之间的关系以及他们如何寻求卓越的方法进行传播。这一概念与20世纪30年代俄国电影大师吉加·维尔托夫（Dziga Vertov）提出的"电影眼睛派"主张有着相似之处。当时社会有着普遍的机器崇拜心理，吉加·维尔托夫也对摄像机极度迷恋，他认为电影的眼睛能够突破人体眼睛的限制，看到更为广阔的视野。电影眼睛虽不囿于时空的限制，但隐藏在机器背后的仍然是人的主观视角对外界的感知。手机也是如此，无论它如何扩展时空，加强人际的联系，它只是手机使用者在此过程中内心体验的实践方式。

三、移动媒介与移民身份认同

移民既要融入新环境，也不可能与原住地彻底隔断。在融入过程中，传播媒介具有重要的社会学作用。早在1922年，社会学家罗伯特·E.帕克（Robert E. Park）在其《移民报刊及其控制》一书中就研究过报纸是如何帮助美国移民改变他们的习俗以适应美国文化和价值观的。当下时代的移民问题，应包含双重指向。首先是跨国、跨族裔的移民问题。在全球化背景下，随着经济一体化的发展，各国贸易的展开，国家与国家之间的交流愈加紧密，人口迁移也更加频繁。作为移民要保持和原住国家的联系，通信方式非常重要，其中新媒体发挥了不可或缺的作用。新媒体在为移民提供非常便捷的联系方式的同时，深刻地改善了人与人之间的亲密关系。其次，无论在发达国家还是在发展中国家内部，区域发展的不平衡或者说差异性，都以不同程度的方式存在。因此，区域性的移民现象同样具有全球化性质。成长于美国中西部的青年，可能会选择前往西海岸经济高地，抑或传统经济文化发达地区去实现自己的人生价值。在中国，北上广深等一线都市，更是吸引着各类社会人群涌入，形成经济改革背景下的新移民现象。

澳大利亚皇家墨尔本理工大学副教授拉里萨·约瑟斯（Larissa Hjorth）做过一项关于移民的调查，并且撰写了《亲密的移动幽灵：一个关于女性和移动亲密感的案例研究》。在研究中，拉里萨·约瑟斯（Larissa Hjorth）选择了澳大利亚墨尔本这个城市作为地理样本，墨尔本是个典型的移民城市。移民通过移动媒体与家庭和他人建立亲密关系，借助于不同的媒体形式表达内心的情感。她选择的受访者有一半是第一代移民，另一半是第三代或第四代移民。受访者来自的国家具有多样性，涵盖中国、韩国、瑞典、克罗地亚、德国等。样本选取单身、已婚、事实夫妻（指未结婚但已同居的事实上的丈夫或妻子，或者是非夫妻关系的男女姘居）和离婚四种关系状态。此外，受访者的五分之一是同性伙伴关系，有两个受访者被认定为女同性恋者。

在展开研究的过程中，首先就涉及如何解读"亲密"一词。在受访者中，亲密关系被形容为理解、信任以及哲学上的亲近、个人、私人、关心、安慰、脆弱性、缓慢、密集、忧郁、同情、尊重、诚实和真诚的爱。

在受访者当中，拉里萨·约瑟斯（Larissa Hjorth）特别考虑到年龄、种族和性别等因素，也特别关注了青年人作为早期新媒体的采用者与现在新媒体的高频用户之间的关系。其中的情况较为复杂，如在与家人的联系过程中，与传统通信方式相比，如何看待打电话或邮件的作用？拉里萨·约瑟斯（Larissa Hjorth）举例论证，一个女人在她二十多岁时曾经首选写信这种旧的通信形式，但当她四十多岁时会热衷于使用语音呼叫的方式。因为距离往往是第一代移民面对的大因素，该因素使这些人随着年龄的增长思想情感更为炽烈，更需要直接交流。有些女性使用打电话或者发邮件的方式，认为打电话或者发邮件更为快捷有效，在表达中能够切实地感受到情感。有些人认为不打电话会丧失语言表达的能力。拉里萨·约瑟斯（Larissa Hjorth）在研究中还发现当女性成为母亲之后，她更愿意用移动媒体和其他妈妈进行交流。

在这篇论文中，拉里萨·约瑟斯（Larissa Hjorth）通过研究发现在澳大利亚这样的发达国家，对于情绪劳动（emotional labor）的关注要远远低于文化关怀。其研究显然受到了社会学家霍奇·柴尔德（Arlie Russell Hochschild）观点的启发，在其1979年的论文《情感劳动、感情原则和社会结构》中，她提出感情规则（feeling rules）这一概念，指出感情规则是社会共享的规范，影响人们去感觉情绪在给定的社会关系中的作用。她认为感情规则对理解劳动的性别层面特别重要，一般而言，女性比男性更容易受到影响。之后，她深化了自己的研究，通过对空姐工作的考察进一步展开她的思考与探索，即对在训练过程中，空姐是如何在危险的情况下控制乘客的情绪以及抑制自己的情绪进行研究，并由此提出"情绪劳动"一词。霍奇·柴尔德在《被管理的心脏：人的情感商品化》一书中提出情绪劳动往往对工作有潜移默化的作用，因而非常重要。随着服务岗位数量的增长，女性移民逐渐增加，情绪劳动将日益走向全球。在她的另一篇文章《爱与黄金》中，她将情绪劳动置于更大的政治背景下阐释。她描述了南—北之间的"心脏移植"（South-to-North "heart transplant"），这是一个非常形象的比喻，来自南方，如菲律宾、斯里兰卡地区的移民护理工作者离开了自己的家人和孩子，来到北方从事有报酬的工作，去照顾家庭富裕的北方孩子和老年人。这些人自己长期与子女、配偶和年迈的父母分离，他们试着将自我快乐附着于他们的日常护理对象——北方儿童和老人身上。这是一种情感转移，诚如柴尔德提出的思考：情感是一种如金的资源吗？它可以从一个地方被提取，并应用到另一个地方吗？她的结论是富裕地区确实"提取"了来自贫穷地区的人的爱，因为这些来自南方的迁移护理工作者已经在精神意义层面上将她对自己孩子的情感迁移到她现在被支付工资去照顾的另一个婴儿身上。流离失所的爱进一步"生产"，并在洛杉矶和雅典等富裕北方地区"组装"，柴尔德向我们展示了通过全球资本主义的镜头看母爱情感的一种方式。

拉里萨·约瑟斯（Larissa Hjorth）的研究无疑是在柴尔德的观点基础上将新媒体引入进来，针对墨尔本这座城市的女性移民探讨移动媒体对情绪劳动发挥的作用。她发现尽管种族具有多样性，但是几乎所有移民与原有家庭会首选直接语音呼叫形式来对话，而发短信则在朋友中占了上风。而在这一过程中，父母和老一代对新的技术使用不灵敏，接受较慢，这也是显而易见的事实。媒体的选择反映了家庭、朋友和合作伙伴之间的各种亲密关系，形成新兴的想象共同体。

无独有偶，德克萨斯A&M大学传播系副教授卡拉·沃利斯（Cara Wallis）在《难以移动的流动性：在北京的边缘青年和手机使用情况研究》一文中对农村和城市的青年女性如何扩大和丰富她们的社会网络进行研究。从城乡之间人口流动的社会迁徙中，手机对人与人之间关系的重塑发挥着作用。他使用了"immobile mobility"一词，其意解释如下："不动的流动性是指和社会技术实践一样的情感实践，它允许外来妇女进入一个新的社会空间，这个空间在她们日常生活的情境中是虚拟的和有基础的。这情境是外来妇女在中国城市的特定位置中和她们拥有的技术和关系中形成的。这意味着当手机融入外来妇女的社会世界时，不同的权力结构告知她们如何使用。由于这些设备有超越这样的结构、开辟新空间的可能，人们必须考虑怎样保存甚至加强这些相同的结构。"

这个词有一语双关之意，一方面表明这些青年女性渴望通过手机使用融入这个社会，并且希望实现阶层流动；另一方面，事实证明她们仍然是北京城市的外来者，虽然使用手机媒体看似融入了新的社会关系网，但是形式层面的流动并不能根本改变她们内在难以突破的阶层流动性。外来女性把使用手机作为对抗僵化体制和文化约束的重要手段。手机方便她们与朋友和家人保持联系，它具有一定的私密性。它也成为扩大社会性的社交网络、缓解自我孤独和发展潜在"关系"基础的重要工具。从表面上看，虽然手机明显增强了外来女性与社区和亲密人之间的情感，但是这恰恰是"难以移动的流动性"的过程，实质上她们所在城市的大部分同龄人不需要面对超越极限的物质环境，这使手机这样的设备在她们的生活中意义重大。卡拉·沃利斯（Cara Wallis）这一研究准确地把握了中国城乡差距，他认为手机对于外来女性的重要程度要远远大于在城市中已经扎根的"本地人"。因为对于这些女性而言，手机既让她们与乡土有割不断的联系，又使她们能够尽快地融入城市。在这一过程中，手机作为重要的通信工具，承载着她们对于故土的思念，寄托着她们对未来的向往，是她们与故乡之间的重要纽带。

在中国语境下，"关系"一词含义丰厚，在这里特指创建一个特定的文化背景。年轻外来女性如何发展城乡之间的各种社会关系，建立人脉资源，手机构筑了其社交的横向网络。这里值得思考的是,从表面上看,手机似乎在消除城乡差距,让人与人之间更加平等,交往也更为直接,尤其对于年轻的外来女性融入城市起到了很大的促进作用。但是,对于手机的依赖程度越高,越证明自己是他者的存在,这就是"难以移动的流动性"。当然,这不是手机创造出来的排斥效应;相反,与手机相关的社会—技术实践都融入了社会和文化模式。

  从社会学角度来看,第一,手机强化了外来者的身份认同。外来务工者是城市的边缘人,手机让她们与这个城市建立了社交联系。关于身份认同,英国文化研究学者斯图亚特·霍尔(Stuart Hall)认为,身份认同源自对自我的叙述化,但这一过程的必然杜撰性绝不会破坏它在推论、物质或政治上的功效,即使是归属性,即使是身份得以产生的"缝合进故事"部分地处于虚构假象状态(也处于象征符号状态)。因此,总是部分地构筑在幻想中,或至少构筑在幻觉领域。霍尔继续分析,从共识语言上讲,身份认同建立在共同的起源或共享的特点的认知基础之上,这些起源和特点由另一个人或团体,和建立在这个基础之上的自然的圈子共同具有或共享。与"自然主义"这个定义形成对比,散发性态度把身份认同看作一种建构,一个永远未完成的过程——总是在建构中。因此,作为外来务工者要想真正融入城市不是一朝一夕的事情,而是她们通过手机一直在建构的城市人归属感的美好愿望。第二,手机加速了自我效能的彰显。外来女性来到城市,城乡之间的差别使她们在身份认同中产生焦虑感,而此时手机的使用似乎抚慰了她们焦灼的心情,让她们最大限度地发挥自我效能。手机作为她们增强自我信心、体现自我价值的工具,能够使她们快捷地融入社会网,进入各种关系之中。但是,令人感到遗憾的是,对于这些女性而言,并非事遂其愿,因阶层自身的稳定性,想要实现由下到上的逆袭并非易事。从表面上看,虽然很多外来女性建立了自己的关系网,在社交网中游刃有余,但是其作为外来者的身份与北京本地人对她们的身份认知仍存在偏差。北京人还是习惯用"打工妹"等称呼去定义这些女性。虽然手机移动性的功能对女性在由乡入城流动过程中提供了方便,但这仅仅是技术层面的,并没有真正地改变外来女性在城市中固化的社会地位。这是内心认同与现实认同之间的差异,"这种差异的根源也许正是符号互动论里最核心的内容——互动——所揭示的。因为,只有建立起真正的互动,彼此间进行广泛的文化与经验的交流,真正的认同才可能慢慢建立起来。这有点类似于一个城市(或者空间某一个点)对个人生活的意义,当你因为某种特别的经历,而与那个城市(或者空间中的那个点)有关联方才有了意义"。否则在城市中,外来者仍然只是一个无根的过客。美国学者拉里·A.萨莫瓦(Larry·A. Samovar)和理查德·E.

波特（Richard·E.Porter）用"文化适应"这一概念来阐释移民现象。文化适应的基本观点是，虽然大多数人在不断适应新文化，但是他们内心仍然保持原文化的价值观、习俗和交流方式，"通常，文化适应是两个或多个各自独立的文化或群体文化广泛而深入地直接接触所产生的结果。这种变化在国际移民中是普遍的，他们发现自身很多方面仍处于另一种文化之中"。

四、新媒体与社会内聚力

集团凝聚力（group cohesion）（也称为社会凝聚力，social cohesion），即成员彼此联系连接的社会群体和集团作为一个整体。凝聚力可以分解为四个主要组成部分：社会关系（social relations）、工作关系（task relations）、自觉团结（perceived unity）和情感（emotions）。它具有四个特性：多面性（multidimensionality）、动态性（dynamic nature）、工具性基础（instrumental basis）和情感维度（emotional dimension）。

（一）家庭关系的内聚力

在新媒体与社会关系的研究当中，对于夫妻关系的研究也颇受关注，并且由此探讨新媒体是如何改善家庭关系、协调家庭矛盾以及如何促进社会内聚力的形成。

马德里康普顿斯大学教授安帕罗·拉森（Amparo lasén）于2006年和2008年两度在西班牙的马德里进行调查研究，其论文《手机都不是个人的：通过移动电话所提供问责制、可接近性和透明度的意想不到的结果》提出手机媒体对于夫妻关系的作用。这项研究探讨的是移动电话如何被用来加强夫妻之间的凝聚力。

安帕罗·拉森（Amparo lasén）在2006年和2008年分别做过两次调研。在2006年的研究中，他对于4对成员的关系进行深度访谈，并且让这些被调研对象详细地做手机使用日记。被考察对象年龄存在差异（20岁以上的青壮年和40岁以上的中年人），这一期间他们的关系、同居生活、后代以及工作情况等因素都有稳定或不稳定之分。在2008年，她又做了一项试点研究，再次对生活在马德里的8位异性恋（heterosexual）的男女，年龄在25岁到45岁不等的不同类型夫妇关系进行深入访谈。

这里首先需要了解的一个背景是，手机运营商在西班牙提供便利且低成本的服务，称为"家庭联产承包"（family contract）。订阅此类型合同的夫妇由他们的手机供应商认定为一个家庭单位。与此相类似的是，中国移动推出的家庭短号系统，称为亲情网。亲人之间组成小团体，彼此以拨打短号（通常是661、662、663等）的方式进行便捷的联系，非常方便，通话费相对较为便宜。在安帕罗·拉森（Amparo lasén）看来，这种方式非常有效地发挥了手机作为社会联络工具的作用，且充分地将经济价值和情感巧妙地联系在一起，既节省了资金，又维系了情感。手机在夫妻关系中的使用揭示了人与设备之间的共享过程，对夫妻之间的相互义务、传播形式和身份认同进行了塑造。

安帕罗·拉森（Amparo lasén）还论证了手机参与夫妻间相互承认和身份认同的过程。这意味着手机企图消除夫妇之间相互冲突时不同的行为、态度和观点。手机在交流过程中同时提供了舒适性和可控性，增加了夫妻之间相互身份确认并试图消除他们之间的分歧。这是夫妻之间的协商（negotiations）、冲突（conflicts）和合作（collaborations）的结果，是关系到通过手机所提供自我认同（self-identity）和自我认知（self-knowledge）的模式。

（二）作为青年媒介社交的"醉拨号"

在大学校园里，手机与醉酒行为相结合，创造醉酒拨号成熟的环境。酒酣之时给人打电话，是年轻人酗酒时的一种冲动行为。这项研究的目的是确定大学生酒后拨号行为的动机，并探讨其中醉酒拨号可能增强或减损学生的社会凝聚力。研究的样本是平均年龄20岁的在校大学生。参加者主要是白种人（Caucasian），其他种族（非洲裔African American，西班牙裔Hispanic，亚裔太平洋岛民Asian Pacific Islander和其他人）也占了一定的比例。女性与男性的比例约为60%和40%。

根据醉酒动机，"一类是技术娱乐（technological reaction）。该技术反映了基于在移动电话技术方面醉酒拨号的特征。围绕着此类的这两个动机包括娱乐（entertainment）和无聊（boredom）。这些动机在以往的研究中已被证明有助于一个人的媒体使用。另一类是酒精（alcohol）。酒精类包括醉酒拨号的动机，这似乎主要是由于酒精对大学生的影响。缺乏禁令（inhibition）和缺乏问责制（accountability）是明确与酒精有关的两种动机"。总之，醉酒拨号影响情感传达的价值，也对小组成员间的社会凝聚力起到积极或消极的双重影响。

（三）线上和线下的社交融合

爱尔兰国立大学信息技术研究者帕特·伯恩（Pat Byrne）在《这里是在线的线下社区！》（*There's an off-line community on the line!*）中特意指出，这项研究专门针对线下社区，研究的是因共同的目标和利益进行局部区域合作的人。

此项研究考察移动媒体的使用，如何发短信帮助组织活动，让队员间关系更加亲近，从而提高整体团队效率。帕特·伯恩（Pat Byrne）选择了冰岛西部两个体育俱乐部，考察电子媒介传播如何维持俱乐部成员作为个人和他们作为团队之间的联系。

在他的这项研究中，"线下"社区综合了使用手机进入他们以创新的方式为基础的传播模式，成功地运营着他们的体育俱乐部。例会是地方社区互动的基础，由手机提供的中介连接帮助成员保持活跃状态。"真正的社区被面对面地展开实践，但技术可以在保持传播活跃，促进组织集团的后勤工作方面提供支撑作用。只需一点点用户创新和谨慎使用，手机可以确保它是这个关系状态的一部分。"

中介的相互作用可以增强彼此交互的更广泛的共同存在，成员形成一种身份共同感。电子媒介传播在促进公民积极参与的作用上是矛盾的：它有时会在我们与他人互动中干预、分散我们的注意力，有时也会起到积极的作用。一个体育俱乐部的成员使用手机有利于集体行动。关于线上和线下的结合，宋黎磊和卞清在研究"中欧信使"微博账号推送问题上，也得出了类似的结论："'中欧信使'微博的受众能从线上获得消息，在线下参与活动，然后又到线上进行反馈，有效地将虚拟空间的公共外交发展到真实空间。虚拟空间和真实空间的协同有助于表达自我、吸引受众，也有利于提升微博平台上公共外交的效果。"

结合上述所有例子，手机到底对于社会关系的影响有何作用？澳大利亚斯威本科技大学的学者罗文·威尔肯（Rowan Wilken）在《结合还是桥梁：移动手机使用和社会资本的讨论》一文中通过考察现有的手机文献，探索移动电话在加强现有的社会关系的工作范围（所谓强链接 strong links）和方便用户直接与外界社会进行更广泛的接触（所谓弱链接 weak links）两种形式中到底是结合作用大还是桥梁作用大。其结论是："手机传播报道以加强现有的社会关系和网络连接，也就是说，'强关系'或社会资本'结合'形式。在文献中，还有进一步的证据表明，手机在某些情况下，还用于建立涉及'弱关系'或社会资本'桥梁'形式的广泛网络。然而，社会资本这两种形式在研究文献中都有，所以并不意味着结合的形式比桥梁的形式具有更大的代表性。"

第二章 传播革命带来认知革命

人们常说,我们生活在"互联网时代"。时代,一般被用以形容"历史上以经济、政治、文化等状况为依据而划分的"某一段时期。突破传播学的固有视角,有关人类历史的阶段划分中,以媒介形式命名时代的例子并不多见。按照麦克卢汉的观点,媒介是人类感官的延伸,它作为人类认识世界的载体,对人类社会产生深远的影响。

互联网始于1969年的阿帕网(ARPANET),随着互联网在世界范围内的普及,一个个闭塞的国家得以进入信息畅通的新世界,开放、自由、多元的信息交流打破了传统媒介的壁垒,并促进知识和权力的下移,使得普通人更易得到促进自己发展的资源。这是"最好的时代",人人都能成为信息的发布者、收受者与使用者,"共景认知"的社会即将到来。这也是"最坏的时代",随着互联网的不断普及,社会层面的诸多问题也逐渐有了"bug"版的升级,网络技术的局限、网络规制的缺位等因素都使得诸如媒介侵犯知识产权、隐私侵犯、电信诈骗、不当的政府管制等新问题层出不穷。

这迫使我们去思考,究竟该如何使用网络这支"达摩克利斯之剑",应该如何去制定互联网伦理规范来维护互联网。本章我们将从人类认知的角度来分析互联网究竟给我们带来了什么。

第一节 社会传播新基础

社会变迁过程由其发生的社会历史时空所塑造。正如曼纽尔·卡斯特(Manuel Castells)在《千年终结》中所说,"现在就是信息的时代,不是将来,我对将来一无所知"。互联网兴起后,信息在社会运行的过程中变得尤为重要。20世纪90年代以来,"网络社会"一词随着互联网的普及开始成为众多领域学者的热点研究对象。迄今为止,国内外学界对于"网络社会"的界定尚未统一,从"互联的赛博社会"到"数字化信息社会",说法不一。

"网络社会"的概念最早由狄杰克(Jan van Dijk)于1991年提出。他认为,网络社会由各种不同网络交织形成,而网络也决定了社会的走向和目标,影响的层次包括个人、组织以及社会。此后,曼纽尔·卡斯特大量使用网络社会的概念描述当代社会的转型。

互联网的雏形是美国国防部设立的阿帕网,其建设初衷在于防止苏联通过核战摧毁美国的通信系统。因此,阿帕网采用了去中心化的设计,由数千台电脑自主结构成网络,节点之间有无数种连接方式,每一节点所遭受的破坏都不会对整个系统的运行构成威胁。20世纪70年代后,微电子学、电脑、电信等技术领域的发展和创新促进了曼纽尔·卡斯特定义的网络社会的崛起。科学技术日新月异,而沟通以及运输工具的发达加强了点对点的互动,社会组织已经由过去的垂直或水平式组织转变为分散的形态。旧有的社会由团体、组织与社群聚集而成,但网络社会却由点与点之间的联结构成。可以说,网络社会对于制造、经验、权力以及文化具有很大的影响力。它超越了时空维度在全球范围内流动。

在网络社会,一场信息技术革命不期而至,信息逐渐成为社会运行的核心动能,空间与时间在技术的作用下自由移动,共识、认同与协商规则使得原来的社会要素被重新整合,一个新的世界正在悄然形成。

发端于20世纪60年代末70年代初的网络社会借由三种力量汇合而生——信息技术革命、市场经济和国家主义的经济危机和再结构,以及文化认同基础上的社会运动。反过来,网络社会带来了新经济(全球经济),带来了新文化(虚拟真实文化),亦使社会关系重新结构化。它由生产、权力和经验的网络所组成,在超越时间和空间的全球流动中构建出一种虚拟的文化。

一、信息技术革命

科学技术是人类社会发展的助推力量。人们习惯上把科学技术革命带来的人类社会的全面突变或革命性变化称作"化",如农业化、工业化、信息化等,而对应的社会形态被称作农业社会、工业社会和信息社会等。每一种社会形态都深深地刻着科学技术的时代烙印,网络社会的信息革命正是这样一种"化"的结果。

信息革命被视为"第四次工业革命",它通过信息生产、处理手段的高度发展带来社会生产力和生产关系的变革。美国率先提出"信息高速公路",用以将政府机构、企业、大学、科研机构等和家庭计算机联网,建成数字化大容量光纤通信网络,更有一些国家和公司提出利用卫星架设"空中信息高速公路"的设想。信息高速公路作为一种高速多媒体传输系统,能在全球甚至更大的范围内传输多媒体信息。然而,"信息高速公路"还不足以说明互联网所具有的功能或应用价值。克里斯托弗·弗里曼(Christophe Freeman)、曼纽尔·卡斯特等人曾提出"信息技术范式",认为信息投入会带来相对成本的降低,并且暗含着普遍的可及性。

从信息技术范式出发,信息革命具有五个基本特征。

第一,信息原料认同观。这种范式认为,"信息便是原料",信息不只是技术处理的对象,信息本身也会成为处理技术。

第二,新技术的强效观。人的活动离不开信息,个人和群体在媒介构成的环境中活动,受到新技术媒介的"塑造",而"塑造"并不等同于"决定"。

第三,网络化逻辑(networking logic)。《连线》主编凯文·凯利1995年在《失控:全人类的最终命运和结局》一书中这样描述网络逻辑:网络是唯一能够没有偏见而发展、不经引导而学习的组织。网络的群集四周都是边缘,因而无论你从哪个方向接近,都是开放性的。事实上,网络是能够称得上具有结构的组织里最不具结构性的组织。

第四,互联网的"构造逻辑"。如果说原子代表干净的简单特质,网络则是对复杂的散乱力量的聚合。这第四个特征基于上述的第三个特征"网络化逻辑"——新技术下构建的网络结构是一种弹性结构,具有重新构造的能力。借助信息技术,网络可以运用到任何组织和领域,并对已有的规则产生至关重要的影响,包括在不破坏组织的前提下翻转规则。网络逻辑还能自动建构原先没有的结构,前提是保留弹性,以保护人类的创造性空间。

第五,开放多边的网络观。在信息范式下,不同领域的技术持续聚合,形成一套复杂的系统。最关键之处在于,这套系统不是封闭的,而是一个开放的多边网络。新技术因其对已有结构的颠覆和改造能力受到瞩目,这是它工具属性的一个表现。网络结构天然具备"去中心化"和"开放"的结构,为人们的创新营造空间,承载了太多人对于自由和民主的期望。一方面,技术本身便具有偏向性,技术的集权和垄断在所难免;另一方面,技术必定受到社会历史环境的制约,难以独立完成人类自由的事业,人们常常将网络技术视为一种解放力量,而有意回避现实中存在的种种反例。

技术和社会一体两面,互为因果。技术在不同社会中发挥着不同的作用,重塑了世界，带来了社会形态的更新，使得资本主义和社会主义都在走向新的"子形态"：信息资本主义与信息社会主义。即便在如今的网络社会，文化和制度也仍然是塑造社会的最根本的力量，技术不可能脱离文化和制度的土壤，就如波兹曼所言："我们并非如其所然地观察现实，而是见到现实在我们语言里的样态。我们的语言就是我们的媒介。我们的媒介是我们的隐喻，我们的隐喻创造了我们的文化内容。"❶

技术史家梅尔文·克兰兹伯格（Melvin Kranzberg）曾提出"克兰兹伯格第一定律"——技术既无好坏，亦非中立。他认为，技术确实是一种力量，但技术在有意识的社会行动领域里的实际发展，以及人类释放出来的技术力量与人类本身互动的复杂矩阵都是有待探索的问题，而非必然命运。

最终，技术之于社会的影响取决于其使用者和规则制定者，如果新规则由强权或者乌合之众制定，技术也可能成为自由的刽子手，产生出一种更强大的压迫性力量。

二、自由的流动空间

空间使事物具有变化性，互联网作为承载多元信息主体的场所，极大地提高了整个社会信息传播环境的自由、开放程度。在传统媒体时代，信息传播活动更少受到来自权力和资本的直接控制，在一定程度上瓦解了精英阶层对信息的集中掌控，缓解了信息不对称的情形。

互联网拓展了时空的概念，线性时间被打乱，成为"无时间的时间"，凝固空间不断漂浮、游移，成为"流动的空间"，作为一种多媒体融合的环境，网络使我们对世界的感知成为马赛克一般的拼接画，独立的行动将带来一系列或可预见或不可预见的结果。当下，互联网如何改变我们的生活？"60后"、"80后"、"00后"给出的回答可能大不一样。网络不是虚拟的遐想，而是一种实际的行动。每一个互联网使用者在面对虚拟与现实混杂的网络世界时都会采取行动，而行动的结果是真实的，作用于现实社会。每个人使用媒介的偏好不同，感知方式、思维方式和交往方式也会大不一样。

网络化，特别是以互联网为基础的网络化，成为一种新的社会交往、动员和决策形式，成为组织和斗争中的工具，塑造出一种新的政治文化：网络意味着没有中心，因而也就没有中央权威。它意味着地方和全球之间有一种直接的联系，

---

❶ ［美］尼尔·波兹曼. 娱乐至死[M]. 章艳, 译. 桂林：广西师范大学出版社, 2004.

使得运动既能够着眼于本地，把认同和利益扎根在本地，也能够在全球进行，使全球成为力量之源。它也意味着网络中的所有节点都可以并应该对网络的目标有所助益，且通过网络不屈不挠地扩充强化其目标。它还意味着，妨碍整个网络运行的节点能被轻易切断或绕开。

然而，随着互联网的不断发展，一系列新问题也开始频繁出现。我们应该认识到尽管互联网的技术本质是去中心化、去权威的，但当下的现实情况却是：权力和资本越来越重视互联网改变现状的力量，因为互联网所带来的改变已威胁到其现有的社会地位和社会控制能力，这是一种十分强大的解构力量。某些政治权力和商业资本开始想要操纵互联网，使互联网朝向对它们有利的方向发展，这就造成了当下互联网在某些层面上被政治权力和商业资本所控制的现象。有学者认为，互联网的发展使得媒介权力被分化为一个个"交互"的小单元。在文化研究领域，关于互联网媒介权力的讨论十分广泛，但有一个较为普遍的观点是：无论哪种媒介权力在哪种媒介权力场域产生影响，都应该是一个有平衡的权力系统。因此，为了使互联网的发展更多地造福人类社会，就需要对互联网进行必要的管理，以一定的规则和力量来规制它的发展。

流动的网络为人们带来自由。我们可以看到，通过公共数据库的检索，通过"民间舆论场"的互动，通过政治事件的实况转播，我们获得了更多的公共信息。这些信息被充分利用，实际上就能说明信息技术在提高人民对于国家的掌控力。同时，自由也是相对的，也可能被异化为对自由本身的压制。信息技术在一些领域被用来监视和控制，比如人口调查、监控不同政见者等。

人们弃绝了对互联网无限的乐观主义期待，开始逐渐认识到它的工具性特征——互联网成为人们获取信息、寻求娱乐、实现权利等方面的重要渠道和平台，为传播谣言、法律侵权、网络犯罪等提供了便利。因此，问题的关键在于人类如何使用互联网。在相当程度上，互联网对社会产生的正面或负面影响就体现在网络内容管理的成效上。

三、认同的力量

互联网使信息网络、人际关系网络越织越密，催生出空前庞大的认同力量。何为认同？认同（identity），是人们意义（meaning）与经验（experience）的来源。它基于但不等同于社会角色，如果说角色是通过社会制度和组织所构建的规则来界定的，认同则强调个人将组织、制度关系内在化的过程。用曼纽尔·卡斯特的话来说，"认同组织起来的是意义，而角色组织起来的是功能"。信息化背景下，认同的力量被进一步放大。约瑟夫·奈（Joseph Nye）认为，获得认同的能力是国家软实力的一种重要体现，也是集体与个人在当今及未来角逐地位高下的重要法宝。认同，尤其是价值认同有了进一步的发展：后现代型的认同不同于之前社会兼容自我、大我还原小我的认同，而是一种在于潜意识的重建主体的认同，是一种解构与重建的认同。

恐怖主义是当今世界的深层矛盾的大爆发，其中一个不可忽视的原因是新网络社会中人们对认同的解构与重建。

作为一个意在分析信息、资本、权力流动的社会学家，曼纽尔·卡斯特把认同的建构置于权力关系语境中，将构建认同的形式和来源分成"合法性认同"、"抵抗性认同"和"规划性认同"。其中，抵抗性认同多由受不公平待遇者发起，是一种"被排斥者对排斥者的排斥"。这种具有防卫意义的认同，能够凝聚和爆发出巨大的能量。

曼纽尔·卡斯特曾如此描述："新的技术以及新的媒体系统，已经成指数地增加了国家面对媒体、面对企业、面对整个市场时的弱点，用相对论的历史话语来说，今天的国家比被监视者受到的监视还多。"对于转型中的中国，抵抗性的认同是当前最重要、最不能忽视的一种认同构建方式。压制性社会会运用新的监视工具使社会更加受到压制，而民主型、参与型社会借助技术的力量将进一步分散其政治权力，增加社会的开放性。在网络社会，如果想理解其系统运行的逻辑、理清网络社会的意义，认同才是求得利益主体"最大公约数"的不二法门。

四、参与规则与网络精神

网络社会处于现在进行时，而非完成时。自从1969年美国高级研究计划署（ARPA）建立ARPANET开始，互联网已经有了50多年的发展。今天，网络已经开始对整个经济体系产生影响。网络将像电话、汽车等发明一样产生深刻影响，并比它们的影响更深远。平等、协作、分享已经成为浩浩荡荡的天下大势。

从全球视角看，有的国家和地区走得快，有的则走得慢，有一些人和地区居于主导，必定又有一些被排斥和边缘化。但我们不得不承认，社会的各个领域正在被网络逻辑以不同的强度穿透。由此，我们需要重新认识和理解这个新世界。一种新社会结构的构建，背后是新秩序和规则的重组，因为一切变动之中亘古不变的是生产、权力和经验的发酵和流动。互联网作为网络社会的一个侧面，催生了"互联网精神"，这种精神基于网络自身的特性，更包含参与、使用者对它的定义。

互联网不是乌托邦，互联网的构建来自于创造而非不劳而获。社会总是由社会行动者所塑造，在公开或冲突的过程中，社会行动者随其利益、构想与价值而被动员。那些假设纯粹理性、自我的主体，企图通过搭便车的方式，自己待在家里，由别人来完成改变历史的工作，必将是失败的寄生虫幻想。同理，网络社会也是由行动者构建的，不是寄生虫的天下。互联网的精神在于开放和分享，这涉及互联网信息与资源的生产、获取和使用，涉及网络自由和秩序的构建，涉及网络权力的流动与平衡，也涉及互联网伦理的解构与重建。

互联网精神也不是盲目自大的理论说教。毕竟，理论架构与历史发展间总保持一定的距离，如果一定要照本宣科地将理论复制为现实，乌托邦理想将导致恐怖。互联网最宝贵的精神，是将无数个体连接起来，创造出一种"参与文化"（participatory culture）。参与不等同于围观，最大的区别在于能不能产生反馈。"参与"是依附于存在感的行动，我们足以在一项行动中找到自己的位置，并且相信自己很重要，甚至能够影响他人、影响社会。

有一种观点认为，社会再结构过程会造成不平等和贫困。事实上，比这更残酷的是，在全球信息化由经济支配的观点下，被排挤的人们和地方将移向与结构不相干的位置，即信息资本主义的"黑洞"（black holes）。用"黑洞"这一宇宙星球间关系的术语来描述网络社会中复杂蔓延着的社会排斥是一种隐喻，但人们的社会结构不像宇宙力量那么难以控制，而是可以协调和改变的，关键就在于重建规则，从而避免更多的人和地域不断陷入"黑洞"。我们不可能只做围观者而拒绝行动。在网络这个"流动的空间"，流动着的信息和财富会对无价值的地区和群体绕道而行，这种忽略比传统的压制、剥削还要无情，不参与、无贡献就会被排斥于"游乐场"之外。

在第二届世界互联网大会开幕式上，习近平总书记就曾强调："不同国家和地区信息鸿沟不断拉大，现有网络空间治理规则难以反映大多数国家意愿和利益；世界范围内侵害个人隐私、侵犯知识产权、网络犯罪等时有发生，网络监听、网络攻击、网络恐怖主义活动等成为全球公害。面对这些问题和挑战，国际社会应该在相互尊重、相互信任的基础上，加强对话合作，推动互联网全球治理体系变革，共同构建和平、安全、开放、合作的网络空间，建立多边、民主、透明的全球互联网治理体系。"这不仅是官方的白皮书，更是互联网语境下协商精神的重要体现。正所谓"天下大势，浩浩汤汤"，由此观之，在网络社会，平等、协作、分享的规则日益成为一种主流趋势，这一切都是互联网给我们带来的机遇和挑战。

随着世界多极化、经济全球化、文化多样化、社会信息化的深入发展，互联网对人类文明进步将发挥更大的促进作用。同时，互联网领域发展不平衡、规则不健全、秩序不合理等问题日益凸显。让互联网的"方舟"穿透信息"黑洞",协作规范才是王道。

第二节 新媒体的力量

交流是现代人诸多渴望的记录簿。从穴居人到后现代人,"交流"始终是一个挥之不去的话题。互联网变革,就是一场交流方式的变革。网络是一种技术结构,也是一种社会生态,它在生理、情感和认知等层面重塑个体,改变整个社会生活。

一、交流革命正在发生

世界分为两个部分,一部分是我们自己,另一部分是自身之外的"他者"。我们每个人在感知和感情上都是独特而私密的,彼此间的"思想流"相互隔绝。因此,交流召唤的是一个理想的乌托邦,那里没有被误解的东西,人人敞开心扉,说话无拘无束。

交流是一种基于共同意义空间的意义交换,是两颗脑袋凭借精细无误的符号和手段产生的意义交换。彻底的交流无比罕见且脆弱,譬如水晶。步入网络时代,个体的社会连接更加薄弱,我们一如既往地渴望交流。

新技术改变了传统的面对面、用言语守望相助的生活,但远距离交流也极易产生混乱,如信件丢失、电话短路、广播跳频等。技术最终把人际关系问题变成了一个适当调频和增减噪声的问题。对于交流的困境,人们试图通过技术的手段加以克服。20世纪30年代,无线电广播的发明创造了一种全新的交流方式,人们对信息的安全传送和远距离接触产生了更高期待。但是,无线电广播单向传播的弊端也显露出来:听众待在家里,注意力是放松的,可以对收音机持轻率放松的态度,听节目时中途退场也不会感到尴尬,更不会对着一个机器认真地发表言论;而作为传播者也有种种担心,因为面对不知名的观众,以缺乏互动的方式发声随时可能导致交流失败。用法国哲学家里柯尔(Paul Ricoeur)的话说,20世纪的话语生成的环境,充满着爆炸了的对白。在这种情况下,广播人很快意识到听众疏离的危险,开始寻求弥补不在场的措施,比如以对话形式模拟现场感,加入明星斗嘴、竞技比赛、促销送礼等环节。

如此做法真能消解交流的困境吗?文化学者阿多诺严厉批评道:一切远距离的关系都是虚假的,模拟的听众群体或观众与明星的互动都十分虚假,除了建立在真正利益或个人纽带之上的交流，实现大众的团结是绝不可能的。媒介是一种中介，意义存在于文本之中。里柯尔认为，从构成文本的意义上说，一切对话都已然分解。彼得斯由此提出，借助于媒介，我们身处其中的交流场景基本上是解释性的，而不是对话式的。只有心灵孤独的人才会指望电影、唱片或广播节目能够对他个人做出回应。事实上，我们全都是心灵孤独的人，因为我们与书籍、宠物、婴儿或远方的朋友"互动"，其中多数都是单向的信息流动。

符号包围着我们，而且总是拒绝告诉我们该如何去解读。我们犹豫不决，因两难而害怕，既怕变成妄想狂，因为一切都是信息，又怕失去解释信息的机会。我们不能够判断一个符号是自我的投射抑或是他人的谚语，是解释性的人为之物还是世界的客观模式。我们置身于互联网带来的数字文化、虚拟现实和网络社会，却无法断言新媒介究竟是缩短了人们之间的距离，还是使交流愈发困难。远距离传播面临着严峻的问题——血肉之躯不在场时，人是否能够参与？这个问题至今对我们的公众生活以及私人生活都意义重大。

交流问题根本上是一个难以驾驭的问题，完全的交流是不可能的。彼得斯公开声称：交流中没有确定无疑的迹象，只有暗示和猜想。我们的互动不可能是思想的交融，最多不过是思想的舞蹈，在这个舞蹈中，我们有时能够触摸对方。交流是没有保证的冒险。凭借符号去建立联系的任何尝试，都是一场赌博，无论其发生的规模是大还是小。我们怎么判断是否已经做到了真正的交流呢？一个讲求实际的答案就是，如果后续的行动比较协调，那就是实现了真正的交流。

但是，交流失败并不意味着我们就是孤魂野鬼，渴望搜寻灵魂伴侣而不得，而是意味着我们有新的办法彼此联系。我们有一个错误的常识——手段的拓展就促成思想的拓宽。事实上，交流是找到各种办法去和他人有意义地分享时间，这是一个事关信仰和风险的问题，而不只是技术和方法的问题。我们所要做的，就是从对"交流"的偏执认识中走出来，承认我们都是凡人，交流永远是一个权势、伦理和艺术的问题，承认完全交流是永不可能的，进而意识到我们应该去认识他者的特性，而不是依一己之好改造别人的思想和行动。如此，交流方能成为一个美好的开端，带我们走进跨越意见分歧的美妙境界。

二、互联网拓展后的精神领地

马斯洛提出著名的"需要层次理论"，将人的需要划分为生理需要、安全需要、归属与爱的需要、获得尊重的需要以及自我实现的需要五个层次。美国经济学家西托夫斯基（Tibor Scitovsky）则提出，人的主要追求分为两类——舒适和刺激，舒适又包括个人舒适和社会舒适，前者侧重个人生理需求的满足，后者侧重身份、地位的满足。

快乐可以通过刺激来获得。我们感觉良好或者不适，体验痛苦或者快乐，都与大脑的活动有关，生物学上称为"唤起"。心理学家认为，每一个未满足的需求都会提高唤起水平，进而激发有机体的动机，并使它为旨在满足需求的行动做好准备，在持续的行动中唤起水平被维持，直至活动完成。舒适感是围绕着最佳唤起水平的一种状态，快乐则产生于趋于最佳唤起水平的过程。通常情况下，需求的满足会同时产生舒适和快乐。拉康曾说，人的快乐在很大程度上源于求之不得。持续地保持舒适将会消除快乐。这是因为，当唤起水平持续地维持在最佳位置时，就不再发生趋于最佳的改变；换言之，不完全和周期性的舒适是和快乐相伴的，而完全和持续的舒适却是和快乐南辕北辙的。

互联网为我们同时带来了舒适和刺激，网络可以用较小的成本满足人们在现实中较难获得的刺激，极大程度地创造着个人快乐。一方面，技术进步提高了工作效率，辅以人们与生俱来的省时省力倾向，人们拥有更多的闲暇时间无处安放；另一方面，技术的进步也为人们提供了更多接近刺激的手段和路径。无厘头的网络视频、花样频出的网络流行语、网络文学、恶搞文化都是网民借助互联网寻求刺激的表现。在互联网空间，我们看到物质和虚拟的界限渐趋模糊，虚拟的领地渐趋扩大。不是物质不重要了，而是物质的需求毕竟有限，精神的需求则可以无限。互联网无时无刻不在创造白日梦，它会促进渴望，甚至扩散一种渴望体验目前生活所不能提供的"更多事物"的不满足感。

并不是我们的工具塑造了我们的行为，但是工具赋予了我们行为发生的可能。与萨丕尔-沃尔夫假说类似，工具为行为的改变赋予可能。事实上，多年来人们在动机上少有变化，但是机会总是随着社会环境或多或少地发生着变化。在机会变化小的世界里，行为的变化也就很小；当机会有了大的变动，行为也会随之变化。

亚当·斯密认为，支配人类行为的动机有自爱、同情心、追求自由的欲望、正义感、劳动习惯和交换倾向等。互联网是一个众声喧哗的场域，人们活跃于个人主页、公共论坛等各个角落，以图、文、声、像等各种形式呈现自我、表达情感。"被剥夺感"强烈的人群尽情地宣泄愤怒，以冀获得同情。表达愤怒可能得到两种截然不同的反馈——同情或反感。如果我们只能看到发怒者的狂暴行为，却不知其怒从何来，我们就很难体谅他的处境，也不会想象到任何类似这种狂暴行为所激发的激情的东西。但是，我们又清楚地看到他所攻击的对象的危险处境，自然地，我们很可能反对发怒者本人而不是他的敌人。可见，网络空间不是大泄私愤的垃圾场，一个人毫无缘由地、过分地表露激情，不仅得不到他人的同情，还会招来怨恨。同时，网络空间中，具有明确对象的愤怒又确实存在，且由于感情色彩激烈而更容易传播。

网络空间中常见的另一种情形是，我们夸耀自己的财富而隐瞒自己的贫穷。人们追求物质，除了获得舒适和快乐，更重要的是被虚荣所吸引，希望被人关心、得到同情、自满自得和博得赞许。富人因富有而扬扬得意，这是因为他感到他的财富自然而然地会引起世人对他的注意，一想到人们都倾向于赞同他，他的内心仿佛充满了骄傲和自满情绪，于是更加喜爱自己的财富。"自我优越感"强烈的人沉溺于过分的自我暴露，在捕获他人的钦羡中得到虚荣心的满足。相反，穷人因为贫穷而感到羞辱。他觉得，贫穷使人们瞧不起他；或者即使对他有所注意，也不会对他所遭受的不幸和痛苦产生同情。由于绝大部分的中国互联网的使用者文化和财富占有率偏低，因而在中国互联网中，仇富也是一种广泛存在的情绪。

我们都希望在网络世界获得更广泛的同情和共鸣，但一厢情愿地自我暴露，如表达愤怒、炫耀富足带来的现实结果往往不尽如人意，甚至招来他人的反感。因此，网络行为必须基于最合时宜的表达。只有通过设身处地地想象他人感受，才能在虚拟空间里获得实实在在的同情和共鸣。

三、社会能量的积累与爆发

在 20 世纪，工业化为人们创造出大量的富足时间，人们可用它来进行创造性的、有意义的活动，但多数情况下，原子化的社会生活使人们成了办公室里的"寄生虫"和家里的"沙发土豆"。时间，作为一种社会不知道如何处理的盈余，被消磨在看电视上。"8 小时工作，8 小时睡觉，8 小时做我们想做的事！"在当下中国，温饱问题也基本解决，物质追求不再是人们生活的唯一目标，在"后物欲时代"，人们如何利用自己的休闲时间填补生活意义的真空？

社会能量是社会系统运作的量度，是人类以文化创造的方式所运用的一切能量，是一般能量的转化形式或社会形式。网络帮助个人实现心理和情感上的满足，同时营造了一个虚拟与现实交汇的时空，在更广泛意义上，互联网重拾并整合了人们的自由时间，通过提供普遍参与、共享的机会，使人类的自由时间变成一种共享的全球性资源。

虚拟网络削弱了组织的门槛，社会化媒体则让分享行为唾手可得。互联网凭借高效率、低成本、虚拟现实融合这三大优势促使"认知盈余"成为一种普遍性社会资产。首先，互联网的高速运算和处理能力，能帮助从业者高效完成本职工作，拥有更多闲暇时间。其次，信息通信技术的高速发展，使人们接触网络的成本降低，互联网的覆盖面越来越大。最后，社交媒体的日常化使用，使知识获取与分享的渠道增加，创造出一种普遍的"参与文化"，网络虚拟社区的成员之间分享资讯、知识，解决现实生活中的难题。社交媒体的发展，让更多网民的虚拟角色与现实身份交融，线上线下边界趋于模糊。虚拟社区成为人们建立联系、扩散交流的有利平台，个体可以在线上结识线下毫无瓜葛的陌生人，甚至通过互动捆绑为利益伙伴，形成细分化、专业化的知识圈子，获得更多的社会资源。

在一个发现成本较低的世界，人们可以轻而易举地找到志同道合的伙伴，结成网络社区，基于爱好而非报酬展开互动、分享。从金钱出发还是从兴趣出发，决定了人的行为方式。在内在动机层面，除了获取报酬外，自治的愿望（指自己决定做什么、怎么做）和有胜任感的愿望（指有能力做自己决定做的事），很大程度上决定了人们如何安排自己的休息时间。社交媒体为大规模创造"认知盈余"提供了可能。过去，资讯大多由专业人士和组织提供，使用者仅能获取；而今，互联网共享理念与社交媒体参与机制使知识分享的效应成倍放大，普通网民不仅是信息接收者，也是信息的生产者和传播者。

人们喜欢消费，也喜欢创造和分享。看电视是消费行为，不是人们利用媒介的全部。而当人们使用网络时，最重要的是获得了同他人联系的接口。想和别人联系在一起，这是一种电视无法替代的诉求，实际上可以通过使用社会化媒体来满足它。按照亚当·斯密的观点，每一个人都是"自爱"（self-love）的，奉行基于个人利益的利己主义。网民个体有着多样而自主的需求，其行动亦在于满足自身需要。但是，网络具有外部性特征，数字网络让分享行为轻而易举，全世界的人都成了潜在的参与者。"成本下降创造了更大的尝试空间，而尝试则可以创造价值，并引发盈利的动机。"[1]

第三节　从大众社会到网络社会的变构

无论居庙堂之高，还是处江湖之远，人们都无法断绝与互联网的联系。互联网作为以计算机网络为基础而延伸开来的媒介形式，渗透到了人际交流的方方面面。它不仅作用于社会生产力的范畴，更作用于社会关系的范畴。从认识论的角

---

[1] 舍基. 认知盈余[M]. 胡泳, 译. 北京: 中国人民大学出版社, 2012: 18.

度来看，互联网的发展始终贯穿了"人"这个活跃的作用因子，即互联网对于社会所产生的影响，都是伴随着改变人类的认知进而改变人类的行为方式而产生的。作为一个"新兴社会"的支撑平台，互联网带来了一场空前的"认知革命"，将人类带入了一个全新的认知时代。

一个人大脑中从未分享的知识、经验、见解和判断力，总是另一群人非常想知道的东西，对于某个人或某群人来说是有存在价值的。知识是人类所拥有的最具兼容性的东西，世界上存在不为人知的信息，但绝不存在不为人知的知识。如果用新经济增长理论来定义，知识概念可分为"软件"和"湿件"，前者侧重于思想（idea），是编码化的、储存在人脑之外的知识，后者类似于技能（skill），是储存于人脑之中、无法与拥有它的人分离的知识，包括能力、才干、信念等。在这个知识爆炸的时代，前者的价值不断贬值，未来社会的硬通货永远是稀缺的后者。如将这种资源整合利用，我们就可以抛弃传统的组织形式，以更低的成本获得最高的效率。那么，如何最大程度激发知识共享、利用认知盈余呢？

如法国经济学家多米尼克·弗瑞（Dominique Foray）所言，利用知识所需的条件包括：社区规模的大小、共享知识的成本、被共享知识的明晰性，以及接收者们的文化规范。[1]在社会化媒体崛起的"人人时代"，互联网重拾人们的自由时间，通过提供普遍参与、共享的机会，使人类的自由时间变成一种共享的全球性资源。

信息共享使参与者有共同的意识，协同生产依赖于创造的共享，而集体行动通过将个人的身份与群体的身份紧密联结起来，建立了共有的责任，这样就在行动上分成"共享—合作—集体行动"三个层级。事实上，业余爱好者的互动形成了一套自治规则，甚至比市场和政府体制更优，而媒介则转变成为一种有组织的廉价而又全球适用的分享工具。在网络社会这种"潮湿"的世界里，传播成为一种"社会连接组织"，成为无时无处不在的"沉浸"。如今，我们有条件向大规模生产领域注入新的生产和组织方式，将我们的自由时间和特殊才能汇聚在一起，去解决那些有趣的、重要的或紧急的任务。

几十亿网民的自由时间总数无比庞大，但是"认知盈余"不等于全世界零散时间的简单相加。靠人们的内在动机加上自由时间来做成一件事是非常缓慢且充满不确定性的。未来社会的前景在哪里？未来的生产力在于人，实现方式在于大

---

[1] DEROIAN F. Formation of social networks and diffusion of innovations[J]. Research Policy, 2002, 31(5): 835–846.

量非专业者的协同合作。在"认知盈余"的地盘上,命令完全不能发挥作用,我们最关键的任务并非完成某一件事,而是创造出一种人们普遍参与的环境。当下中国的社会太"干巴巴"了,需要"加湿",而互联网就是中国的"加湿器",未来的"加湿器"。因此,"干巴巴"的我们要去拥抱"湿乎乎"的未来了,有赖于新技术,在"人人时代",我们以更低的成本分享、协作、集体行动,这是网络社会带给我们的又一场变革风暴。

人们习惯于把媒介当成传播工具,因而有了受众与媒体之分,而未来,人类本身或将成为传播的工具。我们在历史上高估了计算机联网的价值,却低估了社会联网的价值,所以我们花了过多的时间用在解决技术问题上,而不是用在解决使用软件的人群的社会问题上。实际上,我们常常对于媒介带来的文化变革后知后觉,主要是因为我们太习惯于以自我为中心视角来看待事物。

数字网络不仅加强了媒体的流动性,使公共与私人的信息双向交互,同时带来了经济学意义的变革。新的网络化社会产生了新的组织形式。在前现代社会,组织是按硬件的方式构成的,而在现代社会,组织以软件的方式搭建。工业化就像烘干机,将社会关系中一切带有人情味的东西"烘干",个体间的联系变得像原子一样松散。但是,在后现代,组织将以"湿件"的方式契合。克莱·舍基(Clay Shirky)曾把这种变化描述为"未来是湿的",湿是一种黏糊糊的状态,是人与人间模糊的界限,形成众人协同合作的状态,而且,这种协作并非基于利益,也不受制于组织的安排,是一种基于爱和分享的自发行动。某样东西积累到一定程度会发生质变,表现出一种全新的形式,新的媒介工具正在累积着我们创造和分享的个人能力。

互联网引领我们所进入的时代是一个被重新深度整合的时代,各种利益格局被重新整合,而各种领域范畴的界限也被攻破。利用局部网络或互联网等通信技术把传感器、控制器、机器、人员和物资等通过新的方式联结在一起,就可以形成人与物、物与物相联结,实现信息化、远程管理控制和智能化的网络。物联网其实是互联网的某种延伸,它包括互联网及互联网上所有的资源,兼容互联网所有的应用,但物联网中所有的元素都是个性化和私有化的。

在过去,"万物互联"是一个遥不可及的梦想。但今天,物联网是新一代信息技术的重要组成部分,也是信息化时代的重要发展阶段。顾名思义,物联网就是物物相连的互联网,它包含两个基本层面:其一,物联网的核心和基础仍然是互联网,是在互联网基础上延伸和扩展的网络;其二,其用户端延伸和扩展到了物品与物品之间,通过信息交换和通信,使物物息息相关。通过智能感知、识别技术与普适计算等通信感知技术，物联网广泛应用于网络的融合中。与其说物联网是网络，不如说物联网是业务和应用。因此，应用创新是物联网发展的核心，以用户体验为核心的创新2.0是物联网发展的灵魂。

由此观之，工具为行为的改变赋予可能。如果一个工具是有用的，人们就会使用它，就算这个新工具和已有的存在天壤之别，但只要能帮助人们去做他们想做的事，它就一定会为人所用。

关于未来，关于全人类的"最终命运"，凯文·凯利畅想了一个自然物与机器共同进化能力的结局。他设想未来机器将不再由人类制造和控制，而是被大规模植入生物逻辑，从而成为具备自我学习、自我治愈甚至进化能力的"有心智的机器"。

"万物皆媒"为我们创造了一个高度联通的"潮湿"世界，而智能机器、生命机器的设想将为人类打开一种全新的生命环境，自然物与制造物共同进化，机器在"失控"中包容瑕疵，在去中心化网络中进行分布式学习、创新，未来正走向"潮湿"的、充满活力和生命力的网络。

第三章　互联网与社会的神经系统的构成

如今的人类社会是信息化的社会，互联网与人们的日常工作、学习和生活息息相关，正在以惊人的速度进入人类社会的各个角落。互联网犹如社会的神经系统，串联起了社会各个角落，建构着社会、改变着社会、影响着社会。

第一节　网络社会

一、当代社会的类型

要清楚说明处在信息和传播技术影响下的当代社会的社会类型可以有很多种概念，最受欢迎的是"信息社会"概念。本书将信息社会和网络社会这两个概念共同使用，来阐释这个以高速发展的信息和通信技术为标志的当代社会。在信息社会的概念中，强调的是社会基础和活动的变化；在网络社会概念中，关注对象转变为社会的（外部）结构和组织类型的变化。

（一）信息社会的定义

在信息社会（information society）中，信息在各种活动中的密度如此之高，以至于它会使得：

（1）社会组织的基础具有科学性、理性和自反性。

（2）经济的所有利益和领域，包括农业和工业领域，都因为信息产品而获得增长。

（3）劳动市场要求大规模甚至全体都具有更高知识和教育水平（由此出现了知识社会）。

（4）由媒介及包括符号、象征和意义在内的信息产品主导文化。

在社会各个领域中信息的密度让我们看到了一个新型的社会。在各个活动中不断增加的信息密度形成了变化的公分母,它是信息过程的半自发特征。当代社会大多数活动都是"手段",特别是生产和制造信息的手段。这些活动都倾向于和它们的最终目的保持一定距离,并依据自身的动力存在。曼努埃尔·柯司特(Manuel Castells)甚至断言信息已经成为生产和权力的独立来源。

(二)网络社会概念

网络社会(network society)的概念强调的是信息传递的形式和结构,它预示着社会和媒体的深层网状结构。因此,一个网络社会可以看作是一个在个体、群体和社会等各个层面上都以网络为社会和媒体的深层结构的社会。进而言之,不论是个体的、群体的还是组织的,其要素都通过网络联系在一起。在西方社会,个体已经成为网络社会的基本的网络连接要素;在东方社会,这些被网络连接的仍是群体,如家庭、社团和工作组织。

(三)大众社会定义

本书把网络社会和它之前的大众社会进行了对比。大众社会可以被定义为一个在个体、群体和社会等各个层面上都以群体、组织或者社团("大众")为社会和媒体的深层结构的社会。这一组织形式的基本要素是各种将个体组织起来的相关联合体。

(四)概念核实

在后文中,特别是在"从大众社会到网络社会"中,笔者将详细阐述网络社会和大众社会的概念。在此要注意一些信息社会和网络社会概念的限定条件,很大程度上,这两个概念是相互竞争的。韦伯斯特(Webster)认为所有信息社会的概念在指出更多的信息数量、信息产品、信息占有和信息工具等现象上是有益的,能概括这社会新的本质。曼努埃尔·柯司特也因为所有社会都建立在信息基础上而排斥"信息社会"概念。作为代替,他提出"信息化社会"概念——这是一种特殊的社会组织形式,其中信息的产生、发展和传递成为物质生产和能量的基础来源。

在下一节中我们将会看到,自从语言出现以来人类社会都部分地因为网络组织起来了。网络社会的概念作为一个特别的新想法被提出来实际上是更多地偏向时尚而缺乏理论依据的,笔者试图改善这一状况并不意味着否认这一情况的真实性。

(五)其他分类

这些限制意味着对当今社会的其他分类仍然是清晰的,而所有这些都是抽象的。具体的人类社会总是由被人们划定的不同领域的抽象概念联系组合起来的。从经济学意义上讲，几乎所有的现代社会都是经济社会。其中，一种是发达的，另一种是发展中的。在政治意义上，社会或多或少都是民主的。在少数的共产主义国家，政府通常是"中央集权"性质的；在大多数亚洲国家，政府是"发展型"的；在绝大多数欧洲国家则是福利政府；而在美国，政府是为市场经济服务的新自由主义性质。从社会文化角度来看，今天的社会可以被划分为现代的、后现代的和前现代的或是传统的。从社会生态学意义上来看，当代社会的可持续性有多有少。

二、长期演化

最后一个需要增加的限定条件是，信息和网络社会的概念表明了人类社会的演化是一个长期的过程。他们不是一个清晰的有明确的历史开端和终点的社会形式。要弄清楚这一点就要明白信息社会不是在1751年随着狄德罗（Diderot）和德额贝特（D'Alembert）所编著的百科全书的发表，或者是1844年塞缪尔·莫尔斯发明第一根电话线而出现的。在19世纪，工业革命之后，西方社会的现代化逐渐演变为信息社会。在20世纪，它们的社会结构、组织形式和传播结构一起将大众社会逐渐演变为网络社会。因此，现代社会是信息和网络社会到来的先声。在这条道路上，发达的高科技社会比仍处在大众社会阶段的发展中的社会走得更远。然而，人类网络的历史比过去的200年历史更加长久。

第二节 人类网络

一、古代历史上的网络

社会网络和人类一样古老。从群居和部落的时代开始，人类中的个体与其中一些人的联系总比与另一些人要紧密些。古代人类史中的部落包括几十个到上百个人，这个数量足够大，使人与自己的家庭和小孩保持相对其他部落的人更紧密的联系。这对防止因近亲通婚而形成夫妻和伴侣关系具有生物学上的必要性。

根据历史学家约翰·R.麦克尼尔（John R.McNeill）和威廉·H.麦克尼尔（William H.McNell）的说法，社会网络的历史至少可以追溯到人类语言的产生。"我们的远祖通过交谈、交换信息和商品在小群体中建立了社会团结。而且就算是零星的，群体间也有互动和交流。"他们出版的卓越著作《人类的网络》(2003)中对世界史的鸟瞰，尤其是有关社会网络的扩展和加深的部分是本节的指导思想。

二、五个连续的世界网络

麦克尼尔将世界史视为五个世界网络的连续。这些网络的扩展不仅由于生物学上的必要性，更因为新发现和新材料的需要，目的是提升生活条件。在这些网络中，不仅语言和信息在交换，产品、技术、思想、食物、种子、动物和疾病一样在交流。

在第一个全球网络（first worldwide web）中，人类以狩猎和采集部落的形式散居到世界，从非洲、亚洲和欧洲延伸到美洲和大洋洲。他们交流思想和文化（如音乐和舞蹈），技术（如弓箭、火的用法）和基因（如不同部落的联姻）。第一个全球网络非常松散，直到12000年前农业诞生。定居促使人类在一定区域内、一定规模的群体中建立起更有持续性的互动。

大约6000年前，定居形成的本地网络成长为城市网络（metropolitan或city webs），它们被称为信息、商品和传染病的聚集地。这样，最早的文明，比如美索不达米亚、古埃及、古印度、黄河流域（中国）、墨西哥和安第斯文明开始出现。这些文明最早显示了数千乃至数万人之间的联系。这是人类历史上第一次，陌生人被实际联系在了一起。"这是第一次，关键联系和日常的互动范围从制度上超越了人类过去生活的社区。"❶这些文明被跨越陆地的大篷车和航行在河海间的船只联系在一起。

第三个人类网络是旧世界网络（old world web），它成长于大约2000年前欧亚大陆文明和北美的交流中。它意味着巨大的官僚帝国的崛起，比如印度、中国、地中海地区（希腊和罗马）、墨西哥和安第斯帝国。随着车辆、高级公路、快船、书写字母的发明和扩散，交通和交流都明显地加强了。随着流行病的扩散，宗教的纷争以及文明的不同，文明的相邻地区不仅互相交流思想、风俗，也排斥异己，世界网络中的张力也出现了。

从1450年以来，海洋航行使欧亚大陆和美洲之间建立起了真正的世界网络（cosmopolitan web）。欧洲文明对美洲原生文明的统治是一次暴力冲突，结果是文明在每一方面都变化了，甚至包括致命疾病。从1450年到1800年，越来越多的

---

❶ 麦克尼尔JR，麦克尼尔WH. 人类之网：鸟瞰世界历史[M]. 王晋新，宋保军，译. 北京：北京大学出版社，2011.

人移居到城市并被卷入了越来越大的社会网络,结果是信息积累得比以往任何时候都迅速和方便。然而,在1800年,主要人口仍生活在农村,"他们对超出直接经验的世界所知寥寥,因为他们几乎不认字,而且很少遇到陌生人"❶。

第五个人类网络就是已经持续160年的全球网络(global web)。这一时期的特点是城市化和人口增长。社会网络不再扩张,但更加紧密。传播的数量和速率引人注目地提高了。新型的交通工具和传播方式爆炸式增长,如火车、汽车和飞机,以及电报、电话、收音机、电视机,最后出现的是计算机和网络。

全球网络的第一阶段是以大众社会为特色的,它拥有大众传播网络。在第二阶段,网络社会出现。随着全球网络的越发紧密,它逐渐向社会内部渗透。它不仅仅具有巨大的数量并且覆盖全球,还在本质上改变了当代社会的结构和功能。这在所有类型和所有水平的社会媒介网络中都有体现。

三、网络史的结论

在详细介绍网络的规则和网络社会的特点之前,首先需要强调一下麦克尼尔兄弟的人类社会网络史中得出的四个重要结论。

第一个结论是所有的网络都是既竞争又合作的。传播保证了人们的合作,在合作的框架中,专业分工能促使一个社会更为富裕和强大。它同样导致了社会阶层化和不平等。这种社会内部和社会之间的不平等总是促成竞争。竞争者也分享信息,促使他们有所反应,比如和另一些人合作。

第二个结论是一般而言的由历史的发展方向而形成的更广泛的社会合作,不论是自愿的还是被迫的,都是由社会竞争的现实所推动的。合作最多的社会和团体能提高它们的竞争地位和存活机会,还能带来经济收益(通过专业分工和交换)、军事优势(战士的数量、质量和军队的组织)以及流行病防治的优势(通过紧密互动提高对疾病的免疫)。

第三个结论是人类的网络倾向于增长,它对历史的影响同样如此。当今的全球网络是真正全球性的,事实上,没有任何人类社会再处于孤立之中。当今社会中信息交换的数域、速率和重要程度是古代社会中的传播系统无法比拟的。它的重要性也是本书强调信息社会的原因之一。

由此可以证明,人类传播的力量,不论是合作还是竞争,都对地球产生了巨

---

❶ 麦克尼尔JR,麦克尼尔WH. 人类之网:鸟瞰世界历史[M]. 王晋新,宋保军,译. 北京:北京大学出版社,2011.

大的影响。逐渐地，经济增长和人口的增加，城市化和科技发展已经制造了生态后果。如果不是有无数的互动，如食品、能量、科技、金钱等所有包含于现代世界网络中的一切，我们不会有六十亿之众。

第三节　从大众社会到网络社会的变构

一、网络崛起的原因

(一) 历史与社会原因

为什么网络在当代社会崛起？列举一系列历史和社会原因是相对容易的，但要从揭示社会的组织结构和基础建构入手解释网络结构的崛起则难得多。让我们先从历史和社会原因着手吧。麦克尼尔可能会将当今的信息和传播网络的崛起视为全球网络发展的最后阶段。这个网络不再扩张，但它变紧密了，从没有更多的人、动物、植物、疾病、商品、服务、信息、想法和创新以这样快的速度进行全球交换。

社会解释将会强调社会需求和社会对网络在各个层面的适应。在个人层面，我们见证了网络作为加强社会交往和互动的系统方式的崛起。之后，"网络个体化"这一概念被用来形容这一现象。对网络的运用是个体化社会中社会需求的一项证明。网络也能被看作个体的社会副本。在组织层面，公司和机构不再独立工作，它们变成了全面劳动分工的一部分。逐渐地，这种分工被组织进了合作网络。并且，组织们日益对他们开放环境，以便更好地在竞争中生存（如商业组织）或者更好地适应社会要求（如政府和公益组织）。传统的内部组织结构崩溃了，外在的传播结构被增加进来。通过内外传播的新融合，它们才能更好地适应这个变动的环境。

网络同样促成了社会层面大范围的重新建构。在它们帮助组织寻找新的领域、新的市场和进行新的控制的时候，它们也打碎了旧的组织模式。在当代社会，网络连接着同时发生的范围扩展和范围缩小。一方面，它促成了全球化和社会化；另一方面，它也带来了本地化和个人化。这样，它们加速了现代化。

所有这些历史和社会的解释都是明确的，但他们仍然不能解释为什么网络会满足这些社会需求。什么是网络被假定具有超越性的组织特性？为了回答这个问题，我们要挖掘得更深一些，并且要涉及网络理论。这个理论五年来已经有了长足的进展，但令人遗憾的是，这意味着解释将会又一次变得抽象了。

(二)适应与变革

网络是结构,并且能够组织系统,所以网络理论常常在某些方面是结构理论或者系统理论,最普遍的是系统论。在这个理论中,网络被定义为"连接着三个相对封闭系统的一个开放系统"(a relatively open system linking at least three relatively closed systems)。这个相对封闭的系统就是单元,正如我们所知道的,需要三个以上才能构成网络。这些单元被认为是一个封闭系统,是因为其中的要素主要在自身中运动,并且以确定的方式进行再生产。一旦因为某一两个原因,这些元素被迫与环境互动并且和其他单元在网络中相联系,它们就创造出了一个开放系统。在开放系统中,完全的控制消失了,并被偶然和随机事件所代替,这就带来了变化和新的机会。这种打开封闭系统的过程是网络成为一种组织原则的关键。

这种变化的倾向在激发网络理论的两种系统理论中有不同的解释:第一种解释是生物学的,第二种是物理和数学的。根据生物学的解释,系统被看成是不断适应外部物理环境以生存的组织(此种观点见 Maturana、Varela,1980、1984;Prigogine Stengers,1984)。这是此种情况下的变化倾向。因此,网络被认为是一种适应性系统。我们的大脑就是一种复杂的适应性系统,身体同样如此。由此推论,我们的组织和社会也是复杂的适应性系统,它们都是相对封闭的,但是,它们都需要与更为复杂的外部环境相适应。因此,它们通过网络的帮助而具有了开放性。根据埃克洛德(Axelrod)和科恩(Cohen)的观点,适应发生在三个连续的阶段,这也是从进化(系统)论得出的,那就是分化、互动和选择。然而,笔者认为比较适当的顺序应该是互动、变异、选择和保持,本书也会按照这样的顺序进行分析。

首先是互动。网络促成了系统单元之间和之内的互动。例如,在组织内它们打破了部门的隔阂,在变换团队和项目方面为更多成员的交流提供了机会。这为他们提供了改变和(自身)控制组织的机会。在组织之间,网络——特别是电子通信网和计算机网络,减少了使各组织成员难以交流的时空限制。

其次是变异。更加紧密的互动促成了更多的变异。第一,因为新的网络联系,信息检索和交流不断扩展,形成了完全不同的视野。每个接触网络的人都将意识到,每个人都必须打破自己的小圈子去接触外界获取经验。葛兰夫特(Granovetter)把这称为松散联系的力量。第二,变异也有深度。我们的家庭环境提供的信息和互动是基于深厚的连接和高质量的沟通上的。当相对开放的系统从相对封闭的系统中产生,并和它们保持联系时,正是范围和深度上的变异和融合使网络更大更强。一个网络中的人绝不是流浪者，而是有家的。

最后一个过程是选择。这就达到了网络的目的——选择最成功的行动和角色。这符合系统的生存需要——保持。

（三）从混沌到有序的复杂性

系统理论的第二个面向是数学和物理的。在这里不论是自然还是社会系统都由单元组成，它包括以规则的（群集的）或者不规则的（分散的）方式组合而成的要素。在这里，变化的倾向是从混乱中获得秩序。多年以来，网络在数学中被认为是图形。图形描绘出了在一个特殊的单元内各个要素间关系的潜在线索。一个在社会科学上的应用就是由心理学者斯坦利·米格拉姆（Stanley Milgram）发现的。在一个给定的单元内，例如，在美国的案例，平均每个普通人可以通过六个人作媒介与另外任何一个人相联系，这被称为"六度分割（six degrees of separation）"。这个特殊的事实表明群体被紧密地联系着，并且以集聚的方式组织着。正如社会学家葛兰夫特曾概括的那样，这些聚集体经常被松散地联系着。

网络和系统理论都在试图解释一个单元或者系统中那些随机而成的元素是怎样和其他元素连接并以一种特殊的规则聚集起来的。这样，一个复杂的系统得以产生，也就是我们所说的一个与外界环境变化相适应的复杂社会。在一个没有预先的中心而只有平等的互动个体的系统中，规则如何产生仍然是一个问题。答案是有连通性的：从批判的角度看，这是系统内的分阶段转变，也就是说系统中的所有部分都行动得仿佛它们能够心有灵犀。尽管它们的互动是完全被限定的，当大量的（随机）长距离的连接与大量的处于规则聚集体（如群体、社会、组织）中的本地个体相联系，这种批判的视角就浮现出来。这样，一个"小世界（small world）"就在大范围的或者是全球的环境中被创造出来。这些小世界有内部联系并且显示出了规则，是因为两个与第三个元素都有联系的元素比两个随机挑选的元素更容易建立彼此间的联系。和一个陌生人相比，你更可能和你朋友的朋友熟悉起来。

当代社会的社会和媒介网络不断制造出小世界和类似的聚集体，任何个体或者组织都能通过很短的媒介连接相互联系在一起。这引出了一种论述，甚至可以说是陈词滥调，就是我们生活在一个互相联系的世界里，世界从未如此联系在一起。简而言之，这是一个网络社会。

二、从大众社会到网络社会

(一) 网络社会与大众社会的比较

关于网络社会与大众社会的主要特点的比较在表3-1中显示出来。

我们将大众社会定义为一个包含群体、组织和社区("大众")框架的社会结构,这个结构限制着它各个层面的组织模式。该结构的主要成分是各种相关的大型集合体。从历史的角度看,正如麦克尼尔所说,大众社会是全球网络第一个阶段的标志。伴随着工业革命中人们大量地集中到工业小镇和交易中心上来,社会逐渐进化。这种集中典型化的表现就是:当传统的社区融入更大范围的城市和国家中时,它们仍然保持着邻里之间的良好关系。

表3-1 大众社会和网络社会的特征比较

特 征	大众社会	网络社会
主要成员	集体(群体、组织、社区)	个人(与网络相连)
成员本质	相似的	相异的
程度	扩大的	扩大的和缩小的
范围	本地的	Glocal(全球的和本地的)
联结性和连通性	成员内部连通性高	成员之间连通性高
密度	高	低
中心化	高(少中心)	低(多中心)
包含性	高	低
社区种类	真实的和统一的	虚拟的和多元的
组织种类	官僚主义的融合	受信息支配的不同平面
家庭的种类	大家庭	多种关系的小家庭
主要交流方式	面对面	逐渐间接交流
媒介种类	大众广播媒体	窄播互动媒体
媒介数量	少	多

第三章 互联网与社会的神经系统的构成

大众社会的基础成分是家庭、村庄或城市近郊这样紧密相连的社区中的多代同堂大家庭。在大公司中，其他大众组织开始出现，比如合作密切的轮班和部门。大众社会的基本成分或单位是相似的。这并不意味内部冲突和反对意见不存在，而是所有相关的单元都很大程度地表现出相同的特征和社会结构。例如，大家庭的组成部分是标准的单一家庭，包括爸爸、妈妈和孩子。本地社区也是相对相似的或者统一的，他们具有物理上的接近性。

大众社会以规模扩展为标志。公司、政府和其他组织逐渐变大直至成为官僚集团。它们在国家之间扩散直至创造了19世纪的帝国和多国组织。但是，大众社会的范围仍保持在当地，其基本成员的组织仍然与特定的地区相联系，传播也是格外具有当地性。大众社会是彼此相似的单独地区的集合。

大众社会的基本成分或者单元以他们成员物理性的共同存在为标志。这意味着内部高度相连，而外部联系相对较少。大众社会是高密度（本地社区和扩大家庭的结构）的强联系的集合，而且它很少包括那些在松散的网络结构中，把远距离的集合体联系在一起的弱联系。

大众社会单元的内部联系是中心化的。官僚主义模式的组织开始流行，有影响力的中心相对较少，例如：国家的、地域的和本地的政权，军队，众多的公司，教堂和其他文化组织，以及有限数量的大众媒介。作为对中心化的补偿，关系的包容性很高。相互联系的成员很多，而且他们极少被孤立或者被排斥。大众社会比网络社会更多地具有团结的特征。

在大众社会，每一个单元（社区、家庭）只能接触到一种或很少的大众媒体，如一家当地报纸、一家全国性报纸、一个或很少的收音机频道和电视频道。因此，与现在网络社会的标准相比，大众社会媒体的数量是相对较少的。实质上，它们都属于广播媒体，但是一般而言，在大众社会中面对面交流比间接交流更重要。

在20世纪的进程中，大众社会的结构（图3-1）逐渐被网络社会的结构取代，这最先在发达社会或者说现代社会中发生。这种取代的原因将在下面的章节进行讨论，它们主要在经济、政治和文化系统的组织和交流中，以及这些社会的一般框架中出现。为了与大众社会相比较，接下来讨论网络社会的特征。

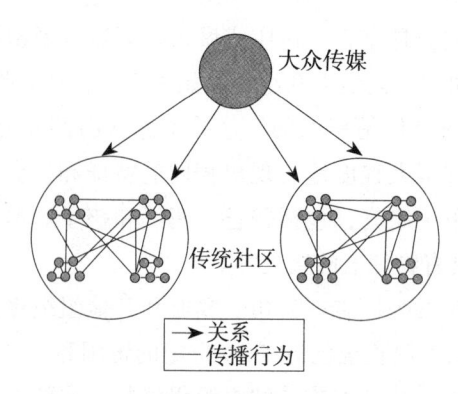

图 3-1　大众社会的社会与传播结构

（二）网络社会特征

正如前文所述，在个人主义的当代进程中，网络社会的基本单位已经变成了与网络相连的个人。传统的本地团体，如社区、扩大的家庭和大的官僚集团都碎片化了。这是由于同时的范围扩大（民族化和国际化）和范围缩小（更小的生活和工作环境）引起的。其他种类的社区开始出现，它由这样的人们组成：他们一方面继续生活和工作于自己的家庭、邻里和组织中；另一方面经常在大范围的网络社会中移动。网络社会比传统社会更加分散，正常的生活和工作环境变得越来越小和越来越不同，同时个人之间的交流和大众媒体的分化程度加剧，所以网络社会的范围和大众社会相比既在扩大又在缩小。网络社会的范围也是全球的和本地的，有时称为"glocal"。它的成员组织（个人、团体、组织）不再局限于特定的时间和地点。在信息和传播技术的协助下，这些存在的坐标能被超越，从而创造出虚拟的时间和地点，同时在全球和本地的条件下行动、感知和思考。

网络社会的社会单位呈碎片化分布，这意味着与大众社会的传统家庭、邻里、社区和组织相比，网络社会交流的密度和内部的联系相对较低。取而代之的是，这些单位的成员个体会选择自己的超越单位的联系，他们运用所有的通信方式，发展了一种个体间高度相关的联系，并且由此而加强了他们各自所在的网络社会单元之间的联系。

网络是相对平坦和水平的，有着所谓的分层社会结构，但是这并不意味着网络社会没有中心（想象一下网中的蜘蛛）。网络往往没有单一的中心，它们是多中心的，其中某些结点会比其他的更为重要。因此，与经济、政治、政府、文化和社区生活具有单一的中心不同，网络社会不那么中心化，它们由大量中心的合作和竞争所代替。

网络社会比大众社会包容性弱。因为出身或者先天原因，你可能一开始就属于大众社会中的某一部分，但在个人化的网络社会，你必须找到自己的特有位置。你必须在每个网络中展示自己的价值，否则你将被孤立，或者被网络排除在外。在网络社会，你必须坚守个体，你不会那么容易被相似的其他人所接受。

网络社会中，虽然面对面交流仍然是最重要的交流方式，但是它也逐渐部分地由间接交流取代或弥补。因为这个目的，大量的人际交流和大众媒介交流正在被使用。传达至每个人的大众广播媒体部分地被互动传播媒体取代——它只传达至经过选择的人群，他们催生了各种新的传播方式和群体——在人际传播和大众传播之间，比如聊天和即时信息群体、现实群体以及现实社区。现实社区加入到网络社会中减少的物理社区，包括他们小而多元的家庭。图3-2展示了网络社会复杂的社会和交流结构。

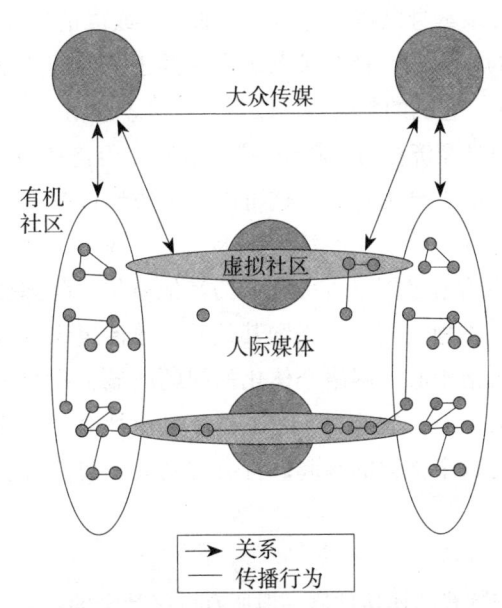

图 3-2 网络社会的社会和交流结构

（三）网络社会关系的改变

1.关于网络普遍的，但是错误的观点

一个社会中另一种结构的出现，意味着社会成分之间的关系正在改变。在网络社会中，个人、群体和组织之间所有抽象的关系和具体联系都发生了改变。而这些关系中改变的主要趋势，笔者认为是由技术和社会原因同时引起的，并由媒体网络和社会网络支持的。

这些改变往往与社会和媒体网络的流行观点相反。比如，一个流行的观点认为，网络不是阶级化的，而是组织的"平等"模式。往往平等自由的网络是垂直沉闷组织的对立面。有些人主张网络的本质就是民主的，或者他们认为网络比他们取代的部分组织具有更高的透明度。另外一个流行的观点是，网络社会对所有人都是开放和可接近的，与特定封闭的组织相反。一个有些负面的流行观点是，网络破坏了现代社会的凝聚力，它们切断了现有的机构，每个人都在自己的分文化网络中进行各自的交流。最后一个观点是，计算机网络不再与地点、时间和物理条件相连，它们给我们提供了更多的自由。至少，笔者认为这些流行的观点都是片面的，与其他组织和交流模式相比，网络并没有更加平等、民主、开放、自由、亲切、不需要条件或减少人们的社会联系。

2.铰链式的联系

在网络社会，关系本身以牺牲它们相关的单元或成员为代价而变得越发重要，可以称其为铰链式的联系，在社会子系统中只浮于表面的关系。它们由社会和媒体网络的组合而形成，它们的影响继而改变了经济、政治、文化和日常生活。

如今我们会将网络经济称为"新经济"。在这个经济环境中，制造者之间的网络关系以合作与竞争的融合为标志。这可能会本质性地改变作为经济的主要媒介的市场。无论如何，网络改变了经济的供求关系。我们会观察到，政策和公共管理机构正把力量转移给通过网络直接联系的其他单位：跨国公司、国际团体、非政府组织（NGOs）、本地公司、个人和其他社会政治组织。从这方面看，国家政权可以被视为传统政治中心。网络个体化的问题凸显，我们正越来越多地选择和控制我们自身的社会关系。这些关系越来越不是由社会环境所强加的。同时，以超链接产品为特征的数字文化的兴起，将会彻底改变我们目前分散的产品和媒介的现状。

3.实质性联系

尽管网络具有铰链式的连接性质，但所有网络社会的关系仍然是与内部单元和环境相联系的，这种联系可称之为实质性联系。在网络的兴起和与相对特定地点、时间以及物理条件相连的单元特征之间存在着张力，而且还在不断加强。与之相类似的是，我们将发现网络的价值——它的全球化程度和自由度，与个体的特征——这些可怜的生物困惑于他们自身的生理需求，以及能动性的限制之间的矛盾。为了理解本书，把笔者观点牢记于心很重要——网络是一种连接有着各种特殊属性的单元或者要素的模式和实体。传统的网络分析倾向于从网络的数量和质量与媒体关系的常规特征中去除这些特性和物质相关性，如交流行为中的规则和资源。

4. 接联系

在网络社会，个人、集体和组织越来越多地直接联系起来，甚至跨越很远的距离联系在一起。20世纪60年代，米尔格拉姆（Milgram）曾经在1967年预言：大部分的美国人相互之间仅仅间隔了六个中介。瓦特（Watts）认为这种人与人之间只相差六个中介的说法在世界范围内都通行。同时，这个数字却可能因为某些原因而变得更少。

首先，迁移性和关联性，不论距离远近，从20世纪60年代起都不断得到增加。其次，中间步骤可以被省略，因为越来越多的大众媒体和邮件清单的出现，人们能够直接地即时地联系（米尔格拉姆的实验介绍的是一步接着一步的个人步骤）。再次，电话和网络的运用更是扩大了直接关系的数量。它们所提供的联系比曾经的要迅即很多。

亚伯特等人注意到在1999年的时候，从一个网页跳转至另一个网页平均只需要19次点击就能实现。网址数量的爆炸性增长并没有引起链接数量和分化程度的同等迅速的增加。与人们类似，网址和网页是集合在一起的。

网络社会里网络连接的发展有社会和技术上的双重原因。社会原因是指现代社会中社会关系的规模扩张，而这种规模型扩张伴随着越来越多或强或弱的跨越距离的联系。技术原因是交通的发达、大众传媒数量和速度的增长以及电话和电子邮件的爆炸式的应用。这些增长的直接结果就是一个联系的世界，这个世界从原则上讲会变得更加有序、联合和协调。

5. 线上和线下结合

网络社会的另一个趋势就是它被前所未有地认为是社会和媒介网络的结合体。15年前，普遍的观点是在线活动会取代会面。在那个时候，"电子屋"是未来社会生活的特征。后来发现在线交流补充了线下面对面交流。现在这种看法还在发展，各种交流方式都不应该被分离，而是应该更多地被结合到一起。面对面交流和通过媒介的传播方式交流会不断变化，社会和媒介网络会互相联系。很可能这更多地体现在通信内容中而不是在"电子屋"或者在工作、学习和休闲的场所中。

社会和媒介网络的结合将会创造出一个非常坚固的、新型的社会公共基础。因此，与大多数观察者相比，笔者不那么担心公共领域中越来越多的亚文化群体会导致使用新媒体的个体间出现隔绝。第八章表明，公共领域将成为不同重叠领域构成的"马赛克"，保持基本的意向不变。

6. 自我参考的媒体关系

在社会中使用媒介传播信息或者利用媒介实现社会关系并不是没有风险的。

每一个媒体都有其自身的影响和价值,如传播能力。社会和媒介网络的联合使媒体自身变成了社会环境。此外,媒体带着自身的利益变成了重要的社会机构。逐渐,大众媒体包括互联网媒体在内,会更倾向于它们自己,谈论它们自己在社会中的角色、它们的节目或明星,并且在它们内部流通信息。这意味着传播它们意识到的和支持的传播关系会逐渐变成自我参考。

网络社会的媒体越来越多地偏向代表它们(大众媒体)或者和它们相联系的(互动媒体)利益和观点。在大众社会,大众媒体被认为是站立于"社会之上"、能够客观独立地分配信息。在网络社会里,大众和交互媒体在很大程度上被植入社会。

7. 互动联系

在网络社会里,由于多向传播带来的社会和媒体网络的结合,社会关系变得更为互动。与单向传播和中心化机构的"大众社会"相比,网络社会的媒体和组织更具有互动性和分散性。互动是连接行为和反应的链条。假如说,互动联系的增长对于现在和未来社会有非常重要的影响,那么在社会的所有领域里可以观察到一种从提供方到需求方、从制作者到消费者、从设计者到使用者的转移。这种转变不可否认。然而,这种转变同样也被很多希望社会关系能够完全被颠倒的观察者夸大了。事实上,相互作用意味着需求之间的相互影响。选择、设计和生产仍然是与提供者相关,使用者主要从已经被设计好的目录中选择。他们的选择自然而然地影响了下一次提供过程,他们自己也可能会变成提供者。越来越多的公司、政府和个人轮流充当商品、服务和政策的生产者、消费者和执行者。

8. 高度组织化的联系

对于作为一种组织原则的网络的兴起,最重要的就是它是中心化和去中心化的结合。这样,网络社会的各种关系被更好地组织起来。在本书中,我们将会揭示网络的"秘密",即它巧妙地结合了组织的开放和"封闭",中心化和去中心化,规模的扩张和缩小。

相对于传统的大众媒体的形式,网络作为一个组织上和媒体形式的应用能够降低复杂程度。因此,官僚组织的旧模式和中央协调正在消失,然而,有些组织上的控制并没有消失。传统官僚主义被一种所谓的"信息政治"所代替,这种"信息政治"是建立在信息通信技术的基础上的。

9. 代码关系

作为复杂性、不确定性和风险提高的结果,社会和媒体网络拥有越来越多的程序控制和通行代码。信息通信技术的网络尤其需要各种各样的程序、代码和通行关口,以防止有害的使用。这意味着网络社会里的所有关系事实上会越来越程序化和代码化。这正好与认为网络是传播和决策的一种不正规模式的流行观点相反。在本书中，我们可以看到所有被使用的代码都有争议，而且没有一个是完全中立的。代码是力量的工具，它们界定了个体自治和隐私保障的机会和价值。

10. 可选性和独占性

另外，代码的使用还使网络的操作更具可选性，不管是对外还是对内。尽管在原则上它们应该去联结每个人，发布消息，推动传播。但实践上，它们倾向于在当代社会中导致更大的不平衡。这就是网络社会里逐渐增加的可选性和独占性趋势。

社会网络里向来存在不平等。当媒介网络加入其中时，又增加了新的不平等。实体的可接触性、数字技巧的掌握和实践机会、技术运用的分配是很不平等的，昂贵、复杂和多功能的信息通信技术尤其如此。最糟糕的情况是，这些数字鸿沟（包括实体上的可接触性，技巧的掌握和实践机会）甚至会导致结构上的不平等。结构不平等意味着人们在社会媒介网络中占据的地位的差别，这会在很大程度上决定他们是否能对社会某些领域的决定产生影响。

11. 不安全的联系

这里最后总结的一个趋势就是关系的持续性越来越低。网络社会的不稳定将会被着重强调。公众情绪、意见的宣泄、发表和突发性危机成为这个社会的特征，因为它变化得太快。而且，媒介网络的使用让社会关系变得脆弱、技术化和社会心理化。对媒介社会网络而言，创造可信的、信息丰富的传播内容是条件，也是问题。信息通信技术网络作为技术系统来说尤其脆弱。我们的风险是社会和组织的主要功能正处在紧急关头，因为我们已经让自己完全依赖于新技术，而且也无法找回从前了。

传播网络的应用并不仅仅依赖于脆弱的技术，也依赖于典型的社会和精神现象，如信任、承诺和丰富的信息交换。这些特征的缺失会引起网络传播的不安全，甚至导致它的破碎。网络传播只有在不安全系数很小的情况下才可维持。20世纪80年代和90年代对以计算机为中介的传播研究也支持了这个结论。

第四章　新时代中国的互联网焦虑

塞缪尔·亨廷顿提出，"现代性产生稳定，而现代化产生不稳定"❶。传统中国是以小农经济和宗法制为基础的封建农业国，这种高度稳定的社会结构自战国肇始，一直持续到清末。民国期间社会结构虽产生激烈变化，但以农业手工劳动为主的落后生产方式到新中国成立后也没有发生实质性的变化。直到改革开放之后，农业在国民经济中的比重才开始下降，人口大规模地向工业区和城镇迁移。工业化、经济体制转型、全球化等带来的社会结构的巨大变迁和价值观的多元化，瓦解了数千年来不变的规则和秩序。整个社会的人员、资源开始在横向的区域、纵向的阶层间加速流动，"随意、混乱、不确定"代替了"寻常、普遍、合理"。"农业社会稳定的社会结构提供给人们的安全感和生活的延续性已不复存在，变化和不确定是这一时代人们生活的主题。"❷与此同时，这种剧烈的社会变动中，夹杂着国家计划与市场经济、国家统辖与社会自治、组织利益与个体利益等方面的剧烈冲突。哈贝马斯认为："危机来临，是指寻常、普遍、合理的状态瓦解了，随意、混乱、不确定性和漂浮压倒了以往的规则和秩序。在这一情况下，事物一反常态，顺理成章的行动不再带来习以为常的结果，事件变糟了，始料不及，茫然失措，这几乎是所有人一生的普遍感受，也是每一个时代、族群及其文明于发展中必然的伴随产物。"❸而当下中国，正当其时。

---

❶ 亨廷顿.文明的冲突与世界秩序的重建[M].周琪,等译.修订版.北京:新华出版社,2010:34.
❷ 陈立辉.互联网与社会组织模式重塑：一场正在进行的深刻社会变迁[J].社会学研究,1998(6):13.
❸ 李彪,舆情.山雨欲来：网络热点事件传播的空间结构和时间结构[M].北京：人民日报出版社,2011:41.

第一节　当代中国的网络社会焦虑

现代化是社会经济发展的衡量标准，而现代性强调个体独立以及社会层面上的自由、民主、法制，是一个社会的规范和价值观念。规范和价值属于上层建筑，具有惰性，往往滞后于社会经济发展。当下中国，国民经济总量连年增速高于百分之六，已经成为世界第二大经济体，但相较于社会文化的变迁，市场结构和社会经济水平变化过快。

经济全球化进程，将中国经济带入全球性经济的周期循环中，尤其在2008年全球金融危机之后，中国经济始终处于起伏与调整状态，2012年后，中国经济更是一直处在下行的风险中。曾被高速经济增长掩盖的社会矛盾不断暴露出来。房价与工资的巨大差距、资源富集阶层与资源贫瘠阶层的矛盾，成为这种变动、冲突爆发的焦点。

当代中国的社会焦虑，处于社会环境和媒介环境的综合作用下。网络作为一种媒介，其使用本身就对个体情绪存在一定影响。有研究者发现，个体对互联网沟通功能的使用，可能来自个体现实的社交焦虑，虚拟社交有利于减轻焦虑情绪，但也可能进一步加重社会孤立；个体对于互联网非沟通功能的使用，可能增加使用者的抑郁、焦虑情绪。另外，个体的互联网使用时间也与个体的消极情绪存在相关关系，互联网使用时间越长，越可能使个体感到浪费时间，从而产生内疚、焦虑等情绪。

微博、微信和移动终端普及后，个人媒介使用成本、门槛大大降低。社会话语权部分下放，为普通民众所掌握。官方话语与民间话语的分歧频频发生。但在"人人都是传声筒"的微时代，官方及官方媒体垄断社会话语权的情况已经不复存在。官方媒体感到对社会议题引导力不从心，在设置议题之后，不再拥有报道"群众反应"的镜像功能，群众的反应情况直接由其本人呈现在社交媒体上。"官方媒体报道事件——社交媒体内掀起舆论反应——官民意见分歧——官方媒体用道德标准评判民间观点"已成为常见的社会意见流动模式。

同时，个体的情绪感知和情境密不可分，默顿的紧张理论认为，社会结构的变化会影响人的个体感知。"社会结构紧张"是指不协调的社会结构能够造成此社会中不同个体间的关系、不同群体间的关系都处于一种矛盾的、对立的状态。社会的各种关系都处在一种强大的张力之中。社会矛盾会在这种张力特定的作用点发生激化，从而导致社会危机或其他社会问题的发生。当下中国，社会整体的改革开放和经济发展，形成了一种渴望经济利益的社会文化氛围，中国的文化传统没有形成一种经济利益之外的信仰，既成的社会结构也无法提供足够的获得成功的手段，无法保证不同个体的机会公平，人们的渴望和现实处在一种失衡的状态。个体之间、群体之间的分化以及代际分化造成了一种社会紧张、对立的状态，群体内部的焦虑、不同群体间的敌对，以及社会整体的认同焦虑都加剧了社会结构的不协调。

从具体的社会现实来说，目前我国社会的焦虑情绪主要包括：农民失地、房价过高引起的公民财产权的焦虑，贫富代际传承、教育资源分配等引发的公平焦虑，等等。这些由外部不确定性而引发的内在的不安感，从不确定性的角度引发了社会焦虑。焦虑可能引发进一步的逃避社会责任、安于现状、依赖权利主体、加入社群、群体敌对、民族主义运动等行为。社会群体按照资源分配情况进行划分，资源分配不公造成的一些人的相对剥夺感，促成了这些人的群体认同，并形成弱链接的群体，他们以共同的剥夺焦虑为纽带，对外部群体进行标签化，形成敌对和不信任，为进一步的社会冲突埋下了可能性。

"人类的社会系统倾向于按照一定范围内的群体不平等来组织。历史记录表明，这一系统存在一个等级强力化和弱力化的平衡点，并通过等级合法化和等级强力化，维持系统的相对稳定。而当社会系统以等级性的、三态的方式被组织起来，当基于群体的社会等级的程度即将变成道德上令人不快的或结构上不稳定的时候，等级平衡便会出现。"❶如果群体的社会等级进一步发展分化，产生了结构上的不稳定和道德危机，社会不同等级之间的身份焦虑就会产生。结构上的不稳定和道德危机已经出现在当下的中国社会，弱势群体普遍认为其弱势的现状是由精英集团的剥夺造成的，而这种剥夺是不道德的。

现实中，除却经济发展、社会结构、环境污染等问题外，近年来一些地方政府处理群体性事件的方法也从侧面加剧了社会的焦虑情绪。加州大学洛杉矶分校的李静君教授认为，中国的基层"维稳"很少使用国家暴力机器，维稳的过程更是抗议民众与地方政府的一场讨价还价的过程，地方政府常常利用物质利益来驱散抗议者，这种即时的利益交换由于能够迅速解决问题，同时绕开了法律，因而成为一种被广泛采用的维稳方法，但也削减了法院在社会冲突中的作用。法律具

---

❶ 斯达纽斯,普拉图.社会支配论[M].刘爽,罗涛,译.北京:中国人民大学出版社,2011:57-58.其中,基于群体的社会等级的"三态"体系结构,是指年龄系统、性别系统、专断系统。

有相对稳定性，带来的是执行程序和结果的相对稳定，但处理时间相对较长。法律成分在处理群体性事件中的减少，使抗议民众可以通过增加群体事件的频度、强度等方法增加抗议收益，这从侧面刺激了群体性事件的频发。

媒体对社会情境的营造直接影响了个体的情境感知。网络已经成为名副其实的大众媒体，网络巨大的信息量带来的信息冗余，以及网络媒体与传统媒体信息的不一致，都会给受众带来信息焦虑。传统媒体出于自身传播周期和审查流程的限制，在信息传播速度方面往往落后于网络。两种媒体之间存在的时间差，为流言、谣言制造了生存空间，人为地增加了信息的不确定性和民众的不安全感。由于网民的目标诉求、对信息本身的了解度、赋予的情感等不同，本来模糊不清的信息形态又经过网民各自的加工，打上自己的渠道烙印，很容易导致流言、谣言甚嚣尘上和社会心理恐慌。

人天然就有逃避思考、将事务简单化的倾向，更容易接受逻辑简单、冲突感强烈的新闻，媒体信息出于业务规范和各种限制，也更乐于接受和传播标签化、刻板化及带有冲突性的信息，两者相辅相成，共同削减了公共领域中的理性因素，加剧了环境的不确定性和社会的焦虑感。

目前，我国的社会性焦虑主要来源于现代化发展所带来的社会变动，宗法制进一步瓦解带来的个体孤独感增强，以及后现代社会本身所具有的众声喧哗、缺乏权威、刻意反权威的文化。这种社会焦虑的后果，主要有引发个体不安和对社会结构的怀疑、增加群体集聚的可能、增加个体和群体间的敌对情绪、加剧谣言传播等。

个体焦虑情绪在网络上呈现的方式，主要有直接诉说焦虑，以幽默化、游戏化的网络流行语诉说焦虑，言辞激烈、敌对的网络评论等。群体焦虑情况的呈现方式，主要有网络热点事件中网民对自身的"弱势归类"，对事件理解的刻板化倾向，对"权贵群体"的声讨和网络谣言的传播等。另外，在民族主义事件中，认同焦虑具有社会整体性，这既有利于加强团结，又存在暴力化的倾向。

一、网络中的个体焦虑

从严格意义上说，网络上各种焦虑的表现形式，其本质都是个体焦虑。个体焦虑的表现形式，较为直接的有表达焦虑的个人发言，较为间接的有幽默化、游戏化的网络流行语，言辞激烈、敌对的网络评论等。与表达群体焦虑的流行语不同，标示个体焦虑的流行语，表达的是个体特征、状态和情绪。但是人们在表达自我情绪时，倾向于将自身详细化、独特化，而指称他人时，倾向于将他人进行归类表达。

理解游戏取向是理解人类行为的重要途径，现实生活的焦虑不安与网络的游戏性使用在网络中交叠出一种特殊的焦虑表征。包含戏谑情感的网络事件、网络流行语的大范围传播，就是一种以游戏的形式进行的网络传播。网络时代，话语权的平民化常常使网络运动成为解构权威的过程，权威的消失加剧了网络中国的后现代特征。利奥塔在《后现代状况：关于知识的报告》一书中提到，后现代中"具体的个体本身体验着'卑微的意义'和'解体的形式'，这种结果实际上不是一种解放，而是一种疲惫厌烦的无聊心态"❶。网络事件中的游戏取向，与大量年轻人对现实的无力感结合起来，在年轻的网络使用者中形成群体共鸣，使网络事件、流行语与个体焦虑大范围迅速传播，加剧情绪的蔓延。

另外，幽默作为一种最普遍的也是最有效的化解焦虑与尴尬的方式，被应用到流行语中。自2006年以来，我国网络话语的表达方式，经历了"恶搞"、"囧化"、"戏谑"三个阶段。戏谑糅合了讽刺、夸张、喜剧、娱乐消遣等形式，表达了民众对诸多社会现象不满又无从改变时的无奈和焦虑。科层制体制的延续，使绝大多数青年无法进入体制内，政治参与的无路径，使其产生一种权利运转的"多余者"的自我认知。现阶段的网络事件中，戏谑话语多作为对社会焦点事件的旁观式表达，对抗话语多作为参与式表达。

流行文化是时代社会意识形态的表征，自我定性式的网络流行语是网络时代特有的个人焦虑的呈现形式。近年来的这类网络流行语主要有"打酱油"、"蛋定"、"hold不住"、"悲催"、"囧"、"神马都是浮云"、"鸭梨"、"亚历山大"等。逃避作为焦虑情绪的后果之一，直接引发了社会生活参与度的降低，而"打酱油"与"神马都是浮云"所表现的正是这样一种社会参与感趋弱的心态。"鸭梨"、"hold不住"、"亚历山大"则正面描绘了人们承受压力的心理现状。"蛋定"、"囧"等词绘声绘色，甚至图文并茂地表现出焦虑心态中个体感受到的不确定性。

二、网络中的群体焦虑

焦虑情绪的普遍性和潜伏性，加强了它的触发性，很容易受到网络事件的刺激而爆发出来。而网络群体焦虑的表现形式，主要是有群体标识性的网络流行语和网络事件，网络事件同时也会创造独特的网络流行语。社会群体的对立是网络焦虑的一个重要原因，也是网络焦虑的一种表现形式。

个体的群体归属来源于自我归类和他者对自己的归类。自我归类模型的形成

---

❶ 利奥塔.后现代状况：关于知识的报告[M].岛子,译.长沙：湖南美术出版社,1996:195.

开始于如下事实：聚在一起形成群体的人认识到他们共有的特征以及把他们和其他群体区别开来的特征。人们假定影响和说服是与这种知觉紧密联系在一起的。因此，当人们觉得某些反映的信息价值或其说服性会成为某些群体内规范或共识的典型时，它就是完全平等的。在很大程度上，什么样的行为或意见被看作是合适的和符合要求的，取决于人们在任何特定时间内作为其成员的那个群体。群体共识度越高，人们就越可能认为群体的观点浓缩了对于世界的某些客观上正确的看法。当人们希望与他人一致时，就容易受到这些人的影响和劝说。随着群体成员身份的重要性或显著性的增加，人们对于一致的期待以及相互影响的可能性也会增加。

中国文化孕育于数千年的封建宗法制度体系中，中国人历来崇尚权威，习惯于受固定价值体系束缚。改革开放以来，多元价值和观点突然涌入，整个社会范围内缺乏统一的、权威的社会价值评价体系，社会个体内心变得无所适从，充满焦虑。随着社会有机化程度的增加，社会个体利益的获得与所属群体的关系越来越密切，获利较少的社会个体希望进入既得利益群体中，而族群之间的不通约性和马太效应的存在，使得族群的变动风险极大，难度极高。个体想进行向上面阶层的流动，而又实现不了，在踌躇中形成焦虑感，又在焦虑中采取行动。这种社会地位不整合的状态反过来又加剧了这些人的社会焦虑感。

加塞特（José Ortega Y. Gasset）在《大众的反叛》一书中，将社会分为"少数精英"和"大众"两部分。当前中国，普通大众对自己"大众"的身份归属较为明确，在特定的网络事件中，舆论有将政治精英、商业精英视为自身敌对群体的趋势。出于对自身"大众"身份的强烈认同，普通大众更容易将自身群体的观点看作对于客观世界的正确观点，形成群体的观点极化。身份归属上的对立，也加剧了话语对抗。本应属于稳定社会主力的中产阶级，在中国人口中所占比例随着城市化水平的提高而有所上升，但是城市中产阶级在中国属于焦虑群体的主流人群。高房价和生活成本导致中产阶级生存压力较大，但是在舆论中，由于中产阶级本身不被当作弱势群体，因而不容易获得社会支持，所以在群体性事件中，很多中产阶级选择放弃中立，站在弱势群体一方声讨精英阶层，这本身是对自身权利的间接维护，也是对自身焦虑情绪的释放。

（一）群体性网络流行语中的群体焦虑

表现群体焦虑的网络流行语，主要采用戏谑或者"卖萌"的方式，将自我或他人进行归类。

有学者将当代中国网络的情感动员形式总结为悲情与戏谑，认为当代中国网络事件的产生和扩散，所依据的是能够激发网民嬉笑怒骂、喜怒哀乐等情感的表现形式和内容，是一个情感动员的过程。

当下中国网络事件中的情感，要么是悲情的，要么是戏谑的。美国人类学家詹姆斯·斯科特在《弱者的武器》一书中指出，偷懒、装傻卖呆、开小差、假装顺从等都是弱者的武器。在网络社会，"恶搞"作品的娱乐价值越高，受众从中得到的共鸣感越多，接受者愿意与别人分享的心理就会越强烈，传播的速度就会更快，范围就会更广。

近年来，相继出现的"我爸是李刚"、"拼爹"、"某二代"、"屌丝"、"土豪"等，均属于群体归类性的网络流行语。就其情感色彩来说，悲情和戏谑在某些特定的语境中，都可以看作焦虑的表征，戏谑在自我归类中更多表现为自嘲。而自嘲既是一种无能为力的逃避，又是一种自我贬抑。自我破坏和自我贬抑行为，是社会地位的从属一方主动接受并维持自己的持续性从属地位的主要方式。这些行为还确认了基于群体的刻板印象，并为不平等的对待赋予了合理性。因此，它们不仅在支配者的脑海中，也在从属者的脑海中强化了那些使歧视一致存在的意识形态。

2012年底，"屌丝"一词在网络上大热，甚至在2013年初登上央视《焦点访谈》。"屌丝"指外貌、财富、学识、家庭背景均乏善可陈，为了生存苦苦奋斗的广大社会青年。在盛行中，"屌丝"不再被作为脏话使用，而是普通的社会青年对自己平凡社会地位的一种泛称，"屌丝"群体也被作为一个群体标签不断用来指称自己和他人。这种自我贬抑被看作使用者设置的"自我障碍"，用以降低自身期望，以缓解压力，这部分人大多拥有自我意识，因自我觉醒才主动归类"屌丝"，用来表达对现状的不满和无奈。最初与"屌丝"相对应的是"高富帅"、"白富美"，后来"土豪"作为高房价背景下对坐拥多套房产的人士的泛称，加入到"屌丝"的对立群体中。

在这种自我群体标识和对立群体标识的过程中，对自身地位、权利的不安和焦虑，对社会群体分裂的认知，以及群体间对立的感知被形象地呈现出来，又借用幽默戏谑的话语方式进行掩盖。

此外，媒体在报道交通肇事新闻时，还经常将汽车的牌子用作车主的代称，如"宝马女"、"中华女"等都曾出现在肇事新闻的报道中。虽然这种代称有不当之处，但媒体工作者作为社会一员，他们的这种做法也反映了一种以车识人的社会心态，而当这些车凑巧是豪车时，便会引发人们有关社会不公和为富不仁的种种联想。从实质来说，这种联想来源于普遍的剥夺焦虑。

（二）网络热点事件中的群体焦虑

当下中国的网络热点事件，又称网络群体性事件，是指在一定的社会背景和社会环境下，全国范围内的网民基于某些目标诉求（利益的或情感的），主要讨论场域在网络上（但事件不一定肇始于网络），通过大量的转载、跟帖、讨论等参与方式，产生一定的表达和意见的场域效应，进而在全国范围的网络场域中产生重大影响和规模的传播事件。个别事件会出现网络场域、传统媒体场域、政府等第三方话语场域等的介入。需要强调的是，事件最终的引爆必须是在网络环境中，即无论事件本身的发端、终结在何处，中间的高潮阶段都必须是在网络场域内。

突发事件往往是点燃社会焦虑的导火索，焦虑情绪则是网络舆论得以迅速形成规模的社会心理要素。焦虑情绪所引发的"自我归类"和"群体间敌对"的加强表现在热点事件网络舆论的"冲突化"和"标签化"倾向上。2009年的杭州飙车案中，舆论将肇事者胡斌贴上纨绔的"富二代"标签，而受害者谭卓的家庭和教育背景被挖掘出来，其优秀、老实的形象被舆论反复刻画。网络流行语"欺实马"被创造出来，一语双关（一取车速70码意，二取欺负老实人意），两个个体的对立形象、"富二代"和"穷二代"两个群体的对立形象都得到了舆论的反复强调。与此传播过程类似的，还有2010年的李启铭肇事案，案发后"我爸是李刚"一句流行语被传播至"爆红"的程度。同年10月发生的药家鑫案中，网络舆论将药家鑫塑造为"官二代"，并着重强调飞扬跋扈的"官二代"与朴实善良的"农村母亲"的群体对立关系，"激情杀人"成为由此案而产生的网络流行语。同样是2010年，12月发生的钱云会案中，事故发生伊始，网络舆论普遍认为钱云会为替村民争取征地补偿而得罪了权贵，质疑此案是故意杀人案。不少网络"大V"也加入舆论浪潮，并亲自替网民前往出事地点查看。在警方将其定性为交通肇事，并拿出钱云会的摄像手表作为证据时，舆论认为钱不可能拥有这样的手表，并将矛头指向当地警方。在前往出事地点的网络"大V"肯定警方消息时，舆论还曾认为是这些"大V"受到了当地警方的威胁或者收受了政府的贿赂。

有关这些事件的网络舆论大潮过后，一些与舆论相左的事实相继呈现出来，很多亲历者称，李启铭为了向处理事故的警察表明身份，同时怕被围观群众殴打，才说出"我爸是李刚"这句话，其语气也较柔和而没有叫嚣之意。药家鑫并非"官二代"，在现实生活中也并不飞扬跋扈。钱云会是为了维权方便才配备了摄像手表，而事故确实是普通的交通肇事案。但是人们会选择传播自己愿意相信的，真正的事实并没有得到强力的传播，其传播范围和效果也远远不及当初的舆论声讨。

可以看到，在这些网络热点事件中，网民并没有获得全面真相的意愿，而是急于对自己进行"弱势归类"，把自己与受害者看作同一群体的成员，认定案件受害者所受到的伤害就是强权群体对自身群体做出的伤害。这样的舆论所表达的并不是对真相的追求，而是对自身焦虑和不安情绪的宣泄。网络热点事件中的传播逻辑集中表现为：特定信息点燃社会焦虑情绪——焦虑情绪加剧"群体集聚"、"群体意见极化"和"群体间冲突"——网络舆论引发政府调查——网民不相信与想象相反的调查结果——网络主流舆论成为社会记忆。

冲突性事件更容易得到广泛传播，而加剧冲突又是焦虑情绪的后果之一，所以社会焦虑往往是网络热点事件的传播动因之一。热点事件中的冲突，除了上述提到的群体间冲突，还有官民冲突。

2011年7月23日发生的动车追尾事故，是自媒体时代以来，第一次由网民率先报道的网络热点事件。乘客的第一条微博信息比官方媒体的消息早了两个小时，官方媒体也大量转引微博中发布的列车事故信息。随后乘客、家属和现场其他人员的微博吸引了大量民众的注意力，有关事故进展的信息和对铁路部门的质疑意见一起在微博中被大量转发和评论。在有关动车事故的铁道部新闻发布会上，发言人王勇平在解释车头掩埋原因时，使用了"我反正信了"一语，刺激了公众情感，公众对铁路部门的行业垄断、安全隐患的焦虑爆发出来，引起了一场以转载、跟帖为手段的征讨王勇平和铁道部的网络事件。公众普遍认为这样一次安全事故并不是偶然的，其背后一定隐藏着大规模的贪污腐败、权钱交易和官僚行为，这些行为妨碍了社会大众的知情权，也危害了乘客的生命安全，整个舆论充满了敌对情绪。发言人王勇平也在一时之间成了众矢之的。

2007年，厦门市民因反对政府建设PX项目进行游行示威，此后几年的时间里，江苏、四川、广东都有反对PX项目建设的游行发生。2014年3月30日，广东茂名市民再次爆发反PX项目的示威，网民与清华大学化学系学生还就PX的毒害性进行了百度百科中"PX项目"词条的修改战。事实上，日韩化工企业在示威的组织发起中起了推动作用。但是有关公权力滥用的社会记忆和焦虑情绪被唤醒，网民宁可相信PX项目有毒，而对政府部门的澄清选择性失明。同样由焦虑而引发的无视科学解释的行为，还发生在转基因食品的安全讨论中。

另外，本该承担弥合群体差异任务的传统媒体，在社会群体意见分裂的过程中，常常不是站在中立立场，而是站在强势群体一方。中国目前传统媒体的所有制属性及其宣传传统，决定了在社会焦点事件中，传统媒体往往代表政治精英，宣扬官方立场。自近代国人自办报刊以来，报刊长期作为启蒙和文人论政的工具，又使得传统媒体在发言中具有一种文化精英的姿态。在"精英"和"大众"的二元对立当中，既然官方媒体把自己置于"精英"一方，民间话语场的参与者就会选择站在其对立面上。在微媒体普及之前，传统媒体垄断发言权，"大众"无法掌握同场域内的其他人的观点。微媒体的普及促成了整个社会从"全景监狱"向"共景监狱"的转换。普通民众在微媒体中发现与自己相似的观点并进行共享，为其形成意见联合、达成与"精英"的对立提供了可能。央视《新闻联播》在2013年春节期间推出的"你幸福吗"系列报道，本意在于让平民登上《新闻联播》的舞台，诉说社会发展带来的幸福感。这一报道在网络上引发调侃大潮，网络舆论认为央视作为社会公器，无视广泛存在的社会问题，放弃自身的舆论监督功能，专门关注细枝末节，是一种掩耳盗铃的行为。网络舆论对传统媒体所形成的挑战可见一斑。

（三）网络谣言中的群体焦虑

对强势群体和公权力的焦虑不仅是网络流行语产生、网络热点事件发生的动因之一，还是热点事件中网络谣言传播的动因之一。

网络谣言传播的原因既有对阶层固化、资源垄断加剧的焦虑，也有对权威机构的不信任。除去造谣者的动机不谈，网络谣言的传播首先是由于传播者和中介者处在一个变动不安的环境中，他们本身就对环境安全、食品安全、权利保障状况存在诸多焦虑，一旦受到突发事件刺激，大多抱着一种"宁可信其有，不可信其无"或者"求证"的心态进行转发。网络热点事件的传播中，多多少少都会夹杂着谣言，上文提到的李启铭案、药家鑫案、钱云会案的传播中，都存在虚构当事人背景的谣言传播。真相揭示以后，舆论也还是难以相信平淡的事实，更愿意继续构建阴谋。2011年，日本福岛核电站事故发生后，人们有关核爆炸、切尔诺贝利核泄漏以及"非典"的记忆被唤醒，出于对核的恐惧和对政府隐瞒事实真相的担忧，网络上一时谣言四起，有关碘盐预防核辐射的谣言引起了各地抢购食盐的热潮。

谣言传播除了迎合社会焦虑情绪以外，也与目前的传播环境相关。传统媒体的时效性和公信力下降，传统媒体在与新媒体的时效竞争中处于弱势地位，为了抢新闻，经常不经核查就转载网络假新闻；传统媒体受到很多宣传纪律的限制，报道规模也不及网络媒体；传统媒体在平息谣言的过程中也往往力不从心。而自媒体虽然能够大量、迅速地传播信息，但是始终存在信息超载和假新闻横行的现象。微博本身作为一种"观点为王"的媒体，在海量信息中，只有拥有独特的个性和旗帜鲜明的观点才能获得用户的青睐。因此，内容简练、观点鲜明的信息更容易在微博中传播。

(四)网络集体记忆与社会焦虑

谣言是某种背景的见证,如果这种背景发生了变化,谣言也就失去了存在的理由,将立即停止流传。作为社会集体历史记忆的谣言,在传播的过程中,就会使许多民众将生活中遭遇到的类似情形进行对比与扣合,从而因为其主旨与受害者的不满情绪产生了共振而不绝于耳。每一个新的网络事件发生,有关同类事件的集体记忆就会被唤醒,人们按照记忆模型对涉事主体和事件性质进行归类,记忆中的焦虑情绪也同时被唤醒,并加剧了人们的刻板印象。"非典"时期,民众采取抢购食盐或板蓝根的方式进行"自卫"。福岛核电站期间的抢盐风波,就来源于这段"非典"时期的集体记忆唤醒,此次风波的迅速结束,则是由于政府及时发布了后续信息并进行了辟谣,谣言产生的背景被迅速公开的信息瓦解。

集体与个体完全一样,在不断制造和重新制造自传的过程中运动着,历史不仅仅由当事人书写,也由后来人在叙述、讨论、回忆、联想中共同构建。叙述不是从外部强加给生活的,而是被直接编制到经验结构中去的。"回忆主要是一个用于与自我、个人相关联的情况的概念,而传统则是一个首先用于文化和历史范畴的概念。""历史叙述既承认存在着深层的、无法表述的回忆,同时又承认无法通过叙述来表达这类回忆。"网络热点事件发生的过程中,社会也在不断形成关于这些事件的集体记忆,最后被集体记忆记录下的可能是最主流的舆论,而不是事实真相。

回忆是个体建构自我和形成社会认知的重要途径,不同个体的共同回忆形成了个体间沟通的基础,回忆趋向于"自我认同",所以回忆不一定是真实的。大部分回忆都处在休眠状态,一旦碰到外因就会被唤醒,此时,回忆会成为一种感性存在,还能被表述为话语并成为可支配的待用储备。

社会学家莫里斯·哈布瓦赫指出,回忆是在同他人和他人回忆的语言交流中建构的。有许多事情,我们对它们有多少回忆,取决于我们有多少机会对别人叙述它们。我们叙述的次数越多,就越不怎么记得起自己对这些事情本身的体验,倒是越能记得此前叙述它们时所使用的那些话语。回忆并描述某一事物的过程更多的是为当下的论述提供论据。

大众媒体时代,日常生活之外的集体回忆往往由媒介事件引发。影像化时代,回忆往往以人们能够看到的材料为基础。格特鲁德·科赫将近年来建构纳粹大屠杀的回忆手法归结为叙述化和可视化两种,其中可视化又被分为"道德神学模式"、"心理学模式"、"政治教育模式"。对于民族历史中不甚光彩的事件,集体记忆的建构往往采用"集体心照不宣"和"从道德主义的角度进行否定性回忆"

两种方式。同时，这种集体记忆的建构也是重新塑造民族认同的过程。

三、当代中国网络社会中的集体认同焦虑

集体认同来源于共同的生活经历、文化背景和集体记忆，是一种将个人看作所属群体的一部分的集体归属感。集体认同还能有效地将己方群体和他者群体区分开，通过对抗来加强己方群体的认同。宗教是维系集体认同的一种有效工具。认同感是一种社会心理的稳定感，具有群体性。中国人普遍缺乏信仰宗教的传统，在传统社会，社会集体认同主要依靠儒家思想和宗法体制来维系，新中国成立后，两者的影响都向潜在化和小规模化发展，集体认同主要依靠意识形态教化进行，这种意识形态教化，在改革开放后的现代化过程中逐渐丧失其一统性。

随着中国综合国力的增强，中国社会希望获得更高的国际认同度，但是在涉及西藏、新疆等地的民族事务，中国社会人权事务，国际贸易摩擦等问题时，西方国家往往倾向于指责中国政府，这与中国社会的期待不符。这种期望得不到满足，便会引发社会的愤怒、焦虑等负面情绪。再者，群体的共同情绪有利于增强群体的团结和力量，而群体中的个体为了避免被群体排斥，也会尽量保持与群体的情感一致，这就使得集体焦虑能够成规模地呈现出来。另外，由于当压力有具体指向物时，焦虑体验反而会得到减轻，因而以捍卫民族利益为目的的声讨运动，实际上有一种释放社会焦虑的作用。

"群际行为是指人们对另一社会群体的成员所采取的行为方式。群际行为方式包括群际偏见、种族主义、性别主义、民族主义、冲突和政治暴力。"[1]一个小的起因，往往能够引发极端的群际冲突，群际行为的心理动机更多的是为了获得积极的自我评价，这种动机超出了物质需求的范围。

网络上的群体认同，有对内认同和对外排斥两种方式。第一种往往出现在国内某地区遭受天灾侵袭时。网络流行语"今夜，我们都是某某人"体现的就是这样一种对本群体内部灾难的共情。与之相比，集体认同焦虑更多表现在对外群体的排斥上。2008 年，西藏打砸抢烧事件后，西方媒体的不公正报道引发了一场反 CNN 的网络运动，反 CNN 网站 "anti-cnn.com" 上线，中国黑客还曾短暂攻入境外媒体网站，出现了网络流行语"做人不能太 CNN"。2012 年，日本将钓鱼岛"国有化"后，中国 19 个城市相继爆发反日游行，砸毁了不少出售日本品牌商品的店

---

[1] 迈克尔·A.豪格，多米尼克·阿布拉姆斯. 社会认同过程[M]. 高明华，译. 北京：中国人民大学出版社，2011:38.

铺和日本品牌轿车，部分日系车主甚至遭受了人身攻击。这些违反法律的民族主义运动激烈盲目，是长期积累的没有具体指向的压力和焦虑的定点发泄，也是期望得到西方发达国家认同的焦虑的发泄。民族主义运动一致对外，一方面有利于加强国内团结，另一方面也是民族认同危机的一种反向释放。

第二节　焦虑传递

当下是我们重视社会情绪、科学审视社会情感的时候了。

谈及"情感"，常识总将它放在"理智"的对立面。"理智"被看作彰显人类主体性和推动社会发展的主要力量，"情绪"、"情感"则被视为对认知过程和"理智"运作的干扰，这一趋势至启蒙运动后更有所加强。情绪研究一直局限于心理学领域，被排斥在社会科学研究的主流之外。传统心理学也曾长期将"理智"与"情感"作为两个完全独立的研究领域。

传播学作为社会学、心理学、政治学、新闻学等各个学科的交叉学科，深受社会学研究视角和范式影响，这使得情感因素多局限在群体传播和传播效果领域，被当作一种隐含条件使用。在几个经典大众传播效果理论中，唯有"沉默的螺旋"理论强调了"被孤立的恐惧"这种情感在个体服从群体意见中的作用。在诸如谣言传播、创新扩散等研究中，某些受众的个人情感和群体情感的产生、变化显然与传播效果存在重大关联，但既有的研究结果却更重视信息透明度、受众批判能力、资源占有、信息传递结构等因素。可见，在传播学学科内，情感很少被作为传播效果的重要因素单独研究。

不得不说，这种情况的产生，除了受"科学性"影响之外，也与研究者的精英姿态有关。对传播学影响深远的《乌合之众》和《舆论学》都将"易受情感蛊惑"作为群体、群众的一个特征。如果情感冲动影响了应然的传播模式，将被视为受众软弱性的表现。提高大众媒介素养，其目的也在于通过提高受众的批判能力，降低信息中情感因素对受众的影响。这并不是在否认"知识"和"理性"的重要性，这两者的普及以及提高大众的媒介素养都是公民社会建设的必然选择，但为了普及理性而忽视情感研究，只会为理性的普及增加更多障碍。

然而，常识有时恰恰最具偏见。根据进化论的分析，情绪增强了人的社会性，是一种维系群体稳定、进行社会控制进而适应生存环境的手段。此外，情绪的存在，也使得相关记忆能够被快速唤醒，以评估周围环境。

另外，建构主义心理学家认为，人的情感是在社会活动中，在社会文化和情境的共同作用下产生的。认知心理学认为，情感来源于主体对社会中客观事物的评价，如果主体认为一事物能给自己带来潜在利益，则积极情感会被唤醒，反之，消极情感会被唤醒。存在主义心理学家萨特认为："情绪起源于个体通过意识自发地对所面对的现实世界的贬抑，情绪为人们提供了能够忍受某些很难或无法忍受的客体的途径。在情绪反应中，意识被个体自身的信念完全同化了，它只能理解它自身。意识受情绪的影响，同时意识又进一步强化了情绪。例如，在恐惧情绪中，逃离得越快，个体就变得越恐惧。"❶

在个体维度上，认知科学的分析表明，增强的情感和认知能力融合的结果就是理智增强，情感因素能够促进理智思考做出最优选择。现代心理学的一个普遍观点是将情感进程与认知进程区分开来。心理学家认为，"绝大多数的情感可能是在知觉阈限之下发生的，相对于人类的生存系统而言，阈上知觉可能只是非常微小、有时甚至很不重要的一部分。在某些学者看来，情感进程引发了'达成'或'避免'某种目的的行为，与之相反，认知进程则是回答'正确还是错误'的问题，单纯的认知进程难以直接引起行为的改变，它需要作用于情感系统才能影响行为"。❷

同时，个体在管理自身情绪的过程中做出的一系列认知和行为反应，在客观上也属于情绪的功能范畴。

在社会维度上，相同的情绪有助于标识群体，加强群体内部团结，不同群体的不同情绪也可能造成群体间的敌对。群体归属的需求和被孤立的恐惧导致人们不断反观自身和人际关系，促进社会结构的稳定。情绪是同一性的黏合剂，而同一性则可以扩大情绪体验，使情绪体验产生共鸣，情绪和同一性互为参照，正性情绪用以加强社会性和团结。同时，恐惧被用来防御攻击和惩罚。悲伤是一种非常有效的社会控制，促进机体做出反应、社会互动，维系群体控制，加强群体团结，被视为情感的主要功能。情绪的功能不仅是对环境的反应，而且是对场景、体验、内部的暗示和思想这一联合体的总体反应。

---

❶ 斯托曼.情绪心理学：从日常生活到理论[M].王力，译.北京：中国轻工业出版社,2006:23.
❷ 李彪，郑满宁.传播学与认知神经科学研究：工具、方法与应用[M].北京：人民日报出版社, 2013:79.

一、焦虑的个体感知

经济全球化进程将中国经济带入全球性经济的周期循环中。尤其在 2008 年全球金融危机之后，中国经济始终处于起伏与调整状态，2012 年后，中国经济更是一直处在下行的风险中。曾被高速经济增长掩盖的社会矛盾不断暴露出来。房价与工资的巨大差距、资源富集阶层与资源贫瘠阶层的矛盾，成为这种变动、冲突爆发的焦点。

罗洛·梅（Rollo May）曾在《焦虑的意义》一书中称，"隐性焦虑的时代"在20 世纪的巨变中成了"显性焦虑的时代"。这种由"隐"到"显"的转变，在网络时代更加彰显。网络化进程打破了信息的地域传输障碍，大大降低了信息传输时间，这使已经广泛存在的冲突可以得到快速、广泛的传播，呈现在整个社会面前，强化了每个个体的风险感知。虚拟的网络与现实的社会问题结合在一起，前现代与后现代的问题同时出现在中国社会，对中国的社会主体造成了强大的现实压力与认同危机，这些压力和危机形成了"社会焦虑"。

与此同时，在网络等新媒体技术对社会重新塑型的过程中，技术伦理在一定程度上支配了社会秩序，市场意识形态也削弱了原有的民族国家的共同体认同。社会变动、冲突的加剧在社会发展的过程中具有必然性，短期内不可能出现大的改变，网络发展的进程又是不可逆转的，所以，社会焦虑必然会继续且长期存在。

社会焦虑会引发越轨行为，加重人们不切实际的高期望值心理与短期化行为，催生某些有害的群体行为，由社会变动引发的社会焦虑又反过来加剧了社会变动。传统媒体时代，信息的生产传播受到媒体组织机制的限制，信息和情感的传播需要经过多层把关。而随着自媒体的发展，传达和凝聚社会舆论的力量被削弱，网民在很大程度上代替了传统媒体的"社会信息告知"角色。"情感"作为信息的伴生者，在网络传播中占据了重要地位，整个社会情绪处于分裂和动荡中。

（一）焦虑的情绪类别与强度

关于焦虑的情绪分类，虽然曾有很多学者将焦虑情绪看作恐惧情绪的一种，但近年来情绪心理学界更倾向于将焦虑看作悲伤和恐惧结合产生的一种复合情绪，认为焦虑是受到抑制的恐惧。关于焦虑的情绪强度，行为主义心理学家米兰逊曾制作情绪强度模型，认为焦虑的强度低于惊骇，但高于忧虑。

（二）焦虑的来源、表征与后果

心理学领域的焦虑研究已较为深入，各个心理学理论流派都曾涉及焦虑研究。

在精神分析学派看来，焦虑是个体应对具有威胁的环境的重要途径，并对神经症行为的发展具有重要影响。弗洛伊德作为学派创始人，也最先从精神分析的角度解读焦虑，他将焦虑分为"日常的焦虑"和"神经症式的焦虑"，认为焦虑产生于出生时的母婴分离。精神分析学派的另一代表人物沙利文则认为，焦虑不是一种内在的精神现象，而是一种人际的、社会的现象。

行为主义学派将人的行为看作刺激后的反应，并将人的行为和情绪的原因归结为"后天习得"。焦虑被认为是反复受到有害刺激、经历创伤性事件后，人体产生的一种避免有害刺激的调节机制，这种机制一旦建立就会降低机体重复这些行为的动力。莫尔认为："焦虑是一种特殊的恐惧，是当恐惧是模糊的或被压抑时产生的。"❶

认知理论将人体看作认知系统和生理系统的结合。在焦虑的产生方面，艾森克认为"高焦虑素质"者与"低焦虑素质"者有不同的认知结构，这导致了不同的应激易感性。高焦虑素质者由于更容易形成固执的"苦恼记忆"，且其较为负面的认知状态也更容易激活这些苦恼记忆，从而更容易产生高焦虑的应激状态。

奥曼在1993年提出"焦虑信息加工理论"，将这一理论制成流程图，从中我们可以清晰地看到个体从接受外部刺激信息到产生焦虑情绪的过程（图4-1）。

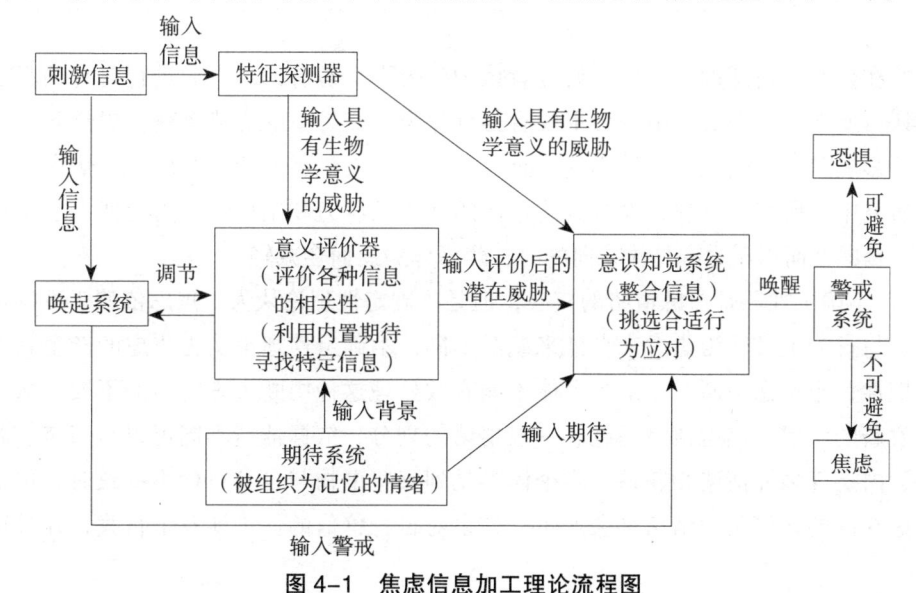

图4-1 焦虑信息加工理论流程图

---

❶ 斯托曼.情绪心理学：从日常生活到理论[M].王力,译.北京：中国轻工业出版社,2006:190.

现象学和存在主义将焦虑看作一种自然存在的现象，认为人作为自由个体，必然面对各种选择，焦虑与选择相伴而生，人的自由意识越发展，对焦虑的感知便越频繁和强烈。

罗伯特·塞姆从权力和地位的角度出发，对焦虑进行了分类：将由权力关系的改变引发的焦虑分为"侵犯性焦虑"和"防御性焦虑"。侵犯性焦虑来源于个体试图谋取他人权力的过程，防御性焦虑来源于保卫自身权力不被夺取的过程；由地位的改变引发的焦虑分为"压迫性的焦虑"和"抑郁性的焦虑"，前者由侵犯性行为引发，后者由丧失自身地位引发。"防御性焦虑"与当下中国经常被舆论提及的"相对剥夺感"如出一辙，个体和集体通过对社会现实的感知，觉察到自己的权力遭到了剥夺，被剥夺的事实和想要保卫权力的趋势便会引发个体和集体的焦虑（表4-1）。

表4-1 相对剥夺的向度 ❶

个人相对剥夺	集体相对剥夺
与那些和自己相似的个体进行社会比较和／或 在现实状态与期望状态之间进行个体内比较	与那些和自己不相似的个体进行社会比较和／或 在自己群体与其他群体之间进行社会比较

在公平与情感的研究中，研究者认为，公平交易有助于人们进行自身的身份确认，反之，如果交易中的公平没有得到保障，交易中的劣势者就会感觉到不公平并影响其身份确认，这种不确定感会进一步引发焦虑情绪。在压力与焦虑关系的研究中，研究者发现，没有具体指向的环境性压力和结构性压力会使人承受更多的焦虑，而当压力有具体指向物时，焦虑体验反而会减轻。

"不确定性"是焦虑情绪的核心，但是不确定性理论认为，焦虑依赖于不确定性。与行为主义认为焦虑来自外来刺激不同，不确定性理论认为焦虑的产生具有周期性，当焦虑中断时，由于个体不能有效处理这种中断带来的新的不安，从而引发新的焦虑。焦虑情绪超越了一般情绪的划分，依据情境不同可以与兴奋、悲伤、内疚等多种情绪相联系，当个体察觉到某些事物与自身目标不一致时，包括焦虑在内的任何负面情绪都会产生，如果对自身价值的保护涉及了自我，并且这

---

❶ 资料来源：斯托曼.情绪心理学：从日常生活到理论[M].北京：中国轻工业出版社，2006:191.

种保护是个体对自我认同的保护时,焦虑是唯一可能的情绪反应。

戴维·H.巴洛(David H. Barlow)将"焦虑"进一步明确表述为"焦虑性忧虑"(anxious apprehension),这种忧虑的发展可能导致两种结果:(1)个体逃避这种状态的倾向,通过巧妙的、令人不愉快的仪式或迷信的方式来实现;(2)担心(这是一种试图控制焦虑又没什么作用的尝试),由于对过度的担心缺乏控制,担心又会加重焦虑。

由此,可以看到,个体认知结构(遗传因素和早期生活经历)、个体心理的周期性、个体自我认同的实现状态、个体的自我意识、个体面临的选择以及外来刺激、社会结构等都可以成为焦虑产生的原因。焦虑情绪给个体带来的是一种不安的体验,而焦虑最直接的后果是导致个体的逃避和过度忧虑。焦虑具有不确定性和压抑性两个特征。

(三)易诱发焦虑的社会情境

劳动力的独立和资源流动是市场经济的必然要求,随着中国市场化改革的深入,社会流动已成为现实。《中国流动人口发展报告2014》指出,到2013年末,全国流动人口的总量为2.45亿,超过总人口的六分之一。[1]大规模人口和资源流动,使个体逐渐从稳定的地缘、宗法纽带中脱离出来,成为相对独立的单个分子进入城市生活,为个体的孤独制造了可能。同时,资源流动的不平衡又使得整个社会呈现出"阶层断裂"和"后现代"的特征。

个体孤独导致内心不安,社会阶层断裂导致对资源分配不公的担心,实际的分配不公引发个体身份确认机制失效,后现代本身的反权威特性又使得个体的不安无法得到外来校正。同时,这一系列的不安感也因为个体的孤立而缺乏表达的途径。社会文化所要求的情感与个体真实的情感间存在差异,人们必须在一定程度上压制他们的真实情感,按照文化脚本的要求表达自己,霍赫希尔德(Arlie Russell Hochschild)认为,这种差异造成了异化。

后现代社会本身就是众声喧哗、缺乏权威、刻意反权威的。在《后现代主义与大众文化》中,安吉拉·默克罗比(Angela McRobbie)提出,有一种由媒体和政治家一同制造的"道德恐慌"(moral panic),"在人们心中灌输恐惧,并以此鼓励他们回避日常生活中遭遇到的复杂社会问题,躲进一种无望、无奈、在政治上无能为力的心态。当权者利用这一规律宣传道德恐慌,是取得民众支持的最有效

---

[1] 国家卫生计生委. 中国流动人口发展报告2014[R/OL].(2014-11-18)[2019-8-20]. http://www.gov.cn/xinwen/2014-11/18/content_2780507.htm.

策略之一，它与保守主义联系在了一起，是大众媒体和社会控制之间的纽带，也是一种十分有效的感情策略"，道德恐慌还鼓吹和营造传统生活场景，但是随着现实社会结构和两性关系的变化，传统越来越难以回归，这又反过来进一步加剧了道德恐慌，也使政治势力面临着失去控制的恐惧。

二、焦虑的社会传递及后果

人们在互动的过程中，如果不能有效地选择、扮演和证明自身角色，就不能理解与地位、文化相关的期望，这就降低了期望实现的可能性，并更可能由此受到惩罚；而一旦被惩罚，负面的情感体验就会引起自我保护，降低人际互动的承诺度和团结性。

焦虑的破坏作用主要来源于焦虑的继发情感。卡伦·霍妮（Karen Danielsen Horney）认为，当个体认为自己的正当利益受到侵犯，而侵犯方的力量又强大于自己时，就会压抑自己的怨恨情绪，产生焦虑。这种情况下，敌对本能是产生焦虑不安的主要心理力量，经过一定量的储备，焦虑便会转化成愤怒，愤怒首先在个体体内进行酝酿，一旦受到外界刺激，就会爆发出来。这种被压抑的感情会爆发得更剧烈，且拥有更强大、更精妙的势力范围。

不同个体的相同社会感知和文化背景，促成了个体间情绪的联结，个体情绪的传递、共享如果扩展到一定的社会范围，就会形成社会情绪。社会情绪是指人们对社会生活的各种情境的知觉，通过群体成员之间相互影响、相互作用而形成的较为复杂且又相对稳定的态度体验，这种知觉和体验对个体和全体产生指导性的影响。从情绪表现来看，至少是群体成员比较一致的情绪爆发。社会由不同群体组成，不同群体的情绪认同组成了社会情绪。焦虑这种情绪的社会传递过程，首先需要每个个体独立地感受到焦虑，形成一种散点式的遍在效果。其次，需要一个影响广泛的外部刺激，在这种特定情境下，焦虑便会通过人际交流和群体交流在个体间形成相互影响，成为群体共同的强烈的情绪体验，并进一步指导群体行动。

文化是社会性的，文化行为是习得的行为，习得性行为是社会性的传播。文化建构的自我构念是在一个文化群体中广泛分布的认知结构，当人们参与到文化中，他们便获得了文化中主流的自我构念，并频繁使用这种自我构念来理解自己的经验、指导自己的行为。文化心理学的研究显示，亚洲人更倾向于从社会情境而非个人特质中理解他人行为，悲观主义色彩更重，自我一致性较差，倾向于寻求变动更少的外部环境。这就意味着，在中国，外部刺激更容易引发负向情绪，而焦虑情绪在这种特质的文化中更容易被唤醒和传递，成为社会共识。

焦虑的后果主要有引发个体不安和对社会结构的怀疑、增加群体集聚的可能、增加个体和群体间的敌对情绪、加剧谣言传播。

焦虑使得个体倾向于逃避和过度忧虑，在群体层面，焦虑的不安性和蕴含的冲突性加大了个体参与群体行动的可能性，这些群体行动也更有可能演变为冲突事件。另外，在中国特定的文化环境中，人们也更倾向于将引发自身焦虑的各种因素归结为整个社会的结构问题，新的事件更有可能被拿来与已发生的事件进行类比，而不是被单独看待。

焦虑是一种负面情绪，避免焦虑是一种本能行为。逃避基本焦虑的方式主要有获得关爱、顺从既有制度、寻找权力庇护和逃避。除依附某一权力主体或权力组织外，形成群体、将个体置于群体保护之中是寻求权力庇护的有效方式。人们组成集体的重要目的是降低个人行动的不安感，依靠集体的力量维护或获得共同利益。一旦焦虑个体组成焦虑群体，群体的去个性化和极化的特征会使个体在群体情绪感染的机制下强化焦虑情绪。个体对群体力量的信赖会使得蕴含在焦虑中的不安性和冲突性演变为群体行动的力量。

认知行为理论认为，"与低特质焦虑个体相比，高特质焦虑者更偏好加工威胁性信息或与威胁相关的信息"。❶ 图示理论也认为，与个人弱点和危险相关的图示储存在焦虑个体的认知和性格中，一旦有压力的事件激活这些图示，焦虑个体便更容易注意到其中的威胁性信息，且更容易唤起关于威胁性信息的回忆，加剧谣言传播。谣言提供了一种能够排解紧张情绪的口头发泄途径。它们通常能为这些情绪的存在做辩解，而如果直接面对这些情绪，当事者也许难以接受；它们有时能为周围环境中令人费解的现象提供更广泛的解释，从而在使周围世界变得可理解的理智驾驭过程中占有重要的位置。

第三节　全媒体时代网络媒体对社会发展的影响

当代中国传统媒体的影响力正在下降，媒体对议程引导力不从心。究其原因，首先是一些地方政府或部分传统媒体的社会信用不断降低，如2009年的"躲猫猫"事件中，政府机构的回应有悖于生活常识；2011年的温州动车事故中，铁路部门

---

❶ 陈少华. 情绪心理学[M]. 广州：暨南大学出版社，2008:148.

未能及时就掩埋车体给出合理解释；2014年杭州汽车限牌之前地方政府的多次辟谣等都持续不断地打击着政府系统的社会信用，作为政府"喉舌"的传统媒体的信用也受到相应的质疑。其次是后现代文化及"微媒体"的发展打破了官方及其媒体对社会话语权的垄断，原先统一的话语权开始呈现向多中心分散的趋势，部分话语权为民间掌握，人们借助技术力量的发展在网络平台上发声。后现代文化产生于现代启蒙思想带来的诸多现代化危机中。后现代文化具有多民族、无中心、反权威、叙述化、零散化、无深度概念等特征，致力于意义、同一性、统一性的消解。后现代文化存在于几乎所有已完成现代化或者正在经历现代化的社会之中。霍利斯在《实在社会解构》一文中认为，结构主义强纲领的要害是废止客观性和合理性的效力，其手法是把因果性片面地做单一的决定论解释，进而把因果性与信念、知识的关系描述为社会环境形塑、建构各种信念的过程，而几乎未给作为运动源概念的人类施动作用留下任何施展的余地。既然社会建构论忽视了人的主体性，那么拥有主体性的人在经济和技术手段允许的情况下必然会对建构社会进行解构，挑战既有权威。

一、网络媒体对社会裂痕的加深

没有伦理的网络不是任何人实现自由的途径，它只能成为一把利器，伤害所有人。目前，网络假消息、群体极化、网络谩骂已成为散布于我国互联网上的恶性病毒。这些形式在互联网出现之前并不显著。当前我们正在进入以万物联网为标志的Web 3.0时代，已逐渐超出了信息传播媒体的范畴，但是不同的网络媒介形式又有自身不同的弊端。

（一）各类网站：各说各话

主流媒体网站、商业综合门户网站、时政评论网站均为典型的Web 1.0时代的网络传播工具，主要通过在网页中展示信息向受众进行单向的信息传播。它们都有明确的组织管理者，通过机构运作进行各种消息的网页悬挂，只在一部分网站中，网友具有在网页底部进行评论的权利，且影响有限。这种"悬挂—观看"是一种单向传播模式，其优点是信息发布者可以尽可能按照自己的意愿发布信息并控制评论，其缺点是网友的互动受到限制，其接收和传播信息的意愿就会大大减弱。因此，网站上专题文章的浏览量和评论数与微博、微信阅读量不在一个数量级。另外，主流媒体网站由于常年刻板经营形成的照本宣科、义正词严的宣传形式在当下社会极易引起网民的反感，造成年轻受众流失，不能起到弥合社会的作用。

（二）微博、微信：公众参与、人际传播频繁，"大V"话语权

Web 2.0 时代的微博、微信分别崛起于 2010 年、2013 年。自 2010 年至今，可以称之为"微媒体时代"，网友参与感大大增强，发言的热情被极大地调动起来，社会问题的网络曝光变得频繁，社会问题的讨论和解决模式也发生着重要变化。这些新的发展既为社会带来新的机遇，也提出了更高的要求，产生了更多的挑战。

就微博而言，其对核心价值观的传播力主要来自于两点：一是其短平快的传播内容，降低了传播门槛，扩大了用户数量；二是其转发、评论和点赞的功能，操作方便且有利于受众表达自己的意见，使得消息和评价一同进行幂指数传播。但另一方面，只有简单凝练、巧妙动人的微话题才适合在微媒体环境下传播，一旦某一话题内容未能有效分解，就会遇到微传播瓶颈，大大降低其转发和评论的数量。此外，从微博的运作体制来看，个别"大V"话语权过大，微博语言无法多元和理性，普通民众的声音无法被听到，就容易跟风。这种传播模式放大了网络匿名性所带来的网络暴力现象，加剧了娱乐化、悲情化传播之风，这些又对核心价值观的传播形成一定冲击。加之一些网络营销号往往以"热度"为第一追求，为了吸引眼球，不惜片面炒作社会热点事件，促成煽情化传播、假消息传播。

就微信而言，其传播力主要来自于庞大用户群之间的强人际关系。用户在微信中看到的信息不是来自于亲密朋友的分享，就是来自于自己关注的公众号，接受信息后，用户还会将自己信任的信息传递出去，影响更多的人。但是，这种传播模式意味着每一个用户都有"过滤"信息、中止传播的权利，如果这些信息枯燥无味、表述过于直白，就很难吸引用户再次传播。

（三）网络社区：群体极化起源地

网络社区是介于 Web 1.0 和 Web 2.0 之间的一种传播模式。一方面，由楼主主动发表帖子，或长或短，都属于一种悬挂式的信息发布模式。另一方面，信息受众的评论权得到了一定的提高，可以利用"盖楼"的方式跟帖，这些跟帖与主帖的字体和空间规格一致，相对于网站的评论，地位大大提升。但是，这种形式也使得"楼主"并不能很好地控制跟帖的讨论走势，跟帖者十分容易对楼主进行攻击，进而引发争吵，更有甚者还会引发群骂和线下约架。

另外，网络论坛的一个突出特点是群体专属化倾向明显，且容易加剧群体极化。每一个论坛都有固定的人群在使用，这些用户具有一定的忠诚度，不同论坛的用户一般没有跨论坛参与的习惯。这就决定了任何事件的传播，就算热度再大，其影响力也很难突破自己的用户圈子。网络论坛与微媒体的结合目前还存在技术

壁垒，所以在微媒体盛行的今天，网络论坛的热度有所下降。

二、媒介融合的背景下社会断层的弥合

在自媒体时代，新闻传播解构权威、回归人的主体性是必然趋势。可以看到，中国的传统媒体时常成为舆论的攻击对象，但是也可以看到，在目前阶段，大量的传统媒体扮演着"新闻首发者"的角色，传统媒体到目前为止仍然具有巨大的社会影响力。媒体影响既是意识形态性的，也是结构性的，就特定的社会政治事件而言，新闻媒体是主要的信息源，也是用来形成事件解释框架的信念与信息的主要来源。

目前，我国传统媒体已基本实现了新媒体化，开设了微博和微信公众号，发布所属机构采写的新闻或者转载其他信息。有研究发现，媒体微博所覆盖的人群特征与整个微博用户的群体特征基本一致，其与粉丝之间的互动率较高；媒体微博中积聚着大量的社会主流人群，通过他们进行二次传播，媒体微博的覆盖力和影响力会进一步提升。[1]传统媒体与受众之间的互动在新闻生产环节之外，还应拓展到网络流行语的使用和对网络热点事件的回应中。在政府主导的传统媒体中，经常可以看到它们根据网络舆论的走向积极分析舆论关切点，进行分析阐释，努力化解焦虑情绪。

（一）新旧媒体在"议程设置"上的焦灼

麦库姆斯和肖（Maxwell McCombs & Donald Shaw）1972年提出"议程设置"理论，认为人们将大量的精力集中于媒体，媒体将受众注意力集中于特定议程，从而建构公众的政治想象。[2]议程设置是传统媒体的经典功能，议程设置、议程属性设置也成为当代中国官方媒体发挥其社会影响力、进行宣传的重要手段，如黄海波事件中，官方媒体仍然发挥了强大的议程设置作用，将受众的注意力吸引到这些官方媒体着重报道的议题当中。

议程设置在引导受众"想什么"方面作用很大。美国学者芬克豪泽（G.Ray Funkhouser）着重研究了媒体运用何种机制进行议程设置，包括媒介顺应事件的流程；过度报道重要而罕见的事情；对总体上不具有价值的事情选择报道其具有新闻价值的部分；制造具有新闻价值的事件，或称伪事件；事件的总结报道，或按

---

[1] 喻国明. 中国社会舆情年度报告 (2013)[M]. 北京：人民日报出版社，2013:125.
[2] McCOMBS M E, SHAW D L. The agenda-setting function of the mass media[J]. public Opinion Quarterly, 1972,36(2):176-187.

描述具有新闻价值的事件的方式来描述无新闻价值的事件。❶

在网络热点事件中，官方媒体在微博、微信中公布信息，受众的注意力在极短的时间内就被吸引至相应话题之上，这正是官方媒体仍然具有强大的议程设置能力的体现。如果将传播过程视为一种仪式，那么官方媒体无疑就是仪式的发起者和组织者，将分散的社会话语组织到特定的焦点上开启仪式，官方媒体的话语主导便已形成。

自媒体时代，官方媒体发言权被微媒体分流，剩下的部分更多集中于对传播仪式和话语互动过程的开启。仪式开启之后的话语解读和话语互动的权力，已经呈现出向民间话语主体集中的趋势。对于后现代文化的理解，不应从询问"他们可能做什么"出发，而应从现存的社会条件和权力模式出发，询问"这些嵌入内部的结构可能怎样组织配置和实施这些革新的种种方式"。而网络热点事件的社会传播过程中，很多都是经由传统媒体的报道才达到社会传播的效果。没有传统媒体的中继和扩散，网络舆论很难向单一的具体事件集聚。传统媒体在报道过程中，往往仅对网络信息进行转发，而不是发挥专业媒体的调查作用，力求全面客观报道，标示每一具体事件的独特之处，这使得人们将不同事件进行归类，强化了集体记忆。

（二）互联网对社会焦虑的镜像呈现

诺埃尔·诺伊曼认为："大众传播通过营造'意见气候'来影响和制约舆论，舆论的形成不是社会公众理性讨论的结果，而是'意见气候'的压力作用于人们惧怕孤立的心理，强制人们对优势意见采取趋同行动这一非合理过程的产物。"❷互联网的诞生曾一度被认为将带来话语平权和技术民主。但是随着互联网应用时间的延长以及相关领域研究的开展，有学者认为，互联网虽然在一定程度上改善了底层群众的信息获得，但仍然是现实社会权力的一种延伸。也有学者认为，互联网改造了人类的时空观和现代社会的权力关系，加剧了现代认同与合法化危机，同时潜隐着再造社会团结和共同体生活的可能性。❸但无论如何，如果将互联网看作一种大众传播媒体，它对社会现实的呈现必然是"镜像"的，而不是全真的，互联网对社会焦虑情绪的呈现包括网络流行语、网络暴力、网络运动等各个方面，这些呈现形式又反过来作用于现实的社会焦虑，网络媒介与现实之间形成了一种互动关系。

---

❶ 彭兰.网络传播概论[M].北京：中国人民大学出版社，2001：340.
❷ 郭庆光.传播学教程：第二版[M].北京：中国人民大学出版社，2011：340.
❸ 胡百精.互联网与集体记忆构建[J].中国高校社会科学，2014(3):98-106.

在新的传播时代，传统媒体在时效性和情感传播方面十分滞后。网络事件中，传统媒体最初为了弥补时效性的滞后而对网络信息进行转发，而在后续的调查跟进中，网络民意往往已经聚集了强烈的情感倾向，这种情感倾向即便在传统媒体澄清事实之后也无法完全扭转。网络信息既然是简单化和敌对化的，传统媒体在传播过程中就应逆势而为，找出被网络信息忽略的事件要素，凭借自身"深度"和"权威"的优势解构网络舆论中过于简单激烈的对抗。然而现实情况并非如此。究其原因，一是传统媒体未必都能做到位，二是网民未必全都理性。

三、信任危机之下达成共识的困难

自媒体中的信息可以迅速进入社会的各个角落，这些信息中夹杂的大量个人情感也随之迅速传播。增加社会联系和团结是唤醒正性情绪的重要途径，对话可以通过唤醒正性情绪来抵御负性情绪的影响。

罗杰斯（Everett M. Rogers）在《创新的扩散》一书中，根据"两级传播"理论，强调重视意见领袖的作用，并在此基础上提出"多级扩散"，认为大众媒体有时可以直接到达个人，而有时又与人际传播纠缠在一起。罗杰斯还根据职业将人群分为同质性群体和异质性群体，认为在同质性群体中，意见领袖多为年长者，而异质性群体中，意见领袖多为"教育背景较好"、"与大众媒体接触较多"、"视野开阔"、"与创新代理人来往频繁"、"具有创新精神"的人。

而微媒体时代的信息扩散在很大程度上延续了这一理论。无论微信还是微博，都是将大众传播和人际传播结合在了一起。网络"大V"和人际圈中的活跃者都是网络信息传播中的意见领袖，起着传递信息和引导舆论倾向的作用。微媒体中的人际传播大多发生在同质性群体中，是依托于实际人际交往的私人交际平台，平台中的好友关系依托于手机通讯录、QQ通讯录、个人实际社交圈等，一般在实际生活中即为同学、同事、亲戚关系。由于关系极为密切，每一次单一消息的传播虽然范围较小，但可信度较高。而微媒体中的大众传播更类似异质性群体传播，信息传播者往往是媒体组织或者具有"视野开阔"、"与大众媒体接触较多"等特质的意见领袖，但信息的可信度较人际传播小。此外，在微媒体中，情感倾向随信息一同传播。情感对象和情感指向也是戏谑话语和解构文化的重要组成部分。在网络热点事件中，整体性的社会焦虑导致舆论讨伐的对象大都集中在"权贵群体"，或社会不公、"潜规则"等现象。网络媒体中的意见领袖应更重视自身的媒体素养，在信息传播中保持情绪的稳定。

传统媒体的公信力持续下降也造成了整个大众传播系统信任度的下降。这种情况下，民众出于消除环境不确定性的需要，必然会转向信任人际传播渠道。依托于社交圈的小范围人际传播，由于受众属于同质群体，附着于信息之上的情感信息也更容易得到认同，形成话语共同体。反讽之所以发生，是因为那可称之为"话语共同体"的群体已经存在，而且为布局使用和认定反讽提供了语境。面对网络舆论的不信任，传统媒体首先要做的，是提高自身的社会公信力，重建民间对大众传播系统的信任。

一方面中国传统的报纸、电视台、电台等媒体一直为国家所有，在微媒体时代，这些官方的传统媒体纷纷在微信、微博中开通了官方账号，向网络用户推送新闻和意见。另一方面，现有的网络媒体属于民间资本控股。媒介融合在当下中国主要表现为两个方面：媒体所有权的相互渗透、传统媒体入驻网络。官方话语与民间话语都在网络平台上得到展示，为双方更好地互动并达成公共意见提供了可能。

传播使互动成为可能，互动使社会成为可能，传播是社会互动和社会过程的实际工具。科塞（Lewis Coser）在《社会冲突的功能》一书中将社会冲突分为现实冲突和非现实冲突两种。网络中官民话语形式的差异，从对象和形式上来说，均可划分为非现实冲突一类。这种冲突的对象不是冲突的根源，冲突的目的是为了宣泄情绪、引起注意，不求达到某种效果就会自行结束。这种冲突实际是对那种危及基本意见一致的冲突形成保护层，从而把产生有损核心价值观念的分歧的危险降至最低。

新媒体技术的发展促进了整个社会传播和互动的频率及有效性。自媒体中的热点事件和舆论的形成，一来是批判社会不良现象的重要途径，二来也发挥着释放焦虑情绪的"社会减压阀"的作用。这时以缓解社会焦虑情绪为目标的媒体互动，应该致力于澄清事实、减少社会中的不确定性因素和调解群体冲突。

调解群体冲突应该达成有效的公共意见，传统媒体与网络媒体需要以事实为基础，尽量消除分歧。新媒体使用便利、信息传播速度快、具有相对匿名性，这些促成了网络舆论对传统媒体的批判。而传统媒体往往因己方的观点受到挑战，就无视网络文化的独特性，过分紧张，自视甚高，对网络舆论盲目指责，进一步降低了自身的影响力，增加了达成共识的困难。

第五章　全媒体时代的新闻传播

　　从1978年中央批准《人民日报》等7家首都媒体试行"企业化管理"的报告，到2008年批准成立60多家传媒集团，其中数十家以各种方式成功上市；从1979年1月28日《解放日报》登出改革开放后中国内地媒体的第一则广告，到2008年中国内地媒体全年广告营业收入近2 000亿元人民币；从新闻有无商品性的争论，到"媒介产业"、"文化产业"频频出现在党和政府的各种正式文件中。中国传媒的市场化之路虽然并不平坦，但是毕竟一路走来并呈宽广之势。

　　无论从经典出发还是从延安清凉山的传统着眼，媒体走向市场都并非我们的初衷，而是中国共产党本着"实事求是"的精神所做出的"与时俱进"的选择。根据陈力丹的研究，列宁的社会主义出版自由理想是"四个摆脱"，即摆脱警察、摆脱资本、摆脱名利主义、摆脱资产阶级无政府主义的个人主义，其中最重要的就是要摆脱资本。第一次新闻改革的重要目的就是在于"希望由不完全的党报变成完全的党报"。所谓"完全的党报"，就是完全服务于党的报纸。中共中央宣传部1942年3月16日发出的《为改造党报的通知》指出："报纸的主要任务就是要宣传党的政策，贯彻党的政策，反映党的工作，反映群众的生活，要这样做，才是名副其实的党报。"早在中国共产党成立后出版的第一份周刊——《劳动周刊》的发刊词中，就明确表示："我们的周刊不是营业的性质，是专门本着中国劳动组合部的宗旨，为劳动者说话，并鼓吹劳动组合主义。"可见，对中国媒体来说，市场之路受到忽视，然而，因为市场有市场的逻辑，而全媒体时代的新闻传播就是在这种市场逻辑之下运行发展的。

　　市场改变了中国媒体的总体格局；市场动摇了中国新闻传播的传统观念；市场激活了中国媒体的内部机制；市场改造了传统的新闻生产关系和新闻生产方式；市场影响了整个媒介产品的内容和形式；市场开启了中国媒体的财富之门。本章将以马克思关于人类三大社会形态的论述为指导，在对传媒市场化进行社会学分析的基础上，进一步剖析市场逻辑与新闻生产的关系，深入探讨全媒体时代的新闻传播。

第一节　社会学视角的传媒市场化

中国传媒市场化是随着中国市场经济改革逐步展开的。虽然1949年12月召开的全国第一次报纸经理会议上就提出过报纸企业化经营的方针，要求"条件好的公营报纸争取自给"、"多登有益广告"，中宣部随后发出《关于报纸实行企业化经营情况通报》，也对此表示认可。但当时显然是为减轻国家财政负担而采取的权宜之策，因为企业化经营既不符合党对报纸的一贯主张，也与当时实行的高度集中的计划经济体制格格不入。中共十一届三中全会后，从扩大企业自主权开始的中国经济改革不断深入。1984年10月，中共十二届三中全会通过《中共中央关于经济体制改革的决定》，提出"发展社会主义商品经济"。1992年10月，党的十四大正式确立建设社会主义市场经济的改革目标。中国传媒市场化之路几乎与此同步。1978年，《人民日报》等7家首都新闻单位要求"事业单位，企业化管理"的报告获批准。1980年，全国媒体广告营业额发展到1亿多元。1985年，《洛阳日报》首先实行自办发行，之后全国报纸纷纷效仿。自办发行意味着报社对其生产商品的营销渠道和营销方式做出自主选择，是向市场化迈出的关键性一步。在1992年之后，一些市场化程度较高的媒体在掌握终审权的前提下，把部分版面或节目时段包给广告公司等单位，这种新的经营获利方式并未受到官方禁止，因而很快发展起来。1992年6月，《中共中央、国务院关于加快发展第三产业的决定》发布，正式将报刊经营纳入"第三产业"。1994年，大多数过去吃"皇粮"的机关报社都开始自负盈亏，有些还成为创利大户。1996年年初，中国第一家报业集团广州日报报业集团挂牌成立，传媒市场化之路步入新的阶段。2003年，中共中央先后出台的两个关于文化体制改革的文件，进一步推动了传媒市场化的进程。

对于传媒走向市场，中国学界从经济学、文化学、传播学等角度已有大量论述，从总体上来看是喜忧参半。本节将根据马克思揭示出的人类三大社会形态的历史演进规律，选择社会学角度进行论述。

被视为《资本论》三大手稿之一的《1857-1858年经济学手稿》，既是马克思最重要的经济学著作，也是其最重要的哲学著作，还是一部难得的社会学著作。

为揭开资本的秘密，马克思从商品和货币入手，并通过对后者历史功能的分析，揭示出人类社会历史最重要的发展规律：三大社会形态历史演进规律。马克思指出，人的依赖关系（起初完全是自然发生的），是最初的社会形态，在这种形态下，人的生产能力只是在狭窄的范围内和孤立的地点上发展着的。以物的依赖性为基础的人的独立性，是第二大形态，在这种形态下，才形成普遍的社会物质交换、全面的关系、多方面的需求以及全面的能力的体系。建立在个人全面发展和他们共同的社会生产能力成为他们的社会财富这一基础上的自由个性，是第三个阶段。第二个阶段为第三个阶段创造条件。因此，家长制的、古代的（以及封建的）状态随着商业、奢侈、货币、交换价值的发展而没落下去，现代社会则随着这些一道发展起来。

马克思关于人类三大历史形态演进规律的论述，对于我们深刻认识传媒市场化具有重要的指导意义。过去我们更多的是从所有制、生产方式的角度而没有从更大范围、更深层面去理解历史进程，尤其是没有从交往方式、人的关系和人的全面发展方面理解。这种对历史发展规律理解的片面性，也影响到其他社会科学（包括新闻传播学）的理论和实践。

马克思所说的第一种社会形态，相当于后人概括的"前现代"或"前工业化"社会，包括原始社会、东方的所谓亚细亚社会、西方的古希腊—罗马社会和欧洲的中世纪。如此貌似不同的社会形态，马克思为什么会把它们归入一类？早在写作《德意志意识形态》时，马克思和恩格斯就站在历史唯物主义立场，深刻揭示了"生产力与交往形式"之间的关系，指出正是两者之间的矛盾和运动推动着社会形态的变化与发展。他们把"生产力"看作"人与自然界的感性关系之历史凝结，这种历史凝结在每一代人对它的运用中保持其生命力并继续向前发展（引起新的需要），这构成了人类生存的历史连续性的真正基础"。作为人与自然感性关系的"生产力"又是通过人与人之间的关系实现的，人与人之间的"交往关系"既受生产力制约，又制约生产力。他们在分析人类早期社会"生活"或"实践"的基础上指出："生命的生产，无论是通过劳动而达到的自己生命的生产，或是通过生育而达到的他人生命的生产，就立即表现为双重关系：一方面是自然关系，另一方面是社会关系。""生产本身又是以个人之间的交往为前提的，这种交往的形式又是由生产决定的。"马克思之所以把上述貌似不同的社会归入同一形态，是因为所有这些社会的生产力都比较低下，人对自然还处于"臣服"阶段，而远未达到"征服"阶段，社会基本生产资料主要还是以土地为代表的不动产，交换价值即货币的功能还没有充分发挥作用。与此相适应，每个社会成员都依赖并服从于他们所生活的共同体,缺乏独立性,"他们只是作为具有某种(社会)规定性的个人而相互交往,如封建主和臣仆、地主和农奴,等等,或作为种姓成员,等等,或属于某个等级,等等"。人的关系表现出对共同体及其首领的依赖。马克思对此总结说:"交换手段拥有的社会力量越小,交换手段同直接的劳动产品的性质之间以及同交换者的直接需求之间的联系越密切,把个人互相联结起来的共同体的力量就必定越大——家长制的关系、古代共同体、封建制度和行会制度。"从这种共同的"生命的生产"与社会关系或"交往形态"出发,马克思把上述资本主义社会诞生之前的社会关系概括为"人的依赖关系"。

对于前资本主义社会的社会关系特征,不少作家有过类似的论述。德国社会学家费迪南德·滕尼斯曾以"礼俗社会"对其进行过描述。在他看来,礼俗社会"由较小的封闭的村庄里主要建立在血缘关系和直接面对面接触基础之上的密集的人际关系网组成。规范大都是不成文的,个人被捆绑在一张相互依赖、触及生活方方面面的网络之中","集体的成员把这个团体视为超自然意志带来的自然的馈赠"。与此相对的是大型城市工业社会里以法律和其他正式规章为框架的"法理社会"。法国社会学家埃米尔·涂尔干则用机器的隐喻解释这种社会关系和秩序特征,认为生活在这种社会的人们就像机器上的齿轮和螺丝,他们的作用就是服务于集体这架机器。尽管机器秩序井然,经久耐用,但人只能在集体舆论的压迫下扮演传统社会要求他扮演的角色,人与人之间的关系就像机器的零部件那样固定,这就是所谓的"机械团结"。与之相对的是以专业化、劳动分工和彼此相互依赖为特征的"有机团结"。此外,埃里希·弗洛姆(Erich Fromm)在《逃避自由》中也认为,在工业化社会诞生之前,"真正的个人"是不存在的,"人一呱呱坠地,在社会中便有了一个明确的、不可改变的和无可怀疑的位置,所以他生根于一个有机的整体之中,并从而使他的生活确有保障。一个人与他在社会中所充当的角色是一致的。他是一个农民、一个工匠、一个武士,而并不是一个碰巧才有了这样或那样职业的个人"。但所有这些论述还只是停留在一般描述上,而不是像马克思那样,将其视为社会形态变迁动力机制的重要组成部分。

在分析西方社会的同时,马克思还专门论述了"亚细亚的所有制形式",并指出了亚细亚社会关系的特点。与西方社会不同,在亚洲不存在真正的土地私有制,所谓"普天之下莫非王土"。恩格斯认为,"不存在土地私有制,的确是了解整个东方的一把钥匙"。马克思指出了亚洲土地公有制的两种基本形式:(1)土地归公社所有;(2)土地属于更高的统一体。所以,在大多数亚细亚的基本形式中,凌驾于所有这一切小的共同体之上的总和的统一体表现为更高的所有者或唯一的所有者，实际的公社却只不过表现为"世袭的占有者"，皇帝在这个社会掌握着经济、政治、文化等各个领域至高无上的权力，被尊为全国的君父，其下属臣僚则是君父派往各地区执行自己意志的代表，是国家机器各部分间的唯一精神联系。中国古代中央朝廷与地方官员包括封疆大臣的关系以及延续数百年的"邸报"几乎就是以上描述的缩影。所以马克思曾指出，对于专制统治来说，几个世纪以来中国提供了一种"完善的报刊"的范本。

资本主义社会与前资本主义社会最大的区别之一，是价格日益由生产费用所决定，交换日益渗透到一切社会关系之中，进而支配着全部的生产关系和交往关系。所谓"物的依赖性"指的是对体现在"一般产品"交换中的交换价值，即货币（资本的一般表现形式）的依赖。马克思说的第二种社会形态，是指15世纪末地理大发现以后，特别是建立在以"工业革命"及市场交换或市场经济为基础的社会上，如果把市场经济视为社会资源有效配置的一种经济手段，"以物的依赖性为基础"的社会就不仅包括资本主义社会，也包括社会主义社会，至少包括"社会主义初级阶段"。

与第一种社会形态相比，第二种社会形态有以下重要特点：

第一，以"人的独立性"为标志的人的解放。根据马克思的分析，由于交换范围的不断扩大，交换手段日益成为一种社会控制力量，把个人联结在一起的共同体力量也逐步减小，家长制的统治关系也会随之解体。所以，"在货币关系中，在发达的交换制度中（而这种表面现象使民主主义者受到迷惑），人的依赖纽带、血统差别、教育差别等事实上都被打破了、被粉碎了（一切人身纽带至少都表现为人的关系）；各个人看起来似乎独立地（这种独立一般只不过是幻想，确切些说，在彼此关系冷漠的意义上彼此漠不关心）、自由地互相接触并在这种自由中互相交换"。可见，由市场交换价值体现的"以物的依赖性为基础"的社会形态，较之先前以"人的依赖关系为基础"的社会形态，是一次巨大的历史进步。对此，马克思评价说："美好和伟大之处，正是建立在这种自发的、不以个人的知识和意志为转移的、恰恰以个人相互独立及毫不相干为前提的联系，即物质的与精神的新陈代谢上。毫无疑问，这种物的联系比单个人之间没有联系要好，或者比只是以自然血缘关系和统治服从关系为基础的地方性联系要好。"

第二，"人的独立性"同时也伴随着人的平等和自由意识的提高。因为市场经济建立在"毫不相干的个人之间"的商品交换基础上，这种交换价值又是以个别商品的一般等价物——货币来体现的，所以在交换价值即货币面前的平等，在个人需要以及生产、交换中的自由，就成了市场经济的必然要求。马克思是这样分析的：在市场经济中,"毫不相干的个人之间的互相的和全面的依赖,构成他们的社会联系。这种社会联系表现在交换价值上,因为只有在交换价值上每个人的活动或产品对他来说才成为活动和产品;他必须生产一般产品——交换价值,或孤立化和个人化的交换价值,即货币。另一方面,每个个人行使支配别人的活动或支配社会财富的权力,就在于他是交换价值或货币的所有者。他在衣袋里装着自己的社会权力和自己同社会的联系"。这样建立在契约(法律)基础上的自由和平等就成了市场经济实现的前提条件。

第三,马克思还把市场的开拓与人们对信息需求的扩大联系起来,从而间接地阐述了市场经济对新闻传播的积极推动作用。在《共产党宣言》中,马克思指出:"不断扩大产品销路的需要驱使资产阶级奔走于全球各地。它们必须到处落户,到处开发,到处建立联系。"因此,市场的扩大第一次形成了人对普遍交往和全面联系的需要。"虽然每个人的需求和供给都与一切其他人无关,但每个人总是力求了解普遍的供求情况,而这种了解又对供求关系产生实际影响。"社会对于信息的普遍需求正是新闻传播发展的内在动力。除了对市场的开拓,资本还"要求生产出新的消费",以满足其追求更多利润的本性。对新的消费需要的生产本身就是一种新的生产,同时新的消费需要还将进一步刺激这种生产。所以,资本"摧毁一切阻碍发展生产力、扩大需要、使生产多样化、利用和交换自然力量与精神力量的限制",极大地推动了包括新闻生产在内的一切社会生产的进步。大众传播在工业化社会的迅速崛起,以及媒体在市场化条件下的快速发展无不证明了这一点。

如上所述,关于前资本主义与资本主义两种不同社会形态及其关系特点,滕尼斯、涂尔干以及西美尔(见《货币哲学》)等都有论述,但这些论述大多是流于表面的两分法,其间流露的要么是对于上述"物的依赖关系的永恒性的信念",要么是"对于封建时代等的'纯粹人的关系'的幻想"。马克思的伟大在于以历史唯物主义的洞察力,深刻揭示出包含在第二种社会形态中的内在矛盾,并为第三种人类社会形态的建立提供了理论依据。

以交换价值和货币为媒介的交换关系极大地解放了生产力,为人类普遍交往创造了条件。这种新的关系"又以生产者的私人利益完全隔离和社会分工为前提"。因此,生产资料的私人占有和控制、建立在财产基础上的交往权力,又严重阻碍着普遍交往的真正实现。正如马克思所指出的那样,"一切劳动产品、能力和活动进行私人交换,既同以个人之间的统治和服从关系(自然发生的或政治性的)为基础的分配相对立……又同在共同占有和共同控制生产资料的基础上联合起来的个人所进行的自由交换相对立"。也就是说,人们在摆脱了旧的控制"对人的依赖"的同时又给自己带上了新的枷锁——"对物的依赖"。这就是所谓的"异化"。

传媒市场化表现的正是这种"异化"。众所周知,传统新闻体制建立在与集中计划经济高度一致的集权政治统治之下,媒体对政府的高度依赖和服从是这种体制的特征。传媒市场化(尽管还很有限)在很大程度上改变了这种"交往形态"。对此,我们在前面的章节中已有论述。但与此同时,社会对媒体的批评和指责之声也不绝于耳。有关部门曾将这些批评和指责归纳为四个方面:虚假报道、有偿新闻、低俗之风、不良广告。稍做分析便会发现,上述被视为"四大公害"的媒体行为都与市场有着千丝万缕甚至根深蒂固的联系。有偿新闻、低俗之风、不良广告自不用说。这些年出现的虚假报道绝大多数也是"眼球经济"的产物,只要查阅一下《新闻记者》(上海)连续几年披露的每年中国媒体十大假新闻,对上述结论就不会有任何怀疑了。如何看待这种"异化"?马克思的分析为我们提供了指导。

全面发展的个人——他们的社会关系作为他们自己共同的关系,也是服从于他们自己的共同的控制的——不是自然的产物,而是历史的产物。要使这种个性成为可能,能力的发展就要达到一定的程度及全面性,这正是以建立在交换价值基础上的生产为前提的,这种生产在生产出个人同自己和同别人的普遍异化的同时,也产生个人关系和个人能力的普遍性及全面性。在发展的早期阶段,单个人显得比较全面,那正是因为他还没有形成自己的丰富的关系,并且还没有使这种关系作为独立于他自身之外的社会权力和社会关系同自己相对立。留恋那种原始的丰富是可笑的,相信必须停留在那种完全空虚之中,也是可笑的。资产阶级的观点从来没有超出同这种浪漫主义的对立,因而这种浪漫主义观点将作为合理的对立面伴随资产阶级观点一同升入天堂。

根据马克思的观点,在传媒市场化过程中,"异化"和"异化"的扬弃实际上走着同一条道路。看不到这一点,很容易造成对传媒市场化的简单肯定或否定。从马克思的社会发展观来看,传媒市场化当然不可能是万古长存的新闻传播机制或新闻生产关系,因为这种关系中埋藏着炸毁它自身的地雷;但是,"如果我们在现在这样的社会中没有发现隐蔽地存在着无阶级社会所必要的物质生产条件和与之相适应的交往关系,那么一切炸毁的尝试都是唐·吉诃德式的荒唐行为"。因此,对传媒市场化做简单肯定或否定都难免有失偏颇。传媒的历史是整个社会历史的有机组成部分,从社会发展规律来看,市场化或许是传媒发展史必须经历的一个阶段,积极利用它来发展现代新闻生产力,改造传统新闻生产关系,努力限制其"异化"程度和范围,以达到最终超越它的目的,恐怕这才是正确的观点和态度。

马克思理想中的第三种社会形态既摆脱了对"人的依赖"，又摆脱了对"物的依赖"。只有到了这种社会，"建立在个人全面发展和他们共同的社会生产能力成为他们的社会财富这一基础上的自由个性"才能够得以充分发展。此处似乎用不着重新描述这一社会的理想蓝图。有关这一理想社会的"交往形态"，陈力丹在《马克思主义新闻观思想体系》一书中也已经有了比较详细的阐述。

这里需要提出的是另一个问题，那就是在马克思看来，对"物的依赖"主要是对生产资料私有制的依赖，因此要摆脱对"物的依赖"，必须消灭私有制。那么，如何看待所有制与传媒市场化的关系？我只能对此提出四点原则性想法：（1）在马克思那里，私有制的消灭是建立在物质产品的极大丰富和人的素质全面发展与提高基础上的，用马克思本人的话说，"它以物质和精神条件的发展为前提"。发展这个前提可能需要长期的历史过程，人为地强行扭转这一历史进程无异于拔苗助长，过去我国经济建设领域的实践已经证明了这一点。（2）现代经济理论认为，市场经济所要求的是明确的产权界限，产权主要是法律形式上的对生产资料的拥有权、支配权和管理权，不一定是实质上的所有权。因此，市场经济对生产资料的占有形式（公有还是私有）并没有必然要求。（3）公有制并不等于国有制，公有制可以有多种实现形式，如各种形式的基金和基金会，各种形式的合作组织、社区所有制、股份制，等等。党的十五大报告中就提出了"努力寻找能够极大促进生产力发展的公有制形式"的要求。（4）将国有制作为社会主义经济基础的观念来自列宁和斯大林，而不是马克思和恩格斯。相反，恩格斯则指出："国家再好也不过是在争取阶级统治的斗争中获胜的无产阶级所继承下来的一个祸害；胜利了的无产阶级也将同（巴黎）公社一样，不得不立即尽量除去这个祸害的最坏方面，直到在新的自由的社会条件下成长起来的一代有能力把全部国家废物抛掉。"吴敬琏认为："马克思和恩格斯所设想的社会主义社会，是一个'自由人的联合体'。这个'自由人的联合体'通过'对全部生产力总和的占有'，使人们得以'用公共的生产资料进行劳动'，形成一个'以共同占有生产资料为基础的社会'，而从来没有把它说成是一个由国家组织和管理的大工厂，或者把'国家所有制'当成社会主义的经济基础。"

第二节 资本的推动力

马克思主义经济学不仅仅把资本理解为一种生产要素,更把资本理解为一种社会关系。这种理解具体表现在以下三个方面:第一,资本是以预付方式投入再生产过程中以实现价值增值为目标的剩余价值,必须通过市场交易才能得以实现或得以形成;第二,资本表现为货币、生产资料、劳动力、技术和尚未向消费者出清的产品等具体形态,但资本的这些具体形态并非资本本身,资本是存在于这些物质形态背后的、被纳入特殊社会关系之中,从而能够实现增值意志的劳动价值;第三,也是最重要的,资本是一定社会历史形态中能够使人的劳动实现价值增值的生产关系。马克思指出:"资本不是物,而是一定的、社会的、属于一定历史社会形态的生产关系,它体现在一个物上,并赋予这个物以特有的社会性质。"因此,马克思理解的资本不只是一个纯粹的经济学概念,还是一个政治学及社会学的概念。正如列宁所说的那样,"凡是资产阶级经济学家看到物与物关系的地方(商品交换商品),马克思都揭示了人与人之间的关系"。体现在资本身上的这种人与人之间的关系——生产关系,正是本节关注的重点。

中国新闻业发生的巨大变化已经成为不争的事实。这些变化可以从方方面面进行概括和总结。罗以澄将这些变化概括为"三个方面的转型",即市场化转型、民本化转型、数字化转型。李良荣在《中国新闻改革30年》一书中通过6个图表形象、直观地描绘出"中国传媒业30年图景"。那么,推动整个新闻业发展变化的动力是什么?仅仅以"思想解放"来回答这个问题,不但显得过于笼统,而且会让人产生"意识决定存在"之嫌。

看看1976年《人民日报》关于唐山地震的报道,其中明显交织着"以阶级斗争为纲""无产阶级专政下继续革命的理论"和"人定胜天"的"革命乐观主义"情怀。同样关于地震,2008年汶川地震的报道则更多地体现了现代媒体的社会责任意识和"受众观念"。何以如此?我们知道,观念并非凭空产生的东西,而是社会实践的产物。所以,要分析上述报道观念变化的原因,用马克思的话说,就是只有把它们"当作人的感性活动,当作实践去理解"。

当媒体的主要经济来源由政府转向市场,情况立刻发生了根本性变化。媒体不但要自己开辟收回生产成本的渠道,而且要不断拓宽这条渠道,以便实现价值增值。对它们来说,此时的"密切联系人民群众"已经不再仅仅是执政党倡导的在新闻工作中走"群众路线"的问题,而是关涉自身生存和发展的根本性问题;此时的发行量、收听收视率已经不再仅仅是向上级汇报、向外界炫耀的一般指标,而是在广告客户面前讨价还价的重要资本;此时的"受众兴趣"已经不再仅仅是一种理论上争来争去、姓"无"还是姓"资"的新闻观,而是成为从内容到形式引导新闻生产的一个基本信号。汶川地震报道中表现出的迅速及时、公开全面、"人文关怀"等受众观念,究其根源,同样是这种变化的结果。事实上,这些年来中国传媒通过各种方式全面服务于受众、服务于社会的根源也在于此。

再看"责任意识"。过去我们所说的责任主要是对党和政府负责,当然在此基础上也衍生出对人民负责、对历史负责;而汶川地震报道中表现更多的是一种社会责任意识——对整个社会负责。如今社会各界和媒体及其从业者谈论的责任也多属这种责任。为什么?因为与国家权力统治下"自给自足"的新闻生产不同,媒介资源被资本化后便获得了社会性,需要在市场流通中实现价值增值,其使用权(甚至将来的所有权)属于整个社会,"从长远看,越趋近于社会利益而避免急功近利,越能获得市场利益。因为社会的利益就是读者的利益,保证了社会的利益就保证了读者的利益,而读者又是媒体的最终消费者",此其一。其二,责任与自由如影随形,人们常说"独立负责",也就是说,只有"独立"才能"负责"。我们在上一节对传媒市场化的分析中,已经讨论过资本与自由、独立之间的关系。西美尔在《货币哲学》一书中也指出:"货币义务是与最大限度的自由协调一致的形式。""财产分配到各自独立的部分,产权的固定、个人权力之实现皆需货币才得以成为可能",因而它是"个体自由的载体"。独立的市场主体是市场经济的必要前提。与过去相比,中国媒体总体上独立性在提高、自由度在增加,中国媒体及其从业者的社会责任意识也相应得到了加强。其实这不是什么人的主观意志所决定的,而是客观市场逻辑演绎的结果。

罗以澄在总结中国传媒变化中的"民本化转型"时说:"所谓民本化转型,指的是媒介角色正在从过去纯粹的党和政府的喉舌向国民信息传播工具的转型。这一转型主要表现在:第一,尽管现在我们的传媒依然接受执政党(政府)的新闻宣传思想指导,但同时也强调以'受众为本位'的新闻报道理念。第二,媒介的总体结构已不是过去党媒'一统天下'的格局,而是由党媒、市场化媒介、公共媒介等不同类型的媒介共同构成,媒介开始成为一种重要的公共力量,一种能够影响社会的'软权力'。第三,新闻传播的运作,开始注重社会公众的知情权的满足。尤其是近几年来新闻传媒对诸如广州孙志刚事件、沈阳黑社会头目'刘涌'事件、重庆'最牛钉子户'事件、江苏太湖'蓝藻'事件、陕西'黑砖窑'事件、陕西的'虎照'事件以及四川汶川大地震、河北'三鹿'奶粉问题、哈尔滨警察伤害大学生案件等新闻事件所作的透明化报道，就是新闻专业主义开始张扬的结果，同时也显示了中国新闻传媒宏观政策的价值重心正在逐步地向满足民众的信息知情权、最大限度地保障民众在社会生活中的意见表达权的方向转移。第四，新闻报道的'平民化'倾向，传媒的'亲民'形象日趋浓烈。在今天的传媒上，我们可以发现：'小众'化、'窄播'化的趋势越来越明显，'民生'新闻成了众多传媒的'主打'产品，把新闻做'软'。凸显新闻的人情味和情节性、趣味性成了不少传媒的'看家'法宝，用个性、特色'约会'受众，更成了许多传媒的一大流行特色。"之所以做这样长长的引述，是因为笔者觉得这段概括的描述几乎把中国新闻生产中所有"可见的"变化包罗无遗。而这一切又统统可以从资本驱动的传媒市场化中找到答案。

资本在新闻生产中的革命性力量当然远非这些。

在研究中笔者还发现，媒体的市场化程度往往与其对传统社会权力的依赖程度成反比。在研究"宣传通知"时，笔者分别对三家报业集团的主报和子报执行通知的情况做过内容分析，结果发现，后者执行远不及前者坚决，其中市场化程度越高的报纸执行力越弱。对于中宣部2008年5月23日下发的《关于近期抗震救灾宣传报道意见》，在南方某报业集团的一家都市报的版面上几乎见不到贯彻的情况。另外，这些年来，一些引起强烈社会反响的报道，它们大多首先出现在市场化程度较高的媒体上。如果再对这些敢于突破某些禁区，直面社会矛盾，追踪社会热点的"揭黑记者"、"调查性记者"稍加研究，我们还会发现，他们要么属于最初的"流浪记者"，要么调换过多家新闻单位，有些还受到过原先工作单位的批评甚至处分。记者的频繁流动只有在市场经济的条件下才可能出现。从媒体来看，要尽一切可能吸纳优质资源来发展生产、创造利润；从记者来看，作为人力资源，他自身也被资本化，唯有不断流通才能实现利润最大化。

恩格斯在《在马克思墓前的讲话》中指出："正像达尔文发现有机体的发展规律一样，马克思发现了人类历史的发展规律，即历来为繁茂芜杂的意识形态所掩盖的一个简单事实：人们必须吃、喝、住、穿，然后才能从事政治、科学、艺术、宗教，等等。"可见，物质利益的满足是人的"第一需要"，其他需要以此为基础。然而，光有对利益的欲望还不行，人们还必须寻找满足这种欲望的客观条件。离开了后者，作为本能的原始利益欲望只能是个人内心的一种躁动和空想。客观条件既为主体欲望的实现提供可能，又对其设置限制。于是，最大限度地发展客观条件为主体欲望实现所提供的可能性及克服其限制性就成了问题的关键。到目前为止，人类发现的此问题的解决之道就是建立一种合适的社会生产关系，以便将主体追求利益的主观欲望"对象化"为一种外在的客观机制。市场经济正是这种客观机制的结构形式，而资本则是它的集中体现。

马克思和恩格斯对市场与资本在生成现代社会、创造各种事物的现代性，尤其是在发展社会生产力方面的巨大作用给予了充分肯定：资产阶级在它的不到一百年的阶级统治中所创造的生产力，比过去一切世代创造的全部生产力还要多，还要大。自然力的征服，机器的采用，化学在工业和农业中的应用，轮船的行驶，铁路的通行，电报的使用，整个大陆的开垦，河川的通航，仿佛用法术从地下呼唤出来的大量人口——过去哪一个世纪能够料想到在社会劳动里蕴藏有这样的生产力呢？

根据上述马克思主义的基本观点，我们有理由得出结论：30多年来，推动新闻生产，甚至推动整个中国新闻传播变革的力量是资本。资本是人类利益欲望的巨大容器，是主体扩张意志最具魔力的载体，是社会生产力快速发展的永动机。对于资本的力量，鲁品越解释说："人们一旦把社会积累下来的剩余劳动力投入到市场化的社会过程中而转化为资本，人们负载在它身上的意志便由市场中社会关系的客观力量所决定，从而成为强制性客观力量……资本力量作为一种社会关系力量，取代传统社会的权力，将社会成员组织成现代社会经济结构。如果说传统社会结构本质上是一种伦理结构和权力结构，那么现代社会的基础是由资本力量组织起来的经济结构。强大的资本力量支配社会资源的流动，分配社会财富，组织社会的扩大再生产，把整个社会组织成追求资本增值的机器，由此决定着现代社会的意志形态与上层建筑。"

应该看到，虽然作为一种新的社会力量，资本已经打破传统社会权力"君临天下"的格局，通过自身的逻辑演绎着新的社会结构和社会关系，在新闻生产领域发挥出越来越重要的作用，但目前中国传媒市场化的程度还十分有限，在传统体制和观念的束缚下，资本的能量还未得到充分释放，在很多情况下，它还需要借助一些传统观念的"包装"，甚至通过传统社会权力的"寻租"来实现自身的价值。在当下中国新闻界，一些看似矛盾的现象随处可见，有学者已经对此做了很有价值的研究。所以，在目前的新闻生产领域，资本的力量与传统社会的权力之间呈现的是一种错综复杂的博弈关系，而不是决定与被决定的关系。"政治利益主体"的一元化与"经济利益主体"的多元化是当下中国媒体面临的主要矛盾。

不仅如此，资本自身就包含着矛盾，它在打破旧的限制的同时又在不断地产生出一些新的限制。正如马克思指出的那样，资本一方面是现代物质文明和新型社会关系的创造者，是现代社会生产力的根源，另一方面又是社会一切"匮乏和穷困、愚昧和罪恶的根源"，它从来到世上的那天起，每个毛孔都流着鲜血和肮脏的东西。"资本不可遏止地追求的普遍性，在资本本身的性质上遇到了界限，这些界限在资本发展到一定阶段时，会使人们认识到资本本身就是这种趋势的最大限制，因而驱使人们利用资本本身来消灭资本。"

第三节 新闻娱乐化

所谓"新闻娱乐化"泛指这样一种现象：媒体为了吸引受众，将各种娱乐元素作为新闻报道的"卖点"，把新闻原本传播信息的告知功能"化"为娱乐功能。具体表现为煽情、媚俗、猎奇甚至失实，以及为了吸引受众的眼球对报道形式所做的形形色色的喧宾夺主的渲染、包装等；在媒体的整体报道中则表现为软新闻比例的上升、硬新闻比例的下降。

20世纪末，西方有调查显示，英国ITV名牌新闻节目《十点钟新闻》90年代初改版后，国际新闻的比例从1990年的43%下降到1995年的15%，而娱乐新闻和体育新闻的比例从8.5%上升到17%；美国三大新闻网（ABC、CBS、NBC）1990年一年花在娱乐性新闻上的时间比前两年多出一倍。另有调查显示，美国一些主流纸质媒体在1977—1997年的20年间，硬新闻的比例从60%下降到30%，软新闻从8%上升到25%。

迈克尔·舒德森（Michael Schudson）在回顾新闻生产研究时，已经注意到发生在世界许多地方的这种变化，"和以前相比，现在的新闻变得更加非正式，更加私人化，更富有批判性，同时又有一种犬儒主义的疏淡和冷漠。"并认为，已有的理论研究取向还不能解释这些变化。

对于国内新闻娱乐化的成因，不少学者都做过分析。这些分析从各个角度出发，都有其道理，而且几乎所有的分析都谈到了"市场因素"。但市场因素究竟是一种怎样的因素？它在各种因素中占据何种地位？它究竟如何推动新闻娱乐化发展？看来要回答这些问题，还得深入市场经济的内部。

众所周知，市场经济最大的好处在于能使有限的社会资源得到有效配置。市场何以能有效配置社会资源？原因在于各种社会资源的资本化。因为"资源"一旦变成"资本"便被赋予了人格力量，"理性经济人"就会对它精打细算，发挥其最大效益。因此，资本是市场经济的发动机。

"理性经济人"原先是西方主流经济学中的一个概念。在个人层面上，其基本含义是指每个自然人或企业法人都是"理性经济人"，会对自己的各种行为的得失进行仔细盘算，做出效益最大化的选择；在社会层面上，是说由于每个人的精打细算、相互间的讨价还价，最终会使人们的利益出现均衡格局，使社会资源得到有效配置。后来这个概念被广泛用于对社会各领域的分析，从而在事实上成为一种关于现代社会的理论，如加里·贝克尔（Gary S. Becker）以这个概念为基础，分析犯罪、家庭、社会歧视等现象，布坎南将"理性经济人"的理论推广应用到政治生活领域，来解释投票、选举、决策等政治行为。

所谓市场的力量就是资本的力量，市场的逻辑就是资本的逻辑。舒德森批评西方关于新闻生产的研究"既缺乏历史视野也不谙比较研究"，在许多现象和变化面前缺乏解释力，运用马克思对资本运行过程所作的历史唯物主义分析，不仅有利于深入揭示新闻娱乐化产生的原因，还有利于解释新闻生产中的其他一些现象和变化。

资本在给人类社会带来巨大历史进步的同时也带来了空前的灾难。

资产阶级在它已经取得了统治的地方，把一切封建的、宗法的和田园诗般的关系都破坏了。它无情地斩断了把人们束缚于天然尊长的形形色色的封建羁绊，它使人和人之间除了赤裸裸的利害关系，除了冷酷无情的"现金交易"，就再也没有任何别的联系了。它把宗教虔诚、骑士热忱、小市民伤感这些情感的神圣发作，淹没在利己主义打算的冰水之中。它把人的尊严变成了交换价值，用一种没有良心的贸易自由代替了无数特许的和自力挣得的自由。总而言之，它用公开的、无耻的、直接的、露骨的剥削代替了由宗教幻想和政治幻想掩盖着的剥削……资产阶级抹去了一切向来受人尊崇和令人敬畏的职业的神圣光环……撕下了罩在家庭关系上的温情脉脉的面纱，把这种关系变成了纯粹的金钱关系。

所有这些都是由资本在实现其扩张本性的过程中的内在矛盾引起的。还是让我们回到新闻生产的分析上来。未进入市场经济之前，全部新闻生产资源和其他社会资源一样，基本上处于被垄断的封闭状态，即封闭在"自给自足"的"自然经济"状态中，没有收回成本和实现价值增值的渠道。那时的新闻生产，其目的在于实现资源主体的使用价值，所以它只能充当手段和工具——发挥"喉舌"功能。即使在中华人民共和国成立初期推行"报纸企业化经营"中出现的买卖关系，也不是"为卖而买"的对资源价值增值的追求，而是"为买而卖的过程的重复或更新，与这一过程本身一样，以达到这一过程以外的最终目的，即消费或满足一定的需要为限"。

市场经济部分打破了上述垄断。从我国现在的情况来看，在新闻生产要素资源中，除刊号、频率（频道）资源外，其他资源（如报道资源、人力资源、技术资源等）已基本走向市场，开始了"为卖而买"的资本化运作。于是它们进入生产过程的目的发生了根本性变化：由过去直接为了消费，满足于使用价值的实现，转变成为了自身的增值，满足交换价值的实现。正是这种转变极大地解放了新闻生产力，也引发出了许许多多的问题。

从作为客观事实的报道资源来看，在未被资本化之前，理论上会有两种情况，一是满足于全体社会成员对信息的基本需求（包括从这些信息中获得各种精神享受），二是作为政治权力意志的载体，满足专制者的统治需要。报道资源一旦被资本化只能出现一种情况，那就是作为经济利益意志的载体，满足生产剩余价值即赚钱的需要。此时，报道资源的价值完全摆脱了使用价值的束缚，像一匹脱缰的野马，在市场交换中拼命追逐着利润。当然，在实际中，我国报道资源的市场化还受到体制、观念、传统等因素的制约，从而影响了对它们的开发和利用，特别是在硬新闻上，报道资源还难以自由地开发利用。但媒体毕竟已经走向市场，于是在有限的资源中，只能选择那些限制较少、容易开发的资源。因此，这类报道资源成为首先被资本化的资源，即市场化程度最高的资源。于是，在这类资源的利用上，下面的情况发生了：

新的报道资源被源源不断地开发。资本扩张的过程就是把本来储藏着的资源不断开发出来，并吸收到自己体系的内部，成为生产剩余价值的载体，继而形成劳动产品，在市场交换中实现增值。这样，受资本扩张意志的驱使，一些以前没有得到开发的新闻资源就被开发出来了，出现了所谓的"百姓新闻"、"市井新闻"、"民生新闻"、"市民新闻"、"亚新闻"、"娱乐新闻"等，不一而足。开发这些资源的目的可以用各种言辞来包装，但根本上还是为了壮大资本的力量，以便它生产出更多的剩余价值，在市场中追逐到更多的利润。从客观社会效果来看，对新资源开发的作用自然是双重的，一方面它可能有效利用这些资源服务于受众，另一方面也可能因为"家长里短"、"鸡零狗碎"而弱化社会服务功能，甚至还可能因不合理开发或过度开发对社会精神环境造成危害。

报道资源中的各种"副价值"得到充分利用。物质生产中对生产资源"副价值"的开发利用是值得提倡的，但精神生产的情况要复杂得多。以报道资源论，新近发生事实中可能包含多种成分和功能，开发哪一种需要工具理性和价值观共同来决定。但资本只关涉工具理性，不关涉价值观。于是，报道资源中最能刺激人们接受欲望的所有因素都在利用之列，不管它们是白的黑的、素的荤的、美的丑的、善的恶的，更不管它们是否具有"守望环境"的告知功能，只要有人愿意看、愿意听、愿意买，进而能赚取利润就可以。新闻娱乐化的根源在于根据资本逻辑（不可遏止的扩张欲），对报道资源"副价值"的开发利用，虽然在这种开发利用中也可能包含着一些积极因素，如展示社会的丰富多彩、拉近媒体与生活的距离、调节人们的心情等，但从根本上来看，弊大于利。因为精神产品生产中最宝贵的价值判断在其中是缺位的，"精神最大的好处是对物化的否定"，上述对报道资源"副价值"的开发利用却走着完全相反的道路。现在学界之所以对新闻娱乐化的利弊、得失还争论不休，可能是因为还没有抓住这一问题的根本。

各种旧的报道资源甚至非报道资源也频频被用于新闻生产，类似于在市场经济发展不充分的时候的产品生产，一些厂商偷工减料、以次充好，用一些假冒伪劣产品来坑害消费者，赚取黑心钱。在新闻生产中，类似的情况表现为一个时期盛行于报刊的"大特写"，不少是"旧闻+传闻"，少数压根儿就是编造的；如今媒体上那些令人眼花缭乱的明星绯闻、凶杀案件、浪漫爱情、离奇故事等，不少也是如此。根据传说捕风捉影生产的虚假新闻也不在少数。资本就是如此，只要能赚钱就可以不择手段。但这种情况随着市场经济体制的完善，各种社会监督机制（包括行业内部监督）的建立，是能够逐步得到遏制的。因为那样做不仅会受到社会道德的普遍谴责，还在损害消费者利益的同时，损害了自身（乃至整个行业）的整体利益和长远利益。因此，在本质上与资本扩张所遵循的工具理性是相悖的。

一、对报道形式进行形形色色的包装

对消费品做各色包装既能刺激消费者的欲望，又能创造出一种全新的"符合价值"，进而产生出新的消费欲望。不少"后现代"理论家对此都有过描述，如鲍德里亚曾借用麦克卢汉的"内爆"（implosion）概念，来说明消费社会中"类象"（simulations）取代真实的情形。有论者进一步阐释在后现代的媒体场景（mediascape）中，信息与娱乐、影像与政治之间的界限也均告内爆。正如许多评论者已指出的那样，电视新闻和纪实节目越来越多地采用了娱乐的形式，用戏剧或传奇剧（melodramatic）符码来组编它们的故事。哥伦比亚广播电台的新闻杂志节目《第五十七街》片头就是一幅由许多新闻记者的肖像拼结而成的图画，好像这些记者是电视系列剧中的角色似的。而音乐电视网（MTV）、《今夜娱乐》以及各种脱口秀则采用了标准的新闻评论式样，将文化工业铺天盖地的宣传掩饰在"事实"和"信息"的幌子之下。其结果出现了一种被称为"娱讯"（infotainment）

的东西,在这种娱讯中,信息与消遣娱乐之间的界限消失了。产生这些现象的原因是什么?"后现代理论"似乎擅长描述但缺少分析。在我们看来,对报道形式的精心包装根本上是同类产品生产过剩的缘故。资本的扩张必然带来消费品的迅速增长,而且这种增长的速度也必然超过消费的增长速度,由此引起生产过剩。要加快剩余产品的循环,在内容一致(所谓"同质化")的前提下只能在形式上求新求异。由于我国特殊的"语境",软新闻的生产过剩尤为突出,因而这类新闻的包装更加五花八门。

二、再从人力资源来看

"人力"即劳动力,人力资源与自然资源对称,也是生产力的基本要素。在市场经济条件下,人力资源也被资本"化"为自己增值的工具,成为这部疯狂扩张机器的一个有机组成部分。具体到劳动者,"他们一进入劳动过程,便并入资本。作为协作的人,作为一个工作机体的肢体,他们本身只不过是资本的一种特殊存在方式。因此,工人作为社会分工所发挥的生产力,是资本的生产力"。所以上述对"自然资源"(报道资源)的开发利用几乎在人的身上得到重演:

突破各种传统限制,一批又一批地广泛招募新人;高薪从其他新闻单位"挖人";聘请各种社会"名人";高价买稿、买新闻线人。

法定的休息时间被大量占用;加班加点甚至通宵达旦地工作成为家常便饭;各种各样与报酬直接挂钩的考评制度、指标任务压得人喘不上气。难怪有人调侃如今的媒体"把女人当男人使,把男人当驴使"。

对"名记"、"名编"、"名播"、"名主持"进行宣传、包装;用影视明星、曲艺演员、社会名流播报新闻;或光头或长发或摇着扇子的男主播,或穿着暴露或嗲声嗲气的女主播,你方唱罢我登场。

与对自然资源的全面占有和剥夺不同的是,资本对人的剥夺是双重的,它在推动生产力极大发展的同时,又全面剥夺了人的幸福感、成就感,摧残劳动者的身心健康,从而造成他们"人格的贫困化"(马尔库赛所谓"单向度的人")。想想那些风餐露宿、苦苦蹲点守候在明星门前的"娱记",再看看一些都市报记者疲惫的面容,这个问题就非常清楚了。这也许可以部分解释相当数量的从业者想离开新闻岗位的原因。浙江大学的调查报告中说:"由于对新闻职业'社会责任'丧失的不安和由此带来的工作幸福感指数的下降,新闻从业者中选择离开新闻岗位的人数在增多。"一项对上海新闻从业者的调查中也发现,较年轻(30岁以下)和较年长(50岁以上)的从业者是职业忠诚度相对较低的群体,他们当中有1/3以上不愿意继续从事新闻工作。笔者在对浙江省媒体从业者的访谈中也发现了类似的情况。某电视台新闻二部在半年的时间里，分别有4位毕业于新闻院系的研究生或本科生主动选择离开，其中3位的离理理由分别为"整天累得要死，不知干些什么"、"我做的大多数节目，同学和家人都不叫好，渐渐我自己也不喜欢了"、"待在那儿不舒服，身心都觉得很累"。这种"人格的贫困化"也许还能部分解释舒德森指出的，表现在新闻中的那种"犬儒主义的疏淡和冷漠"。

最后，还有必要对上述浙江大学的调查结果和研究结论再展开一些讨论。该调查结果显示：大部分新闻工作者对新闻娱乐化持反感态度；甚至有80%的人不能肯定新闻娱乐化是否真的能满足受众接触媒体的需求。然而，"媒体存在普遍的娱乐化现象与媒体从业者有直接的关系，新闻娱乐化毕竟是经由他们制作的"。如何解释这个问题？报告给出的研究结论是：操盘手不止一个，而是多种力量。这些力量具体被归纳为四个方面：一是"用文化产业之说取代新闻事业"；二是"滥用'三贴近'，低格调地'讨好'受众"；三是"误读'受众'满意度"；四是"媒介管理阶层新闻职业化教育的缺失"。报告中说，从调查和实际接触来看，"媒介的社会责任感、传播内容的格调与主要负责人有直接关系"。因此，报告中认为，"新闻娱乐化主要是来自媒体自身的压力，媒体的高层管理者一味追求收视率（阅读率等）使然"。据此，笔者有理由把上述四个方面的原则进一步归纳为两个方面：一是市场化的原因；二是媒体高层管理者的原因。因为在笔者看来，"滥用'三贴近'"、"'讨好'受众"和"误读'受众'满意度"主要还是指媒体的高层管理者，所以最后一点对"媒介管理阶层新闻职业化教育的缺失"可以涵盖前两点。

这个结论是值得商榷的。

首先，在资本这部巨大的扩张机器面前，具体参与新闻生产的每个人都被卷入其中，"媒体管理阶层"也不能例外，假设他们能"身在其中而出乎其外"是没有根据的。自己生产的产品与自己相对立，这种"劳动异化"是马克思早已论述过的。新闻从业者既对新闻娱乐化不满，又不得不加入其中，实在没有什么奇怪。其实如果对媒体管理者做更广泛深入的调查（这正是这项调查做得不够的地方），他们的感觉可能和从业者是一样的，说不定更强烈，因为事实上他们也同样是"资本的一种特殊存在方式"。把新闻娱乐化的成功归结到高层管理者身上，似乎是他们逼着具体从业者干的，恐怕不大公正。

其次，至于说媒体管理者既要对"导向"负责又要对创收负责，那是事实。一位报业集团的主要负责人曾说："上千号人要吃饭，集团要发展，不挣钱怎么行？现在我做梦都想着挣钱！"该负责人还有句"名言"："白纸黑字，一句话也不能错,黄金白银,每分钱都要赚。"但这样的双重压力与"职业化教育"究竟有多少联系?实在不得而知。

最后,"媒介管理阶层新闻职业化教育的缺失"仅仅是研究推论,但笔者仔细看过研究报告,没有发现证明这一推论的数据,更没有一般从业者与管理者职业化教育情况的比较数据。从笔者的经验出发,若论所受教育(含职业化教育)的情况,"媒体管理阶层"一点也不少于一般从业者,他们大多数受过高等教育,不少还是科班出身,而且常参加宣传管理部组织的学习培训。事实上,面对资本的魔力,"职业化教育"往往是无力的,充其量只是一种辅助力量。实际情况是:四年的"职业化教育"常常被几个月的实习击得粉碎。复旦大学新闻学院一位学生实习总结的标题是《实习中我听到理想破碎的声音》,另一位学生实习结束后则在任课老师的办公室痛哭流涕,反复追问老师一句话:"我该怎么办?"

因此,问题不是出在"媒体管理阶层",而是出在机制上。所以笔者基本赞成调查报告的第一种归因,即新闻娱乐化的根本原因在于资本所建立起来的那套机制,但不赞同报告提出的"把媒体产业化与新闻事业的发展剥离开"的解决路径,具体理由在前面对传媒市场化的分析中已经有过陈述。进一步概括地说,"产业"与"事业"并非水火不容、非此即彼。这些年在理论和实践界都存在一种值得注意的倾向:社会生活某个领域在市场经济中一发生问题,首先想到的不是如何在该经济体制内来解决它,而是将这个领域从市场中"剥离"出去。如果继续这样"剥离"下去,就只能回到过去集中计划经济的老路上去了。我们承认精神生产的特殊性,但这并不足以成为它必须脱离市场经济的理由。事实上,对照马克思主义的观点,报告所依据的霍克海姆和阿多诺对"文化产业"的批判理论存在较大的片面性。另外,报告对一些基本事实的判断也有些武断,如"新闻一旦进入文化产业的系统必然遭遇到毁灭性冲击"、"文化产业不可能促进新闻事业的进步与发展"等。

在市场经济条件下新闻生产中出现的一些问题,有些需要社会其他力量来解决,有些则需要该经济体制本身的进一步完善来解决。

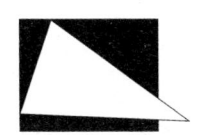

第六章　全媒体时代的互联网伦理

在汉语语境中，伦理一词常与血缘家庭挂钩，一谈伦理，人们就容易联想到血缘至亲间的礼仪规范和行事法则。实际上，从哲学角度来说，伦理是一种社会领域的万物之法，包括个体、群体在形形色色的连接状况下的想法和做法，包括统治伦理、立法伦理、职业伦理、道德伦理等。不同于作为自然领域的万物之法——物理，经由数学的严密推算而产生，伦理往往依据情境的不断改变而调整。这种调整也许永远无法达到公理，但从历史的角度来说，终究还是会无限趋近于公理。

"伦理"一词，更多的情况下指向道德伦理，但是立法伦理和统治伦理同样不容忽略。伦理学的哲学体系包括亚里士多德的完善论、康德的普遍性原理、休谟的共同观点、罗尔斯的正义论、哈贝马斯的话语伦理、斯科伦的契约理论、同情心、仁等。其中，道德回应也与情感息息相关。根据伦理学研究，社会成员对伦理共识的遵守是为了社会的正常运转，从而使每个个体处于社会的保护之中。除却极个别的情况，伦理标准实质上有利于遵守伦理的人本身。这也是网络时代我们研究和制定互联网伦理规则的出发点。

哲学家的伦理规则，与现实的社会运行常存在或大或小的差异。调和两者，找到能够指导现实社会可持续发展的规则，是应用伦理以及具体的互联网伦理研究承担的主要任务。例如，在哈贝马斯的交往伦理中，涉及普通语言学角度的四条对话伦理：

（1）"背景性交感"。指参与沟通的双方具有可以相互理解的一致的背景材料，被参与理解的各方视作理所当然。

（2）"真实陈述的意向"。在陈述性内容本身存在的前提下，言说者必须提供一种真实陈述的意向，以便听者能够分享说者的知识。

（3）"真诚的表达意向"。真诚的意见表达需要交往行为的理性化，法律和道德的发展、自我界定和世界观的发展、个体和集体同一性形态的发展，都属于理性化过程中的发展，它们的进步不能靠正确战略的选择来衡量，而要靠在没有压力的情况下获得的理解的主观际性来衡量，要靠与未扭曲的交往之重建并驾齐驱的交感行为领域的扩展来衡量。

（4）言说者必须选择一种本身正确的话语。话语是一种符号性体系，不同的话语依托于并构造了不同的符号体系。但哈贝马斯的对话伦理终究只是一种理想化状态，现实生活中，人们的对话大多不是在这四个条件下进行的，也不可能集齐四个条件后再进行对话。

伦理作为一种相对恒定的标准，也不意味着能够或者应该彻底地被贯彻到现实生活之中。伦理学容易导致"义务论"和"滑坡论"的误区，这是互联网使用和互联网伦理研究中始终需要警惕的。很多网络事件中，当事人都被指责为伦理缺失，例如，事故中的旁观者是否必须进行救援等问题，如果施以救援，是一种伦理要求，但是并不意味着所有情景中的所有旁观者都有救援义务。另外一些情境中，坚持伦理选择的成本极高，当事人无法承受这种成本。在这种情况下，虽然伦理标准没有变化，但是对当事人的非伦理选择也不应过分苛责。让理性主义学者更难接受的是，人并非理性人，控制人们即时行为反应的往往是情感而非理性。此外，非理性还表现在道德与道义的选择中。

但是，即便非理性影响着生活中的很多选择，伦理研究也依据情境改变而改变，我们仍然认为应以理性为基本准则，反对"相对主义"倾向。在互联网伦理领域，法律、理性是基本坚守，互联网的开放精神不是模糊法律界限的借口，也不能用来否认理性。再者，违背伦理准则的行为并不都需要法律的惩罚。伦理学要求我们就某一行为的"主观愿望"与"客观结果"进行区分。

第一节 互联网伦理倾向

互联网伦理学的问题有三个框架：一是常见的STS模式，即研究具体的网络应用所造成的社会伦理问题；二是研究网络作为一项元技术介入社会后对传统社会关系所造成的影响；三是技术价值论的视角，重在研究互联网技术本身的价值问题，至于其特定使用所造成的社会问题并不是它的重点。笔者的视角主要集中于第一、第二个问题，涉及诸多具体的矛盾，包括：传统的社会伦理在互联网时代的适用问题；具体的网络应用的使用造成了何种社会伦理问题；互联网作为一种超时空的即时媒介，对现代化转型中的中国社会的影响；当代中国的社会焦虑与互联网技术的关系；当下互联网使用和管理主体的行为，应在什么样的标准下重新进行协调和规范等。

互联网诞生之初，讨论最热烈的是互联网可能带来的社会扁平化和平民赋权，以及相关的伦理问题，但是在互联网面向平民20多年后的今天，研究者们发现，互联网并不能凭一己之力促进社会扁平化发展和平民阶级的发言权增加，所以，这个范围内的伦理问题，本书暂时不作讨论。互联网伦理研究的框架弄清之后，便是互联网伦理研究指涉的具体问题和行为主体。

例如，中国的盗版问题其实由来已久，这与中国社会始终缺乏对知识产权的保护意识有关，互联网使得这种行为更加肆无忌惮。其中电子资源更容易复制是一个技术性原因，盗版电子资源的使用者不认为使用盗版是一种偷窃行为。这既是一个法律问题，更是一个伦理问题。同时，就监管方来说，我国知识产权的相关法律执行向来不力。就网络平台提供者来说，提供盗版电子资源成为吸引用户流量的重要途径，大量隐秘的盗版电子资源在淘宝出售。早年的爱问知识人，如今的新浪微盘、百度网盘充斥着不计其数的盗版电子书、学术论文。就这些资源的使用者来说，所谓的正版电子资源难以找到，在今天更多是一种借口。亚马逊kindle版电子资源的购买量与网盘中盗版的下载量简直不可同日而语。我们的社会环境指责"窃钩"、"偷牛"，却不以使用盗版资源为耻。一部分盗版资源的发布者，其行为与经济利益有关，无非是直接出售盗版资源牟利，或者利用盗版资源吸引流量；另一部分则宣称学习亚伦·斯沃茨（Aaron Swartz），发布盗版资源的目的是为了打破知识壁垒，赋予下层民众获得知识的权利。对于后一种，我们认为，无论以什么样的理由，盗版都是一种违法和对知识生产者的侵犯，与互联网精神和知识平权无关，更遑论亚伦·斯沃茨之所以被称为互联网之子，也与盗版本身无关。亚伦·斯沃茨违规下载JSTOR（Journal Storage，一个对过期期刊进行数字化的非营利性机构）论文的行为，其目的在于反抗出版产业中出版商过分的高利润，而不在于侵犯知识产权，其下载的论文也未向社会发布。

互联网伦理涉及的行为主体，我们认为主要包括：以政府为主导的管理者；互联网及互联网平台、软件运营商；互联网使用者，包括信息发布者和信息接收者等。

第二节 互联网时代的"正义"

"正义犹如支撑整个大厦的主要支柱。如果这根柱子松动的话,那么人类社会这个雄伟而巨大的建筑必然会在顷刻之间土崩瓦解,在这个世界上,如果我可以这样说的话,建造和维护这一大厦似乎受到造物主特别而宝贵的关注。"[1]

本节主要探讨全媒体互联网背景下的正义,关于新时代新闻伦理的正义重建,会在后面《正义的诉求》一节中结合实例探讨。

一、作为公平的正义

人类对正义的理解经历了一个不断发展变化的过程,有着悠久的历史。在古希腊,苏格拉底认为城邦正义是城邦的人各就其位,个人正义就是做自己本分的事情;亚里士多德认为正义包含事物和应该接受事物的人两个因素,并且相等的人就该分配相等的事物。在古罗马,西塞罗认为正义是使每个人获得其应得的东西的人类精神意向,乌尔庇安(Domitus Ulpianus)说正义乃是使每个人获得其应得的东西的永恒不变的意志。乌氏定义得到了中世纪神学家托马斯·阿奎那的传承,他说正义是一种习惯,依据这种习惯,一个人以一种永恒不变的意愿使每个人获得其应得的东西。在近代,约翰·密尔进一步认为"人们公认每个人得到他应得的东西为公道,也公认每个人得到他不应得的福利或遭受他不应得的祸害为不公道"。在当代,麦金太尔(Alasdair MacIntyre)同样认为"正义是给每个人——包括给予者本人——应得的本分";哈特指出正义被认为是维护或重建平衡或均衡,其主要观点被格式化为同样情况同样对待,不同情况不同对待。

在麦金太尔看来,人类社会越是向前发展,正义的观念也就越是多样。这是因为,一定的人类社会结构、一定的人类共同体,都将产生与之相适应的正义观念和正义原则,不同的社会和历史实践的发展阶段会产生出不同的正义观念。

在西方伦理学史中,"善"和"正当"一直是两个核心的概念。现代伦理学常被区分为元伦理学和规范伦理学,在规范伦理学中,主要的分歧可以说是义务论(deontological theory)和目的论(teleological theory)之间的分歧,也有的学者如彼得·辛格(Peter Singer)认为,目的论可用更直接的术语"效果论"取代。

---

[1] 亚当·斯密.道德情操论[M].余涌,译.北京:中国社会科学出版社,2003:16.

为了明了这种分歧，我们有必要区分伦理学中的两组概念。罗斯（David Ross）指出：有两种或两组不同的、必须区别使用的主要伦理学范畴，一组是"正当"（right）、"应当"（ought）、"义务"（duty）等语词，另一组则被人们称为"好"或"善"（good）、"价值"（value）等。

这种标准实际上也将行为动机的伦理和行为结果的伦理区分开来。善与正当之间没有必然的因果联系，二者是彼此独立的，不能将善的行为简单地等同于正当的行为，反之亦然。判断一个行为是否善，主要考察该行为的动机及结果是否有价值；而判断一个行为是否正当，则主要考察该行为及过程本身是否正当。义务论和目的论的分歧就在于善与正当的次序关系，义务论认为正当优先于善，而目的论则认为善优先于正当。

20世纪70年代，罗尔斯提出"作为公平的正义"的正义观，对中西方伦理学研究产生了重要影响。罗尔斯的正义论是一种义务论观点，认为那些需要违反正义才能获得的利益本身毫无价值。功利主义正义规则是一种目的论观点，它将善定义为功利，将正当视为能够最大限度增加善的辅助工具。

二、程序正义的选择

互联网时代，自由、开放的环境使人们能够获取更广泛的信息并在更大的范围内进行交往，更多的民众主动舍弃了固化、单一的价值判断标准，价值多元主义逐渐占据互联网空间。

出生于俄罗斯的牛津政治哲学家与历史学家伊塞亚·柏林（Isaiah Berlin）爵士与德国伟大的比较与历史社会学家韦伯（Max Weber）无疑是20世纪价值多元主义学说最雄辩的解释者，如柏林所说，价值冲突是"人的生活中固有的、无法消除的因素"，是生活本身赋予了"我们多元的价值，这些价值是同样真实、同样根本并且具有同样客观性的，因此，它不可能是由一个永恒的统治者命令的，人们也不可能按照一种绝对的标准对之进行判断"。马克斯·韦伯同样引人注目地阐释了这一学说。对于他来说，在我们已经祛魅的现代世界里，对待生活最可能的态度是相互矛盾的。因此，有关它们的争论根本就不能产生最终的结论。

如今互联网所颠覆的不仅是技术结构或商业模式，还是人们对自己和世界的认知，人们看待自身和环境的方式与以往大有不同。新的认知将驱动思维和行为方式的改变，进而塑造一个具有新特征、新形态的世界。从整体上看，开放的互联网为信息的生产与传播提供了广阔的空间，为民众表达愿望或诉求提供了快速便捷的平台和渠道，为多元价值观的存在和"观点自由市场"的产生提供了理想的条件与基础，使原本就存在于社会各个角落的固有的价值冲突暴露得更为明显。从个体来讲，由于参与到这个平台和渠道中的民众的价值判断标准和利益诉求不同，他们关注的焦点、探讨的角度、持有的立场也必然不同，这令互联网上的价值判断标准呈现出鲜明的多元化倾向，"舆论一律"的场景已经很少见到。如此，互联网让民众看到了一个更大的世界。面对多元的价值观念，民众开始重新思考、修正固化于头脑中的对于自己和世界的认知，且这种新的认知将进一步对其他具体的观念、态度和行为产生影响。

互联网自由、开放的环境不仅能促进更多人的参与，还能够促进更多异质群体的参与。异质群体的参与并不只是造成了表面上的价值冲突，由众多异质群体所形成的"观点自由市场"也为群体间互相了解提供了条件和基础，在某些层面上将促成彼此的理解与包容。有研究表明，网民与非网民相比，更加支持多样化的观点，容忍度也更高。

在关于正义问题的研究中，另一组相对的概念是"程序正义"与"实质正义"。在哈贝马斯看来，所谓"程序的正义"意味着正义是程序的结果，即"什么是正义的"不是先定的，而是由通过公民之间的对话、交流、讨论、协商之后所达成的共识决定的，或者是由"多数决定"的民主原则决定的；所谓"实质的正义"则意味着对某些价值（自由、平等或权利等）的承诺，这些价值是普遍的、先在的和确定不移的，而任何政治制度和法律制度都是这些价值的体现和保证。哈贝马斯认为，真正的正义应该是程序的，而不应是实质的。

如上所述，在互联网上，单一的价值判断标准正在逐渐被多元的价值判断标准所取代，价值冲突的爆发使很多原本"普遍的、先在的和确定不移的"的价值变得不再普遍、先在或确定不移，这就使得民众难以就实质正义的内涵和标准达成一致。因此，本书认为，关于互联网上的正义，应遵循程序正义的原则，需要通过参与者的对话与协商来达成共识。对程序正义的选择，反映了互联网生态构成和参与的复杂性，这也启示了互联网治理思路的转变，互联网治理不应是强制的硬性管制，而应是协商下的多方共治。

三、互联网的平等

罗尔斯认为，正义的主要问题是社会的基本结构问题。他将社会的基本结构划分为政治结构和社会经济结构，进而在两个基本结构的基础上提出了正义的两个原则。第一个原则即平等自由原则，第二个原则即机会的公平平等和差别原则，且第一个原则优先于第二个原则，也就是说，只有满足了前一原则才能考虑后一原则，这显示了对平等自由的高度重视。

与现实空间不同，互联网是一个由虚拟与现实交错构成的特殊空间。罗尔斯所说的平等自由原则在互联网空间适用吗？

（一）互联网是否平等

互联网是平等的，给每个个体以接触和使用它的机会和权利，而不以社会阶层进行硬性区分。互联网自由、开放的特点使民众的表达意愿得以提升，表达权利得以释放，使得众人欢呼"大众麦克风时代"的到来；其交互性、去中心化的特点使民众可以围绕某一事件或话题形成广泛讨论，更多的人主动抛弃了以往单一的价值判断标准，允许不同意见的存在，有利于推动公民社会的形成。

然而，技术上或理论上的平等决不意味着参与者事实上的平等，互联网的不平等同样体现在接触和使用两个层面。对互联网的接触需求和使用能力是构架于社会结构之中的，必然受到个体所处社会阶层的影响和限制，而其中自然沉淀着各种不平等。对互联网的接触和使用情况会受到性别、年龄、地区、受教育程度、社会地位身份、收入情况等社会结构因素的影响，现实社会的社会结构投射到互联网空间，形成了新的不平等。现实空间的不平等与互联网空间的不平等互相促进，形成恶性循环，社会正义的实现变得更加困难。但互联网空间与现实空间的明显差别在于，互联网空间阶层流动的闸门是相对开放的，较现实空间的阶层流动要容易得多。

罗尔斯的正义论从最少受惠者的角度来看待和衡量任何一种不平等，而在中国，农村居民无疑是互联网的最少受惠者。根据《第35次中国互联网络发展状况统计报告》提供的数据，截至2014年12月，中国网民规模达6.49亿，互联网普及率为47.9%。中国网民中农村人口占比为27.5%，规模达1.78亿。尽管农村地区网民规模、互联网普及率不断增长，但是城乡互联网普及率差异仍有扩大趋势，2014年，城镇地区互联网普及率为62.8%，农村地区为28.8%，相差34个百分点。[1]这些（弱势）群体在现实社会中已经一直处于不利地位，现在他们又被剥夺了享受互联网所提供的益处的机会：经济方面的机会，如获得某些工作的特权；健康方面的机会，如了解健康的饮食或者更优良的锻炼习惯；政治方面的机会，如获得在线服务和政治参与。从这个意义上说，原本处于社会结构底层的人们会因为互联网的发展而更加处于劣势。

---

[1] 中国互联网络信息中心. 第35次中国互联网络发展状况统计报告[EB/OL].(2015-02-03)[2016-04-17]. http://www.cac.gov.cn/2015-02/03/c_1114222357.htm.

如果互联网的不平等完全是由知识和技能的差异所导致的，那么这种不平等必将随着知识和技能的逐渐普及而得到解决。可现实情况可能远没有这么简单，为何有些人愿意上网、愿意在网上发言讨论，而有些人却不愿意？"之前对互联网社会不平等的分析都是建立在'人们想接触和使用网络'的假设上。"[1]互联网的不平等绝不仅仅是现实社会种种不平等在互联网上的简单投射，其形成是多种复杂因素综合作用的结果。就文化因素来说，互联网的产生、发展和应用都离不开一定的文化情境，技术本身也并不是完全中性的，其中沉淀着特定的历史和文化因素。相对于社会结构对互联网的影响而言，文化因素对互联网的影响显得较为隐蔽而难以察觉。而文化本身的相对独立性使其对互联网的作用可以暂时脱离社会结构的作用。人们想要接触和使用互联网的观念不同，这种观念上的差异则必然要结合特定的历史和文化因素来分析。互联网已经从 Web 1.0 演进到 Web 2.0，从单纯地提供信息到提供交往空间，这一演进的结果使网民的主体性更加突出，沉淀于个体之中的文化因素的作用也变得更为重要。

（二）互联网是否自由

"人是生而自由的，但却无往不在枷锁之中。"[2]

人们关于自由的定义和理解是不同的，任教于美国加州大学和德国柏林自由大学的洛塔尔·德特曼（Lothar Determann）总结了关于自由的三种主流观点："一是理想的、无政府主义的自由观，在尽可能少的限制下，个人拥有完全的行动自主权，这种自由过去由强势者以牺牲他者自由的方式所享有；二是最小政府、个人自由主义的自由观，民众出让部分自由以获得对个人安全和财产的保护；三是国家层面的集体主义的自由观，政府为民众提供必要的生活条件，民众却没有个人财产权。"[3]德特曼认为第二种观点在美国占据最主流地位。这种最小政府、个人自由主义的自由观，符合卢梭在《社会契约论》中所提出的观点。卢梭认为人是生而自由的，所要形成的社会契约要求民众出让个人的部分权利，以使它能以全部共同的力量来卫护和保障每个结合者的人身和财富，并且由于这一结合而使得每一与全体相联合的个人又只不过是在服从其本人，并且仍然像以往一样自由。

---

[1] HARAMBAM J,AUPERS S, HOUTMAN D, et al. The contentious gap, from digital divide to cultural beliefs about online interactions[J]. Information Communication & Society, 2013(7):1093-1114.

[2] 卢梭. 社会契约论[M]. 何兆武,译. 北京：商务印书馆, 2003:4.

[3] Determann L. Internet Freedom and Computer Abuse[J]. Hastings Communications and Entertainment Law Journa l 2013,35(3):429-452.

同时，卢梭还特别指出，除了这个公共人格以外，我们还得考虑构成公共人格的那些私人，他们的生命和自由是天然地独立于公共人格之外的。因此，问题就在于要很好地区别与公民相应的权利和与主权者相应的权利，并区别前者以臣民的资格所应尽的义务和他们以人的资格所应享的自然权利，这显示出他对除个人所出让的部分权利外的自由的重视和强调。

出让部分自由以换取保护，可见，自由和被保护之间是存在冲突的，德特曼也指出，我们对自由或保护的需求取决于具体的个人情境，我们能力强、能做好的方面，就希望政府不要插手，反之则需要向政府寻求帮助。在互联网空间中，网民在哪些方面能力强，又在哪些方面需要政府帮忙呢？网民在能力强的方面是否享有了充分的自由，在能力弱的方面是否又得到了相应的保护呢？这其实涉及公民权利出让的协商。但是应该意识到，拥有权利的主体是公民一方，而不是政府，政府只能在尊重公民意愿的前提下进行管理。

1. 关于互联网上的信息流通

互联网的兴起与发展极大地提高了整个社会信息传播环境的自由和开放程度，与传统媒体时代相比，信息传播活动所受到的来自权力和资本的直接控制有所减弱，在一定程度上瓦解了精英阶层对信息的集中掌控，使信息不对称的情形有所缓解。与一般的事实信息的流通相比，意见信息的流通也达到了前所未有的顺畅程度。

由互联网带来的信息传播环境自由度的提高，是否意味着互联网上的信息流通就是完全自由的呢？

互联网长期以来都被理所当然地视为全球的、无国界的媒介，互联网上的信息被认为是在全球范围内自由流通的。然而，并非所有的互联网活动都是超越政府控制的。尽管互联网的技术本质是去中心化、去权威的，但当下的现实情况是，权力和资本日益认识到互联网改变现状的力量，互联网所带来的改变已经威胁到它们现有的社会地位和社会控制能力。于是，政治权力和商业资本开始想要掌控互联网，使互联网朝着对己方有利的方向发展。这就导致了当下互联网在某些层面上被政治权力和商业资本所控制，且在政治权力与商业资本的控制下，我们难以排除互联网被彻底垄断化和商业化的可能性。

在诸多的控制与限制手段中，通过控制互联网服务供应商 ISP，允许或禁止对某个网站的连接，可在源头上限制用户对信息的获取。但从实际的控制效果来看，尽管一系列技术上的限制手段对大多数人起到了管控作用，但从理论上来讲，技术方面的障碍同样可以通过技术方式攻破，只是攻破技术障碍对用户提出的技术要求较高，普通用户很难实现。

拉恰莱（Jason Lacharite）通过分析中国的互联网管控在行政和技术两个方面面临的困难，指出数字审查是行不通的。尽管官方竭力控制互联网信息，但"非法"和"不希望被传播"的内容还是能成功绕过管控系统进行传播。在此我们认同拉恰莱的观点，但需要指出的是，尽管这些被官方限制传播的信息能够突破障碍顺利流通，但在传播量上是相对较小的，或者说需要网民具备更高的技术手段才能获取这些信息。拉恰莱同时还指出了突破官方限制的一些具体手段，如反封锁软件、镜像网站、匿名邮件转发器、私密的使用者群组、匿名邮件服务等，这些手段都削弱了信息控制的力量。一些中国学者也同样持有类似的观点："网络空间信息流通的全面开禁，使民主社会需要具备的多个、独立的信息来源有可能得以实现。这似乎是一个不争的事实：在网络空间这一没有疆界的巨大的信息海洋里，任何垄断和封锁信息的企图几乎都不可能。即便对部分境外网址实行封杀，而四通八达的网络空间还是可以通过其他代理服务器登录，信息封锁效果相对微弱。"❶

总体来说，互联网上的信息传播活动与传统媒体时代的信息传播活动相比，在自由和开放程度上有了明显提升。作为容易接近和使用的言论表达平台，互联网给各种观点以表达和呈现的机会，以制衡独断的单一声音。尽管权力和资本一直试图全面掌控互联网，但与传统媒体时代相比，互联网时代的信息管控难度更大。此外，生存于互联网时代，民众的思想更为开放，发声和抵抗控制的勇气也更为高涨。

2. 关于互联网上的隐私

1890年，美国学者布兰戴斯（Louis D. Brandeis）和沃伦（Samuel D. Warren）在《哈佛法律评论》（*Harvard Law Review*）发表《论隐私权》（*The Right to Privacy*）一文，最早提出了隐私权的概念，"隐私权旨在合理划分公共领域与私人生活，保障私生活自由。隐私权的实质是私生活的自由权。它体现了人们对私生活自由的一种渴望，是对私生活领域的支配和与外界接触的自由"。可见，隐私权是私人空间所涉及的问题。那么互联网空间是公共空间还是私人空间呢？

关于互联网空间公私性质的划分，需要进行具体的考察和讨论，因为互联网既提供公共讨论的空间，也提供私人对话的平台。胡泳在《信息渴望自由》中以博客为例阐述了他对这一问题的看法。博客显示了一种私人信息与公共信息的矛盾性组合，因而它挑战了我们对公共空间与私人空间的传统理解。问题在于，很

---

❶ 丁未. 网络空间的民主与自由[J]. 现代传播：中国传媒大学学报，2000(6):19-24.

多人把博客当作私人日记来使用，却忘记了它根本就是一个公共平台。依照胡泳的观点，本书认为，将私人内容发布到公开博客，这就造成了私人内容的自愿公共化，发布者就要做好承担可能后果的准备。同理的还有微信"朋友圈"，2015年，一位硕士研究生和导师之间的"朋友圈战争"，将微信"朋友圈"到底是公领域还是私领域的问题提到了台面上。一方认为发表在"朋友圈"的内容，其性质是私人日志，不能公开；而另一方则认为，既然我通过公开信息的平台看到了，这些内容就是公领域信息，就可以转发和进一步公开。此轮社会讨论的最终结果是以中国人民大学的喻国明教授为代表的观点占上风，认为微信"朋友圈"属于公领域范畴，不具有私人隐秘性质，将某人的"朋友圈"信息公开到媒体，不能算作侵犯个人隐私。

如果不能接受私内容公共化的后果，就最好选择另一种其他人看不到的形式，而非博客这种他人可见的形式。一旦网民把想法发布到网上，就自动变成了公开的、呈碎片状的数字环境的一部分。部分网民缺乏对互联网空间公私性质的认识，难以充分理解互联网的公共性，或者说是公开性和可见性。

但除了公开博客、论坛等形式之外，互联网也为网民的私人交流提供了诸多选择，电子邮件、QQ、微信等互联网工具为网民的随时随地交流提供了便利条件。网民利用这类工具所进行的私人交流活动属于私人生活领域的范畴，因而其交流内容应该是不被第三方知晓与干涉的。此外，网民个体的上网行为，如网页浏览、文件下载、网上购物，甚至网上银行交易等，这些行为在表面上看都是不对他人可见的。可实际的情形却是技术支撑下的隐私侵犯使网民诸多的上网行为都很容易被他人监控与记录，尤其是政治机构与商业组织等。这些信息不是互联网用户自愿公开的，而是受技术胁迫，不得不被某些组织机构知晓，而这一层面上的信息保护是欠缺的。

2013年6月，美国国家安全局合约外包商的员工爱德华·斯诺登向英国《卫报》和美国《华盛顿邮报》披露了有关"棱镜计划"（PRISM）的秘密文档。棱镜计划是一项由美国国家安全局自2007年起开始实施的绝密级电子监听计划，可以实现对即时通信和既存资料的深度监听。监听对象包括任何在美国以外地区使用参与计划公司服务的客户，或是任何与国外人士通信的美国公民。美国国家安全局在棱镜计划中可以获得的数据包括电子邮件、视讯和语音交谈、影片、照片、VoIP交谈内容、档案传输、登入通知，以及社交网络细节。文件还显示，数家科技公司参与了棱镜计划，包括微软（2007年）、雅虎（2008年）、Google（2009年）、Facebook（2009年）、Paltalk（2009年）、YouTube（2010年）、Skype（2011年）、美国在线（2011年）以及苹果公司（2012年）。

可见，互联网上公共空间与私人空间并存，且互联网上的私人空间缺乏必要的私密性。在技术手段的支持下，政治机构与商业组织等通过对网民上网活动的监控，实现特定的政治或商业目的。塞巴斯蒂安·塞维格纳尼（Sebastian Sevignani）从政治经济学的视角分析了互联网对隐私的商业化利用，认为互联网上主流的商业模式与用户的隐私需求之间在结构上就是相互冲突的，而且用户对个人隐私的保护能力是相当弱的。我们现在所处的现实情形是，在特定目的的驱使下，隐私保护的概念往往是被遗弃的。

除了上述政府机构和商业组织对网民上网活动的监控问题之外，互联网上有许多与网民私人生活密切相关的公开信息，网民对这些信息的处置权利是互联网空间隐私问题涉及的另一个重要方面。2014年5月13日，欧盟法院裁决，欧洲公民有权要求谷歌等搜索引擎公司移除与其个人隐私相关的、指向"不准确、不全面、无关或过度"的信息的链接。

2010年，一名西班牙公民针对一家西班牙报纸、谷歌西班牙公司以及谷歌总部，向西班牙数据保护局提交了诉讼。这名西班牙公民控诉，谷歌搜索结果中的一则房屋拍卖公告（他的房屋曾因未能支付税款而遭到拍卖）侵犯了他的隐私权，因为现在他已经重新拥有了这处房屋。房屋拍卖这件事情在数年前就已经解决了，所以关于这件事情的相关信息已经完全失效了。他要求：第一，报纸移除或修改相关页面，使有关于他的个人信息不再出现；第二，谷歌西班牙公司或谷歌总部移除有关于他的个人信息，使其不再出现在搜索结果中。

西班牙法院将该案提交给欧盟法院并询问：

（1）1995年颁布的欧盟《数据保护指令》对谷歌等搜索引擎公司是否适用。

（2）考虑到谷歌西班牙公司的数据处理服务器地处美国，那么上述条例对该公司是否适用。

（3）公民个人是否有权要求搜索引擎公司移除与其个人信息相关的链接（被遗忘权）。

欧盟法院于2014年5月13日做出裁决：

（1）关于欧盟法律条例的适用范围：尽管一些公司的数据处理服务器在欧洲之外，但如果该公司在欧盟范围内设有分公司或子公司（这些公司可以促进由搜索引擎提供的广告位的售卖），那么欧盟法律条例对这些公司同样适用。

（2）关于欧盟《数据保护指令》对搜索引擎公司的适用性：搜索引擎公司是个人信息的管控者，因此在欧洲法律的限制下，谷歌公司并不能以其搜索引擎公司的身份逃避其在处理个人信息时所需承担的责任。欧盟《数据保护指令》以及"被遗忘权"均适用于搜索引擎公司。

（3）关于被遗忘权：在一定条件下，公民个人有权要求搜索引擎公司移除与其个人信息相关的链接。当相关信息不准确、不全面、无关或过度的时候，公民就有权行使被遗忘权。法院认为，在这种特殊情况下，对个人数据保护权利的干涉，不能仅仅以搜索引擎公司的经济利益来进行判定。同时，法院明确表示，被遗忘权并不是绝对的，人们需要不断平衡被遗忘权与其他基本权利之间的关系，如言论自由和媒体自由。针对具体案件要进行具体分析，所关涉的信息类型、对个人私生活的影响程度、接触该信息所牵涉的公共利益等，都要考虑到。信息移除请求的提出者所扮演的公共角色同样需要被考虑到。

此次判决的基础来源于1995年颁布的《数据保护指令》，该条例已经包含了被遗忘权的主要原则。指令的第12条规定，公民个人有权要求那些不必要的个人信息被移除。为了保障公民更好地行使被遗忘权，欧盟委员会让谷歌等公司一方负有举证义务，而非相对弱势的公民个人，谷歌等公司如果不想移除相关信息，就需要证明这些信息仍然被需要或有价值。在此项判决发出后的5个月内，谷歌大致处理了18万条信息移除请求并接受了其中的40%。

互联网空间的丰富性为民众获取信息提供了极为便利的条件，但互联网对个体生活轨迹的记录与暴露在一定程度上消解了个人生活的私密性，侵犯了个体的某些自由权利，这一点是值得仔细考虑的。被遗忘权的提出显示了对公民私人领域的尊重和维护，使公民在私人领域内充分享有个人事务自决的权利，符合个人在私人领域内享有最大限度自由的原则。公民社会最重要的特点就是要合理划分公共领域和私人领域，在私人领域内，人民的自由不应受到公权的侵犯。被遗忘权的观念是建立在个人以自主的方式决定自己生活的基本需要之上的，个人有免于由过往的特定行为，尤其是多年之前发生的且与当前的生活境况完全无关的行为所带来的羞辱的自由。

欧盟法院在判决中特别强调，被遗忘权并不是绝对的，人们需要不断平衡被遗忘权与其他基本权利之间的关系，如言论自由和媒体自由。可见，被遗忘权与言论自由之间是存在冲突的。对此，亚伯拉罕·纽曼（Abraham L. Newman）指出，被遗忘权的实施对言论自由的影响是相当有限的，因为它并不要求移除原始数据，而只要求移除搜索结果中指向该内容的链接。这样就把我们带回到过去——人们需要到市政厅或图书馆才能查询到历史债务，而不是像现在这样能立即下载这些数据。此外，被遗忘权是分散治理的理念趋势在隐私保护领域的体现，分散治理就是规制者更多地依赖公民个人和组织来调整与实施管理。

之前提到的权力方对信息流通的控制是对互联网空间自由的直接侵犯,而现在所提到的对隐私权的侵犯,则是指对隐私的侵犯给人造成不自由感,是对互联网空间自由的间接侵犯。"隐私权不但本身彰示着在多元的社会中的个人选择的自由,而且构筑了对自由行动、自由言论、自由思想等其他自由的坚强保障。一旦丧失隐私权的根基,人们就不可能实际享有言行的自主权,也不可能获得真正的自由,公共领域中的言论自由、思想自由、信仰自由都将成为沙滩上的楼阁,形同虚设。在国家和社会公众的监督之下,透明的个人将被迫与社会标准保持一致,从而任何选择的自由都必将丧失殆尽。表演社会学研究过纳粹集中营里的情况,发现当囚犯们被剥夺了一切最隐私的权利时,人便沦落为野兽。"在隐私权被充分保障的前提下,人们才会享有充分的自由,而互联网空间中所存在的对网民隐私的轻易侵犯,很容易给人造成被监控、不自由之感。

3. 关于限制自由的前提

对互联网上信息流通的限制以及对网民隐私行为的监控是否具备充分的理由呢?穆勒在《论自由》中写道:"本书的目的是要提出一条极其简单的原则,以使社会对个体事务的干涉,不论所用手段是法律惩罚还是公众舆论下的道德压力,都要绝对以这个原则为准绳。这条原则就是:人类个体地或集体地对其中任何分子的行动自由进行干涉的唯一理由,只能是保护他人不受伤害。"任何人只需对其行为中涉及他人的部分向社会负责,在其行为中仅只涉及其本人的部分,他的独立性在权利上则是绝对的。个体对于自己、对于自己的身和心,乃是最高主权者。根据穆勒提出的标准来判断,互联网上自由的信息流通与对个人隐私的充分保护并不会对他人造成伤害。互联网时代的信息获取已由过去的新闻媒体"推送"转变为用户自己"拉取",用户信息获取的自主性明显提高、选择范围明显扩大。因此,对信息的接触和利用变成了更为私人化的行为,而在私人领域的个人自治是一个优良的社会所应该提倡的基本准则。而一个人因不听建议和警告而可能犯的所有错误,远远不及那些由于容许他人强迫他去做他们认为对他最好的事情而引起的祸害。

正义的理念就是对已存在的不平等、不自由的情形进行人为的摧毁和瓦解,对已有社会结构进行重构,进而建构并维护社会正义。休谟是将他的正义理论放在他的道德学里进行探究的,并认为正义是与自然德性相反的人为德性。换言之,他试图证明,以我们在世上的处境和我们对社会的依赖为条件,道德和我们的道德实践是我们的人性的表现。休谟将正义看作"一种人为的德性",关于正义这一

"人为德性"的产生，休谟认为，"使我们确立正义法则的乃是对于自己利益和公共利益的关切"。

四、"人肉搜索"与正义

在互联网上，现实与虚拟交织缠绕，使互联网空间的社会形态有异于现实空间，在互联网空间中自然会出现一些不同于现实空间的新的伦理问题。"人肉搜索"就是其中之一，它是利用网民内心的正义感实施的，游走于侵犯他人隐私边缘地带的一种行为。

"人肉搜索"是指利用互联网集结网民力量，对事件当事人的相关信息进行搜索、汇集与公示。"人肉搜索"的起因往往是一起事件，这事件可以是犯罪行为，如撞人后逃逸；或者是不违反法律但为主流道德观所憎恶的行为，如丈夫婚外恋导致妻子自杀；甚至只是一个不合常理的事件的主角，如"很黄很暴力"中的张殊凡。事件发生后，与此相关的人或出于好奇而对此事感兴趣的人，往往会在论坛上发表帖子，列出已掌握的人物资料，号召网民帮助自己查出该人的身份和详细的个人资料。响应者通过互联网搜索引擎和人际关系等手段，寻找到更多的资料，并以总结形式再次发布到网上。这个过程经常会涉及当事人相关信息的曝光，一旦被"人肉"，隐私几乎无所遁形，姓名、住址、家庭状况自不必说，甚至照片、三围、恋爱史都会被曝光。因此，网上甚至有"找警察不如找'人肉搜索'"的说法。

但网民内心的正义感并不能成为非法侵犯他人隐私的理由，互联网维护正义也应该有其合理框架和正当规则。"女白领死亡博客案"，亦称"人肉搜索第一案"，颇具代表性。姜岩与王菲是夫妻关系，双方于2006年2月22日登记结婚。姜岩得知夫妻关系中出现第三者后，无法承受情感打击，于2007年12月27日服药自杀被救，但可悲的是，29日在亲人陪护期间又从自己居住楼房的24层跳楼自杀身亡。

姜岩在自己的博客中以日记形式记载了自杀前两个月的心路历程，将丈夫王菲与其女性朋友东某的合影贴在博客中，认为二人有不正当两性关系，自己的婚姻很失败。她还将自己博客的密码告诉一名网友，并委托该网友在12小时后打开博客，她的博客日记中显示出了丈夫王菲的姓名、工作单位地址等信息。此后，姜岩的大学同学张乐奕得知姜岩死亡后，于2008年1月在其注册的非经营性的"北飞的候鸟"网站中，披露了王菲的"婚外情"以及王菲的个人信息，引发众多网民使用"人肉搜索"，搜寻与王菲及其家人有关的信息，使王菲的姓名、工作单位、家庭住址等详细个人信息逐渐被披露。更有部分网民在网站上对王菲进行谩骂、人身攻击，还有部分网民到王菲住所进行骚扰，在门口刷写、张贴"逼死贤妻"、"血债血偿"等标语。

王菲认为"北飞的候鸟"网站上刊登的部分文章中披露了其"婚外情"以及姓名、工作单位、住址等个人隐私，并包含有侮辱和诽谤的内容，侵犯了其隐私权和名誉权，故向法院起诉要求张乐奕立即停止侵害、删除侵权信息，为其恢复名誉，消除影响，赔礼道歉，并赔偿其经济损失及精神损害抚慰金5万余元。此案被媒体称为中国"人肉搜索第一案"。

由网络事件而上升到司法程序的"人肉搜索第一案"在北京市朝阳区法院亚运村法庭开审，吸引了众多网友及媒体前往旁听。2008年12月18日上午，"人肉搜索第一案"一审宣判。法院判决认定张乐奕侵犯王菲的隐私权和名誉权，判令被告赔偿王菲精神损害抚慰金9367元。张乐奕的代理人对法院的判决结果不能接受，当庭表示将上诉。他在庭后接受采访时表示，对法院查明的事实没有异议，但对法院做出判决的原则不能接受。

王菲的代理律师张雁峰告诉记者，因不堪骚扰，王菲的单位已将他辞退，他不敢出门，也一直找不到工作。任何表示愿意接收他的单位都会受到网友的抵制。以至于2008年12月18日的庭审，王菲也没有出现。王菲的律师张雁峰表示：王菲之所以没有亲自到庭，一是因为担心网友们的"臭鸡蛋"，二是因为他不希望以这种方式站在众人和媒体面前，三是因为网上披露的有关姜岩自杀前后的很多内容都是不实的，王菲打官司就是为了澄清事实。

2008年12月23日，北京市第二中级人民法院对备受媒体和公众关注的"人肉搜索第一案"进行了终审宣判。法院审理后认为：公民依法享有名誉权，公民的人格尊严受法律保护。王菲在与姜岩婚姻关系存续期间与他人有不正当男女关系，其行为违反了我国法律规定、违背了社会的公序良俗和道德标准，使姜岩遭受了巨大的精神痛苦，是造成姜岩自杀这一不幸事件的因素之一，王菲的上述行为应当受到批评和谴责。但应当指出，对王菲的批评和谴责应在法律允许的范围内进行，不应披露、宣扬其隐私，否则会构成侵权。张乐奕设立"北飞的候鸟"网站，将王菲的姓名、工作单位、家庭住址、照片及与他人有"婚外情"等私人信息在网站中向社会公众披露，并通过该网站与其他网站的链接，扩大了王菲私人信息向不特定社会公众传播的范围，对相关网民向王菲发起"人肉搜索"，谩骂王菲、骚扰王菲及其父母正常生活的不当行为有相当大的推动和促进作用，严重干扰了王菲的正常生活，造成了王菲社会评价的明显降低。

张乐奕作为"北飞的候鸟"网站的管理者未尽到应尽的管理责任,泄露王菲个人隐私的行为已构成对王菲的名誉权的侵害,张乐奕应当对此承担相应的民事责任。法院认定张乐奕侵害王菲名誉权的事实成立,判令张乐奕删除网站上的侵权文章,由张乐奕在其开办的网站上对王菲赔礼道歉,并赔偿王菲精神损害抚慰金及公证费共计5684元。在推迟了3个月之后,这起被媒体称为中国"人肉搜索第一案"的案件终于得到了判决。

在"人肉搜索第一案"中,网民基于情感上对姜岩的同情以及对王菲的憎恶,展开"人肉搜索",无节制地披露王菲个人及其家人的相关信息,同时伴随着谩骂、人身攻击等行为,更有甚者到王菲的工作单位及住所进行骚扰,严重扰乱了王菲及其家人、同事的正常工作和生活,以致王菲被单位辞退,社会评价明显降低。网民的行为是出于对社会正义的维护、对"出轨"行为的憎恶,结果却造成了对王菲名誉权的侵害。这样的结果使网民的"正义行为"受到质疑。以维护社会正义和道德审判的名义侵犯公民合法权利的事件层出不穷,如爱狗人士不止一次以爱护动物的名义非法拦停运输车辆,阻碍正常动物制品的贩运、销售,给参与经营的普通公民造成经济损失,并自认为是合法、正义的,自认为是在公权力部门不作为的情况下自发的"匡扶社会正义",在维护社会正义的初衷下,对他人合法权利造成了实际的侵害,产生了不正义的行为和结果。

最近几年,网络反腐的成果似乎越来越显著,网民在体验"人肉搜索"快感的同时,对公共事务的关注度不断提高,客观上产生了维护社会正义的效果。2012年8月26日,陕西省包茂高速公路安塞段发生特大交通事故,致36人遇难,3人受伤。新华社记者拍下了一张当地官员在事故现场"面带微笑"的照片。照片流传开来,网友迅速"人肉"出照片中官员为陕西省安监局局长杨达才。随后,网民的注意力转移到杨达才所带的腕表上,一组杨达才在不同场合佩戴不同名表的图片被晒了出来,紧接着杨达才佩戴价值十多万元的眼镜和名贵腰带的照片也引来网民的口诛笔伐。陕西省纪委对杨达才进行了调查,调查表明杨达才存在严重违纪问题,依据有关纪律规定,最终其陕西省第十二届纪委委员、省安监局党组书记、局长职务被撤销。网络反腐的成功,使得网络"人肉"的正义性问题被掩盖。目前,学界并无讨论这一行为合法合理性的声音,这与国家公职人员需要受到的监督超出普通公民有关,但是对官员个人的网络"人肉"监督,是否超出了公共职务范围,应有所警惕。

与此同时,很多网民参与"人肉搜索"的心态仍停留在道德激情的层次,头脑中缺乏文明、理性的观念。2013年12月3日,高中女生琪琪从陆丰望洋河桥上跃下身亡。前一天，因怀疑她偷窃服装，店主（蔡晓青）将监控视频截图发至微博求"人肉搜索"。很快，她的个人隐私信息被曝光，她成为身边同学朋友指指点点的对象。广东陆丰警方8日立案侦查后，将服装店主刑拘。之后，汕尾市中院对该起"人肉搜索"案进行公开宣判，维持原一审以侮辱罪判处被告人蔡晓青有期徒刑一年的判决。

同样都是"人肉搜索"，一则使得贪官下马，一则使得少女丧生。前者发挥了"人肉搜索"在社会治理方面的正面作用，后者却使"人肉搜索"演化成了网络暴力。在"智慧互联"的云时代，"人肉搜索"离不开网民的积极参与，从正义的角度分析，它切合了网民维护"正义"的社会心理，但其中也混杂着一种不负责任的"凑热闹"以及"起哄"心理。网民参与"人肉搜索"的心理因素是复杂的，情感因素和从众行为在其中起到了很大的作用。按照义务论的观点，手段的"正当"优先于结果的"善"，而在"人肉搜索"的过程中却常常涉及对个体隐私权及其他权利的侵犯，尤其针对热议话题，网民很容易在匿名心理的作用下发表不负责任的言论或产生过激行为。如此，网民观念上对正义的维护和行为上对他人利益的实际侵犯，造成了网民正义的内在冲突，其造成的实际后果很可能是有损于社会正义的。

罗尔斯正义理论对这二十年中国伦理学发展的一个很重要的影响是：使我们特别关注制度伦理。罗尔斯注意的是社会制度的正义问题，在他的正义论中，对制度的道德评价和选择优先于对个人的道德评价和选择，原初状态中的人首先选择用于制度的根本道德原则，然后才选择用于个人的道德准则——义务与职责，这种次序是有道理的。举例来说，如果说个人负有支持正义制度的义务，那么制度必须首先是正义的或接近正义的。依照罗尔斯的观点，制度的正义要优先于个人的正义，将他的这一观点应用到互联网空间，我们发现，"人肉搜索"等互联网空间伦理问题的存在，虽然与网民个体方面的原因分不开，但也许互联网规则的缺位才是更为深刻的原因。

第三节 全媒体时代的道德原点

道德的目标是自由，还是德性？道德的标准是个人行为的内在准则，还是社会契约的正义和外在规范？无论我们如何讨论互联网伦理，其实质都是对人的善与权利的关注。

当崛起的网络社会遭遇后现代思潮时,传统伦理世界观面临挑战。后现代性的显著标志是反乌托邦、反历史决定论、反体系性、反本质主义、反意义确定性,倡导多元主义、世俗化、历史偶然性、非体系性、语言游戏性、意义不确定性。互联网上的各种现象都具有明显的后现代主义特征。

一、互联网伦理的后现代主义特征

(一)道德主体虚拟化

道德感不是与生俱来的,而是外界强加于人并强迫其遵守的行为规范。在现实社会中起作用的交往伦理的现实基础、作用机制,在网络空间都陷入了严重的困境。

现实社会中,人们的社会身份是相对确定的,因而现实社会的道德主体也是相对确定的。网络行动者则可以匿名,一定程度上实现了与现实社会的松绑,这使人产生一种错觉,即互联网是绝对的自由王国。网络交往中的主体是不确定的,网民可以在虚拟社区扮演任何自己希望扮演的想象中的角色。

互联网打破了交往的时间、地域限制,人们即使从未谋面,也可以因为彼此之间趣味相投而发展虚拟关系,符号基础上的交往比人际情感基础上的交往更易建立,也更易断裂。

在现实社会中起作用的道德规范,在网络社会由于身份的虚拟化,约束力大大降低,甚至在许多情况下几乎不起什么作用。在网络空间,现实社会生活中做给他人看的非强制的道德行为,由于匿名的身份而很容易消失。总之,制约着人们在现实社会生活中的交往行为模式的交往伦理基础,在网络空间正被逐步消解。

(二)道德语境虚拟感

网络空间最初被称为"赛博空间",即一个与现实完全脱节的虚拟空间。互联网全方位地延伸了人的感官,人们可以完整地感受和探索自己想象过但从未曾涉足的领域。网络空间所推崇的是一种感觉主义的价值观,在网络交往中,人们所需要拥有的是基于想象的感觉,满足感性的享受是网络交往伦理的首要原则。

有网民说:"正因为我们无法判断,我们就不做判断,这种'无厘头'状态给我们一种现实生活中没有的轻松和自在。"于是,本来在现实社会交往中对人们的心理和行为进行规导的价值规范、价值判断和价值原则,在网络世界里全都被消解了,所有的一切都预先被原谅了。无价值成了网络空间的最高价值。

当然,伴随着社交媒体对现实生活的强渗透,虚拟与现实的界限愈发模糊,在物联网加速发展的未来,道德语境有待从虚拟走向现实。

（三）道德权威消解

如果说工具理性是现代社会的普遍原则，这一原则在道德领域的体现就是行为规范的强制性，强制力量来自权威。然而，网络社会是去中心结构的，"绝对中心"已然坍塌，单向度的规范体系被弃置。在网民的后现代生存状态中，道德的深度被夷平了，一切网络社会行为都被消解为没有深度道德感的感性游戏。后现代思想拒绝承认任何一种话语权威，也在实际上摧毁了建构一种有确定基础的规范伦理的可能性，未来人们需要构建一种以平等、交互、多元为基础的新伦理秩序。

（四）道德界限模糊

英国哲学家齐格蒙特·鲍曼在《后现代伦理学》一书中说："我们的时代是一个强烈地感受到道德模糊性的时代，这个时代给我们提供了从未享有过的选择自由，同时把我们带入了一种从未如此令人烦恼的不确定状态。"

（五）道德行为极端、非理性

由于网络之开放，我们迎来了一个人人都是传播者的时代，在话语开放与话语规则确立的时差中，人的"破坏本能"被激发和"包容"，极端、非理性行为冲破了网络空间的道德底线。

年轻的互联网使用者普遍倡导自由思想，反对中心权威，提倡竞争，反对因循守旧，颇具反叛精神，同时缺乏足够的理性思索和判断，呈现出"激情的、非理性的"行为趋向。据马克斯·韦伯的"行动类型"理论，激情的、非理性的行为往往不考虑行为与目的的合理化，缺乏理智的判断与分析，单凭感情或"一时冲动"做出某种抉择，从而造成不利的后果。

二、全媒体时代的道德原点

道德评价指"人们在社会生活中依据一定的道德准则，对包括自己、他人或群体的行为、品质、可感知的意向以及社会风尚在内的各种道德现象进行善恶褒贬的道德判断活动"。不管在现实社会中还是在网络社会中，道德评价总是存在的。但是，现实社会与网络社会的道德评价标准存在巨大差异。

在现实社会中，道德评价标准相对稳定，且总是基于一定的社会和民族文化，带有民族性和时代性。而网络空间作为后现代社会的标志性存在，一方面强化了道德评价的相对性，凸显了网络伦理的多元化、非中心化、碎片化、流动性等后现代特征。另一方面，网络交往又在客观上提出了建立一种普世伦理的必要性，因为网络空间是一个全球化空间，涉及不同民族、不同地域、不同语言、不同文化背景的人，故在客观上提出了建立一种具有普遍意义的跨民族、跨文化、跨地域的"普世伦理"的任务。

社会交往究其实质是人与人之间通过物质、能量、信息的交换，达到相互间沟通、理解、互动、整合的过程。人的交往受到多种因素的制约，如地域、种族、时间、语言、制度、文化等。人类交往的历史就是不断打破、摆脱这些制约因素的过程，从而在整体上呈现出交往手段不断更新、交往方式不断进步、交往范围不断扩展、交往内容不断丰富的特征，不断为世界历史性的、真正普遍的交往创造条件。在信息技术、网络技术的支持下，人类交往方式实现了交往历史上的大变革，时空和语言的制约被弱化，交流速度和效率显著提高。

相对于技术、法律的规范，道德规范必不可少，而且极具优越性。首先，技术和反技术的较量是无休止的博弈，容易陷入"道高一尺，魔高一丈"的死循环，这种社会能量的消耗绝对是弊大于利的。其次，寄希望于法律约束远远不够，法律制裁具有滞后性，网络空间中行为的虚拟性、瞬时性和异地性等使法律打击力度减弱、难度增大、成本增加，对很多问题无能为力。因此，道德文化是一种"培育免疫力"的内在防线，拥有更持久、更稳定的制约力，网络行为主体之间的利益调配不仅依靠强权规制，更有赖于个体自觉。

心理学家乔纳森·海特（Jonathan Haidt）提出，人有五种普世的道德基础：第一，道德情感对于伤害和关怀极为敏感，这是我们为人善良以及援助他人的基础；第二，我们致力于公平和正义，因为我们是以个体身份生活在这个社会中的；第三，我们通过效忠于团体来谋求生存，这种情感能引发爱国主义、部族自豪感以及为团体牺牲的精神；第四，我们所处的社会被分成不同的阶层，不可避免地，我们渴望获得权势和尊重；第五，我们天生对纯洁和神圣有强烈的渴望。这五个维度几乎囊括了人类所有的道德特点，我们可以循着这样一条路线，追溯我们在互联网上的道德原点。

（一）基于"同情"的道德情感

作为人，我们有着复杂的情感，如内疚和羞耻、厌恶或恐惧、提升与超越，它们之于道德的塑造至关重要。

羞耻来自外部的伤害，只有当我们所犯的错误被他人注意到时，羞耻才会油然而生。内疚与之不同，它是人们对自己挥舞的一条鞭子，使我们对自己保持私密的懊悔。负疚感会引起赎罪和弥补，实现积极的道德目标。

内疚会在社会规则系统内部发挥作用。如果我们能够了解自己的行为会引发他人的何种反应，我们会对自己的行为做出取舍和修正，使其大致与社会规则相符，甚至与规则背后的普遍信念保持契合。这种内化的规范远比社会谴责带来的羞耻感更有制约力。缺乏内疚，则是社会病态的显著标志。

厌恶情绪是道德行为的源泉。厌恶近似于一种直觉反应，它可以绕开理性的阻挡，因而显得鲁莽而不计后果。在我们处理社会关系时，厌恶会带来敌对和隔阂。厌恶在我们的大脑玩了一个小把戏：把不喜欢的通通变成"害虫"或"寄生虫"。于是我们倾向于将那些让我们没有好感的人和物想象成恶心、厌烦的模样，觉得他们理应被排除在外，甚至想要将其彻底消灭。

提升作为一种积极的情感，指我们发现他人正直善良、行为端正时，会感受到的一种与之对应的、令人振奋的情感。

（二）公平正义的天平

在建构网络交往伦理时，我们应该遵守一条基本原则：网络交往伦理的作用应该是建设性的，不应该以约束和束缚网络的自由生长为代价去建构网络交往伦理。网络空间的公正性不仅应该是网络族力图维护的基本原则，还应该是网络伦理建构者遵守的基本底线。

网络的出现将改变现有的社会分层，使一种新的两极分化在社会上出现。信息社会将出现两大互相对抗的新的阶级或阶层，即掌握和控制信息的群体（knows）和不占有信息的群体（knows-nots）。前者是网络中的技术强者，后者是弱者。由于规范是由强者制定的，因而总是有意无意地令 knows 受益而令 knows-nots 受损。

（三）"我们"的团体精神

根据汉密尔顿法则（Hamilton's rule），利他行为的完成与否需要依靠精确的成本效益分析。这个定理认为，如果我们想要实现利他无私的行为，必须让 r×b-c＞0（r 是利他者与受益者的亲缘系数，b 是受益者所得利益，c 是为利他者所付出的代价）。这意味着两个生物体的关系越密切，利他行为的发生率便会越高。所以那些没有任何情感基础（如内疚、慷慨、感激或责任等）却表现出来的利他行为通常不太可靠。

影响我们"给予"能力的因素有很多，其中有一个被多数人忽视的便是焦虑。马陶谢克认为，当我们有一种不安全的依恋感时，天生助人为乐的冲动便开始变得混乱、被压制以及被践踏。那些内心笃定、安全的人最有可能富有同情心和悲悯心，而狭隘的人则倾向于被痛苦的反应吞噬，无法唤醒自己去寻求帮助。

（四）阶级和阶层

人生活在社会上是需要与他人进行交往、交流的，人在获得基本的生理需要后，还有安全、归属、尊重、成就感等其他需要。心理学研究表明：人类在温饱解决后，最难以忍受的就是孤独。在人类的生活中，有许多因素影响着人们的交往，阶级和阶层是人群的一个重要划分标准，同一阶级和阶层内更易达成认同，而不同的阶级和阶层，则存在巨大的鸿沟。

在个人情感的基础上，我们参与社会互动，将自己置于一定的群体之中，公平和正义是群体生活的基础。

另外，在中国社会中，始终存在"读书仕进"的可能和信仰，社会阶层并不是完全板结的。阶层流通本有益于社会稳定，但由于"读书仕进"是为数不多的阶层流通渠道，又带来了新的社会伦理问题。例如，中国的一代代青少年都不得不将全部精力用于应付考试，本应进行的伦理教育、道德养成长期处于被忽略的状态，这也为当下的中国社会带来了伦理困境。

（五）追求高尚的天性

伦理的不断进化有赖于人们的道德本能和舆论监督。比如，语言是一种社会规范，人们能够通过"讲故事"的方式管理自我和他人。

最初，"语言是作为身体装饰的替代品而得到进化的"。对于我们这个好管闲事的物种来说，从相互择虱子到关心彼此的事务是一个自然而然的过程。从那时起，流言便成为监督彼此不可或缺的手段，它可以帮助我们监控善恶以及防止肢体冲突。海特认为，在执行社会管控方面，流言是预防暴力的第一道防线。在我们对某人饱以老拳或者放火烧他的房子之前，往往会先毁掉他的名誉。

讲故事的功能不局限于监督，它也是人们建立共识和密切关系的来源。马陶谢克认为，我们的大脑天生便可以传递和交流故事，一旦你袒露心事，其他人将同样予以回报，泄露自己的一些花边小秘密。交流是一种非零和博弈（non-zero-sum game），对于我们来说，交流信息不用花费分毫，并且让对方受益颇多。在此基础上，我们可以用流言和丑闻将伦理之钉磨锐，去感受道德情感的中心——耻辱以及优越性，但是却不求任何回报。

第四节　互联网与协商伦理

自私、嫉妒、贪婪……这些人性的弱点是我们实现互惠和利他的障碍。

弗洛伊德在《自我与本我》中指出：本我是最原始的人格部分，包括人类本能的性的内驱力和被压抑的倾向；自我是人格中的意识结构部分，来自本我经外部世界影响而形成的知觉系统；在童年生活中，人们通过对父母所用的一系列由奖罚方式体现的行为规则的同化，会获得良知和自我理想，形成超我。道德规范就是在人的意识与行为之间建立的一种制约机制，使人们不能随心所欲，而要符合社会的道德规范。

独立于一般社会伦理的网络伦理是不存在的，互联网伦理是社会伦理在网络空间的延伸。网络是社会发展的产物，其意义由社会所赋予，网络行动者处于各自的社会关系网络中。因此，社会交往活动中所遵循的伦理道德准则同样适用于网络环境。网络作为一种新信息技术，它改变了人们的交往方式，却没有撼动既有的社会生产关系。无论是网络社交还是电子商务，原有的诚信原则和契约关系不但没有消失，反而愈加凸显其重要性，网络空间越开放自由，现实关系的制约越不能缺位。

网络冲突来自个体间的利益调配矛盾，以及网络空间中个人权力与社会需要的冲突。英国政治学家蒂姆·乔丹（Tim Jordan）认为，网络权力主要从三个层面表现出来：第一，个人权力——网络空间被看作个人活动的领地，网络权力由个人拥有和行使；第二，技术权力——能够控制网络空间和技术的精英拥有更大的自由活动的权力；第三，想象力——当网络空间被看作一个社会或一个数字王国时，网络权力表现为一种想象力，每个人都有对虚拟生活的一种崇拜。

因此，网络伦理必须依靠弹性的道德来约束，社会控制的力度需要恰当拿捏。控制过度就会牺牲个人利益，控制过弱则会使个人权力膨胀，导致网络空间失序。问题的关键在于如何进行合理划界，明确网络行为的底线和上限。

人们在网络空间中的交往不受限于现实的时空，而是建立在共同兴趣和爱好的基础上，其行为是自愿和自主的。这就导致了不同的网络团体或网络虚拟社群有着不同的交往规则和交往伦理，每个网民要遵守的规范只有自己的良心，即自己对网络虚拟社群的认同度。

在这个价值多元的社会，我们必须放弃建立一套准则解决所有问题的尝试。我们需要刷新对道德的生成方式的传统理解，即道德准则与规范的产生不再是强权自上而下地推广，而是自下而上地搭建。

道德共识是博弈与妥协的产物，在好的情况下，能够在协商基础上被多数成员认可并遵守，在分歧较大的领域，公共讨论和理性论证未必能奏效。网民需要意识到，网络不是以自我为中心的，尽管它经常使人产生这种错觉；网络像一条公共道路，无数人驾车驶向自己的目的地，每个人必须明确并遵守所经路段的交通规则，认识到其他网络参与者的存在和权利。化解冲突、广泛商议、寻求共识是一个反复论证、曲折推进的过程，也是互联网伦理建构的必经之路。

伦理是基于人们对于文明的渴望而建立起来的规则；无伦理之初，人们称其为蛮荒。人作为社会性动物，无数个体聚合成群体，分享知识并促进协作、共建文明。互联网改变了人们的发言方式，网络的虚拟性使人人发声成为可能，信息的易得则使原本分散的人群能够在网络空间中迅速聚合，形成强大的影响力，深刻地改变社会以及社会中的伦理关系。

1994年4月，中国正式接入互联网，开启了互联网时代。作为一种新技术，互联网被寄予厚望，尼葛洛庞帝在《数字化生存》中描绘着一个人网共生的美丽新世界，曼纽尔·卡斯特野心勃勃地为"网络社会"命名，断言网络正改变着社会的物质基础，改变着时间、空间，改变着整个社会形态。

但是，技术的改变也不总是乐观的，技术是机会，同时暗含风险，如丧失伦理的风险。

一、网络赋权

早期互联网常被视为一种科技手段，而随着技术的日益普及和渗透，互联网渐渐成为人们的一种生活方式、一种话语表达，甚至一种行动力量。互联网的开放性和交互性特征打破了现实社会中传统的论资排辈规则，引发了新一轮权力角逐，尤其在话语权角斗场上，网络成为一种新的赋权力量。

赋权（empowerment），也被译作"增权"，传播学领域中的"赋权"不像字面上的"增权赋能"那么简单，它涉及心理（精神）与行为、个体与集体的双向关系，是一个社会互动的过程。赋权主体可以是一个私人、一个系统，抑或一个集体。赋权理论有三个天然取向：首先，赋权主体主要是社会中的弱势群体（如女性、少数民族等），即失权群体；其次，赋权的过程是一个信息传递和人际交流的互动过程；最后，赋权带有强烈的社会实践色彩，赋权可以被看作是一种目标和心理状态、一种介入方式。20世纪90年代，福柯提出"话语即权力"的观点并做出经典论述，斯皮瓦克（Gayatri C. Spivak）在《弱势者有话语权吗？》一文中，揭示了一种主流话语在一个社会中的支配地位，认为弱势群体极为缺少话语权。可见，话语权可以被通俗地理解为话语的影响力。

互联网孕育了新的媒介环境，话语交流呈现开放性、匿名性、便捷性、交互性等特征，媒介渠道日益丰富多元，为民众话语表达提供了场所和空间。网络公共领域构成了一个权力场，各个社会阶层的公民权利在这个场域内被重新分配，弱势群体获得了部分在传统媒体语境下被弱化的社会参与权和表达权。

话语权的再分配以及话语秩序的重置，是公众在新媒体平台上自发寻求权利和自我赋权的表现，受众通过自身的努力争得社会部分话语权份额。当今社会进入了一个话语多元化的时代，社会各阶层的诉求在传统媒体那里得不到回应，必然会选择新的意见出口。自媒体的日益发达，使公众获得了一种自我赋权的能力。多元话语力量与主流意识形态较量，长期受压抑的利益诉求得以彰显，舆论场呈现百家争鸣、众声喧哗的景象。

新华社前总编辑南振中提出了"两个舆论场"的概念，一个是党报、国家通讯社、国家电视台组成的"官方舆论场"，一个是都市报、互联网，尤其是后者催生的"民间舆论场"。

自媒体代表原生态的鲜活民意，是当今中国最大的民间舆论场，其中网络意见领袖的作用不容小觑。网络意见领袖与传统意见领袖相比，门槛更低，也就是说，草根网民利用互联网建立地位比在现实中建立地位更加容易，而且网络实时互动的特性使意见领袖的反馈更为即时，如果这种反馈能够被视为发言的奖励，那么意见领袖的发言行为将会被强化。这带来的一种结果是，在现实中话语权有限的草根阶层，可以通过为他人提供有价值的信息而受到关注，甚至成为某一领域的意见领袖，使众声喧哗的民间舆论场能够传递更广泛阶层的呼声。

然而，话语权的重置并不是一场"平权运动"。在对网络"敢言"人群进行阶层分析后，学者发现，尽管当下中国的网民群体已经覆盖了社会各个阶层，各阶层人群的表达也趋于开放、多元和自由，但是，由于社会地位、文化资源、群体素质、数量规模等差异，中国网络空间上的话语权实质上更多地掌握在中间阶层手上。调查显示，那些年龄在35岁以下，文化程度较高，关注社会公共事件且表达欲望强烈的年轻人往往更倾向于"发声"，而社会关系薄弱、社会地位较低的边缘人群仍占据了"沉默的大多数"。

阿马蒂亚·森（Amartya Sen）指出，普遍的相对剥夺感是社会动乱的根源。经济社会地位更高的群体不仅具有政治、经济资源方面的优势，还占据着更多的知识资源，从而在国家社会生活及公共讨论空间中更多地发出声音，争取更多利益；普通民众及弱势群体则在这种残酷的博弈中不断丧失资本，话语缺失加剧了他们在社会资源上的赤贫。

二、网络协商

亚里士多德说："一些人懂得一部分，一些人懂得另一部分，而所有人在一起就懂得一切。"受知识和推理能力的限制，每个人拥有的有用知识都是有限而分散的，人类的生存离不开知识的共享，在这一过程中，协商必不可少。协商即群体内的成员交流信息和意见，在讨论中激发思考和创造力，最终产生一个公认的较好的结果。

亨廷顿曾言，在现代化过程中，民族国家政治合法性的危机在很大程度上是由于社会发生了急剧变化，新的集团积极动员参与政治，而与此同时，政治体制的发展却十分缓慢。现代化必然带来社会和经济的变化，如城市化、文化和教育水平的提高，工业化以及大众传播的扩展等等，而这些变化势必使政治意识扩展，政治要求增加，政治参与扩大，这不可避免地削弱了政治权威的传统源泉，也削弱了传统的政治体制。

转型社会的结构特点在于利益格局的重新分化和社会资源的重新组合。改革即意味着某些利益集团的优势丧失或为新兴群体所取代。在这种犬牙交错的利益分配格局中，如果资源配置的主导权由公权力的代表者所掌控，那么对社会资源的争夺就会异化为对公权力代表权的追逐。

现实生活中，人群聚合主要基于面对面互动，每个人都有相对稳定的身份、地位，其协商行为不可能脱离既有的社会关系。网络空间与此不同，网民的聚合多数源于其拥有的共同兴趣，以及兴趣产生的想象和认同，且网民有虚拟和匿名的特征，因为物理身体不在场，他们可以在网络上扮演任何与现实中迥异的、流动的、不确定的角色，即"没有人知道你是一条狗"。

网络让群体聚集和协商变得容易，但是协商的可能性未必就会带来协商的民主。民主制度最易被人误以为它是人民做主，是为了满足人民的利益。但是人民的利益是有分歧的，人民是无法共同决定一桩事情的，其中每个成员的影响力是不同的。

哈贝马斯提出了"公共领域"理论，构建了一种不同于传统自由主义民主和共和主义民主的"协商式民主"。协商式民主是一种程序主义的商议民主，这种民主观的关键在于，民主程序通过运用各种交往形式而在商谈和谈判过程中被建制化，而那些交往形式则许诺所有按照该程序得到的结果是合理的。协商的程序规范可以提供一种特殊的自由讨论、沟通的场合和方式，通过法律规范的屏障作用，社会影响力和身份差异被尽量排除，一切既定的真理标准和权能行使都被缓期执行。完全的信息和平等的对话通过辩论和举证的程序担保。

网络空间的去中心化特征使哈贝马斯设想的平等协商机制有了实现的可能。代表各个利益集团的公民针对公共政策表明自身立场，发出自己的声音，并同相关的社会成员论辩、博弈。除此之外，协商性民主提供的参与机制也具有包容性，其"安全阀"和"缓冲区"的功能为舒缓、引导民众情感提供了时间和空间。

协商式民主一定能促使结果优化吗？桑斯坦在这个问题上站在了哈贝马斯的

对立面，他在《信息乌托邦》一书中指出了群体协商的四大问题：第一，协商可能放大群体成员的错误；第二，群体不能充分地获取其成员所拥有的信息；第三，协商遭遇了串联效应（cascade effect），造成了盲人指路的情况；第四，协商群体显示出了群体极化的趋势，使群体走向极端。

桑斯坦认为，造成协商失败的原因主要有两个：一是信息，二是社会影响。前者指信息的力量取决于发出信息信号的人的数量和质量，权威人物提供的信息更受重视，非权威人物的信息只有在人数上占优势时才能产生强势效果，除此情况之外，个人并不愿意说出自己所知。后者主要指信息压力，如伊丽莎白·诺尔曼提出的"沉默的螺旋"理论所指出的，很多时候人们保持缄默，不一定是认为自己错了，而是担心观点不一致可能带来的被孤立的惩罚。

也许，哈贝马斯设想的"公共领域"离我们依然遥远。网络言论看似热闹而民主，但结果更多的是强化了众人对观点的自信，未必真能对结果的准确性和科学性有所助益。同时，群体讨论会促使多样化的观点向少数集中，导致观点趋同而非多元。相当一部分持相似想法的人聚集到特定的空间，桑斯坦称之为回音室（echo chambers），并制造偏激的错误，走向极端主义，变得过度自信。比如，桑斯坦说，"奇怪而真实的是，如果有人告诉你一些你已经知道的事情，结果你往往会更喜欢那个人，对自己更满意"。人们更愿意倾听与自己的观点相契合的观点，更愿意让自己的发言得到尊重和认同。这一特点在网络空间中被放大，使用社交媒体的人群拥有选择信息的空前自由，他可以关注、选择、传播自己所喜欢的信息，并将自己不感兴趣以及厌恶的信息彻底排斥在外。

网络的合作逻辑有利于减少成本和风险。互联网像一个不断铺开的大饼，若接触和使用人数增多，每个人从中获得的价值就随之增加，信息传递过程中参与者的数量越大，新进入网络的边缘人的价值也就越大。

但网络本身也有把关的效果，在网络内部，新机会层出不穷，而一旦被排除在网络之外，连生存都会越来越困难。在这种情况下，不能融入者将被时代远远抛弃。现实中，不是所有人都能接触和使用互联网，并从中获益。在网络技术扩散的过程中，率先使用者和落后者之间存在一个永远无法逾越的鸿沟，如果我们只是以一个网中人视角大赞网络之自由和民主，不仅有失偏颇，还会导致一个结果：身处网络内、外者相互间听不到声音，社会演化成两极。这将背离我们使用网络的初衷——弹性，而非对立。

三、网络围观

如克莱·舍基所言，社会化媒体的崛起是一场空前的革命，革命集中在对业余爱好者融入生产者的震惊里，我们发表公共言论时不再需要专业人士的帮助或许可。这种公开发表言论以及将我们的才能融合在一起的能力，与我们之前习以为常的对媒体的基础概念大不相同：我们不是在消费媒体，而是在利用媒体。

网络围观是"人人时代"崛起的一股新力量。网络围观是指民众借助互联网关注社会事件、公共议题，引发意见交锋与争鸣。其实质是一种社会舆论，其影响已从网络空间蔓延至现实生活。网络围观的特性主要为围观主体的隐蔽性、围观形式的开放性和围观行为的互动性。因此，网络围观与当下中国的社会矛盾、各阶层的利益诉求联系密切，存在明显的价值悖论。

从个体动机而言，网民围观行为多源于其内在的道德价值。尽管网络空间有虚拟化、符号化的特征，但网络行为的主体依然是活生生的人。他们基于个体经验、既有社会关系和现实生活生产线上内容，并获得心理、情感上的满足，如自我确认、自我实现等。客观上，网络围观存在少数人动机不纯的现象，如窥私、侮蔑、牟利等，但多数网民与围观对象间未必有直接利益关联，其围观行为多是自发的，出于传统道德和文化认同，对社会不公现象进行讨伐，或肯定善行以弘扬社会公义。

网络围观也是一把双刃剑。一方面，公民通过社交媒体表达诉求，个体的声音汇聚成海量的信息流和能量流，通过线上线下联动的作用机制形成广泛的社会行动力。网络围观成为公民广泛参与政治的途径，产生舆论监督的效果。但另一方面，民主与民粹的界限模糊，网民理性和感性的矛盾冲突，以及个人与社会的利益博弈，都会使网络围观蕴藏危险。

自媒体的崛起丰富了信息源，与之俱来的是噪音和信息冗余，网络围观中明显存在的道德问题就是公然欺骗和恶意中伤。因为社会化媒体的使用门槛极低，使用者的素质良莠不齐，在去道德化和去政治化的新媒介语境下，民粹主义和网络暴力挑战着互联网伦理。

约翰·密尔在讨论"多数人的暴虐"时指出："当社会本身是暴君时，即当社会作为集体凌驾于构成它的个别人之上时，它的手段比许多种类的政治压迫还可怕。因为它虽不常以极端性的刑罚为后盾，却使人们的逃避办法更少。这是由于

它透入生活细节更深，它奴役灵魂本身。"❶

无论在理论层面上还是实践层面上，民粹主义从来都具有积极和消极的两面性，民粹主义存在着与权威对峙抗争和妥协合谋的双重可能。当血脉偾张的网民在符号化身份的掩护下，以键盘为武器，就公共议题分门分派、站队骂街，抑或对围观对象肆意扣帽子、泼脏水时，协商伦理遁形而去，徒留网络暴民口诛笔伐，沉浸于一种非理性的狂欢。

心理学研究发现，任何马上给予奖励的行为都会被强化，即这一行为在未来重复的几率和频率都会增加，而且强化行为越是强烈，则强化的结果——给予奖励的行为——就越经常重复出现。网民围观能够满足个体表达的快感，是非对错也许并不重要，围观更多是一种态度和立场的表达，个人沉醉于想象的群体之力中，事实退居次要地位。

随着社交网络日益渗透到现实生活的方方面面，现实和虚拟的边界日益模糊，社会公共事件吸引了网民大量持续的注意、参与，其言论的能量不论正负，都必然给当事人带来巨大的舆论压力。网络暴力给当事人带来的痛苦是不可能挽回的。

自由包含积极的自由，也包含消极的自由，前者是"我有……的自由"，后者是"他人不干涉……的自由"。如今，我们强调个人言论的自由，无形中把自由的真正含义窄化了，我们过分强调自己积极的自由，结果却伤害了他人的自由。胡适说，"容忍比自由更重要"，这句话应成为互联网伦理中尤为重要的一条。

在现代社会，越来越多的人"被习惯宠坏"。比如，习惯在社交媒体上一吐为快，习惯对不待见的事物口诛笔伐，不知不觉，我们习惯做的事成了生活的必需品，一旦要做出调整我们就会感到不适。人们既成瘾于话语表达，也成瘾于话语表达产生的社会影响。发言权作为人们的一种基本需求，失去它的痛苦远大于缺少它的痛苦，而对失去的恐惧也会成为网民焦虑的来源。

我们誓死捍卫说话的权利，但我们还要重拾协商的伦理。协商的弊端并未因互联网的到来自动消解。尽管网络每时每刻都在激发众人的协同生产，并在聚合信息的同时做到空前的准确，但是，互联网的使用者是人，人性中的不道德、不理性、不冷静并不会因工具革新而轻易改变。

康德在《实践理性批判》中写道："有两样东西，我对它们的思考越是深入和持久，它们在我心灵中唤起的惊奇和敬畏就越历久弥新——我头顶上浩瀚的星空和我心中的道德法则。"在移动互联的时代，我们面对的是愈发广阔的外部世界，与

---

❶ [英]约翰·密尔.论自由[M].程崇华，译.北京：商务印书馆，1959:5.

此同时，我们不能停止对内心的审视、对人性的拷问。"道德，好比艺术，归根结底，不过是你心中的底线。"奥斯卡·王尔德的这句话道出了道德的本质，不止在现实生活，在现实的延伸领域——互联网社会，道德依然是我们不可逾越的底线。

四、网络民主

网络是一个相对虚拟和开放的空间，人们对网络时代的民主亦充满期待，认为互联网将是参与式民主与协商民主的新契机。

哈贝马斯的协商民主理论是从思考网络民主的视角提出来的。在哈贝马斯看来，传统的自由主义民主观建立在立宪民主政体的政治正义观念之上，在政治实践中赋予民主的规范意义太弱；共和主义的民主观以伦理的价值同一性原则为依据，赋予民主的规范意义则太强；而程序主义民主（协商民主）能调和上述两者的优势和不足，构建一个原则上面向所有人开放的公共领域，而这一领域中非正式公共舆论的形成过程，将成为立法时公共意志的基础，从而达到权力真正为民所使的民主。

网络技术正影响着民主政治，现实中的民主程序（如选举、参与、协商、监督等）已延伸到网络空间，网络民主应运而生。依托于网络平台的去中心化、开放性、交互性等特征，网络民主不断创新民主形式，促使集权和专制让位于分权和民主，解放话语以打破信息垄断，从而使国家政治事务趋于公开、透明。与之同样重要的是，网络民主的参与者——网民，受到网络技术的启蒙，广泛地参与公共事务，从而构建了互联网参与式民主的基础。

然而，互联网与现实生活最大的不同，就在于交互距离的倏忽不定，时而天涯若比邻，时而咫尺若天涯。一项研究显示，面对面的交往互动中，55%富有情感意义的信息是通过面部表情、姿态和手势进行表达的，38%则通过语调，唯有7%通过语言。在这个充斥着社交网络、短信、电邮的时代，虚拟的情感意蕴数不胜数。人们很容易对着电脑屏幕上的名字，忽视其个体存在的社会意义和情感价值，或者将社会中现实的个体空洞化为简单的电子符号，然后就不再关注有血有肉的人类了。戈尔曼（Daniel Goleman）提醒我们："网络越多，这个世界便越危险。"

没有面对面的互动和反射他人的能力，网络上的道德很容易走向自由落体。在虚拟现实中，关系特别舒适简单，同时非常脆弱。也许，这就是我们容易在虚拟现实里迷失的原因。

如赫尔德所言，"民主本身不是目的，毋宁说，它是一种手段——一种实用工具，人们借助于它有效地保障最高政治目的：自由"。追求自由乃人的天性，网络能否带来真正的民主和自由,激发出每个人的创造潜能,取决于网络公共空间中的公民理性和协商伦理。

互联网并不一定使我们更民主。克莱·舍基乐观地认为"人人时代"已经崛起,众人的协同合作不是基于利益,也不受制于组织的安排,是一种基于爱和分享的自发行动。他对于"人人时代"的描述是一种美好的想象,在达成的过程中还需要人们若干次对互联网这种新事物进行审视,对自己的利用行为进行改正与克制,以促进共识的达成、规则的建立。

以实现舍基描绘的未来蓝图为目标,我们至少需要知晓互联网激发的人们的哪些精神是弥足珍贵的,不能因为我们的思想陈旧、目光狭隘而将之扼杀;我们也需要明白哪些行为将会给我们社会的每一个成员都带来伤害,我们应该冷静地思考,并明确地指出。己所不欲,勿施于人,如果我们能将喧嚣于互联网之上的尘埃拂去,或许"未来是湿的"终将实现。

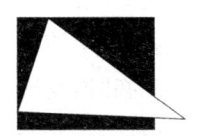

第七章　全媒体时代的新闻伦理重建

社会失序、权威失信、评价失语，中国当前面临的道德问题和全社会普遍的道德焦虑情绪，究其根本是社会转型背景下，伦理转换滞后于经济社会变革导致的结果。为了社会安定、经济良性发展，中国社会亟待完成道德领域的重建，而其依据和起点是"社会转型"。解读新闻文本从不是单纯的文字分析、结构分解，其实质是从文字深入到社会和文化的过程，新闻文本的阐释从来离不开文化和社会背景的参照。

第一节　转型期中国的伦理失范

一、当代中国转型社会中的价值冲突

中国社会转型的概念可分为广义、狭义两种。从广义上说，中国历史上经历过两次社会转型，一次是春秋战国时期，一次是新文化运动，而当代中国社会正经历着第三次社会转型。狭义的中国社会转型就是指当代中国社会转型。理论界对"当代中国"有两种界定：一是从历史角度，当代中国以新中国成立为始；二是把当代中国界定为改革开放以来的中国。本书所涉及的中国社会转型，就是指改革开放以来的中国社会转型。

关于当前中国社会的转型，理论界有两类解读。一类是以郑杭生教授为代表的，定位在"农业社会到工业社会"的转型。在这类观点中，"社会转型"与"社会现代化"是同义语，指社会从传统型向现代型的转变，或者说由传统型社会向现代型社会转型的过程，这个过程就是"从农业的、乡村的、封闭的、半封闭的

传统型社会向工业的、城镇的、开放的现代型社会的转型"（郑杭生，1997：19）。还有一类学者认为，"中国的现代化即将经历从农业社会向工业社会的转型，也将经历从工业社会向知识社会的转型，体现为农业社会—工业社会—知识社会'三分范式'的'双重社会转型'"。❶在双重转型过程中，要充分发挥制度文明的整合作用和协调功能，为社会和个人的良性互动、物质文明和精神文明的和谐发展提供制度空间。"具体地说，中国现代化的社会转型，是在探索和选择社会主义发展方式的前提下，在社会主客体的生成关系上实现两个相互关联的'社会双重转型'，协同共进地处理好生产力形态、人的生存形态和生产关系与基本社会制度形态三个方面的'双重转型'关系，而这三者的关系是社会主义物质文明、精神文明和制度文明建设的有机组成部分。"❷

综合这两种观点，中国社会正处于农业社会、工业社会、后工业社会并存的社会结构状态，相应地，在价值领域也必然存在与不同社会结构相适应的、彼此冲突的观念形态，当代中国的社会转型是涵盖了政治、经济、文化、社会心理、社会习俗的整体转向。

相对于经济和社会结构而言，观念领域的变革虽然带有一定的滞后性，但其对社会经济和社会结构的反作用不容小觑，其对社会心理和社会秩序的影响是随处可见的。由于公众很难在短时期内适应和接受新的伦理秩序和伦理观念，无法在短期内形成伦理共识，从而引发了一系列社会问题：在观念领域、社会公共领域、私人生活领域，都出现了一系列的价值失范现象，困扰着公众；与此同时，在处理社会关系时，人们要改变熟人社会的交往习惯，树立与市场经济相适应的伦理规范，如公平竞争、公事公办、遵守规则，等等。当代中国"价值冲突现象时时出现在私人日常生活和公共生活的各个领域"。这是因为"价值观念之间保持相安无事需要一定的条件，诸如社会利益结构稳定、社会秩序井然有序、社会权威地位稳固等"。在这样的条件下，社会中的主导价值观念占据优势地位，对立价值观念身单力薄，奈何不了主导价值观念，此时价值观念之间保持着稳定的秩序，出现一种相对的统一。

而转型社会恰恰是社会利益结构、社会固有秩序重新建立，社会权威失去影响力的时期，因而价值冲突的实质是在社会转型过程中，新的社会主导价值观还没有确立的情况下，人们进行价值评价和价值选择时出现的价值观念冲突和困惑。

---

❶ 王雅琳. 中国社会转型研究的理论维度 [J]. 社会科学研究, 2003(1): 87-93.
❷ 王雅琳. 中国社会转型研究的理论维度 [J]. 社会科学研究, 2003(1): 87-93.

当前我国正处于各种价值冲突并发的状态，有学者比较全面地概括了当前的各种价值冲突："从全球性问题的视角分析，存在生态中心主义价值体系与人类中心主义价值体系的冲突；从空间维度看，存在本域文化价值体系和外域文化价值体系的冲突；从时间维度看，存在传统价值体系、现代价值体系和后现代价值体系的冲突；从力量对比角度分析，存在强势（中心）价值体系与弱势（边缘）价值体系的冲突；从社会层次角度看，存在精英价值体系和大众价值体系的冲突；从价值类型角度看，存在物质价值、精神价值和生态价值的冲突。"❶

二、社会转型中的伦理失范

（一）道德和伦理的概念界定

伦理和道德的定义有以下两种类型。

第一种是伦理与道德同义。通常情况下，"伦理"与"道德"通用，如"伦理关系"亦即"道德关系"。第二种是伦理与道德分开。道德是主体对道德规范的内化和实践，即主体的德性和德行；伦理更侧重社会，侧重人的现实社会关系，指一定社会的基本人际关系及其相应的道德原则。

在概念范畴上，道德在社会的伦理体系之中，道德之上、之外尚有伦理在。在价值原则上，道德的核心是德性或善，其本质是完善自身的自由，因而必定具有个体性差异；伦理的核心是应当，其本质是处理不同对象间关系时的公平和适度。在社会规范领域，道德约束强调主体的自主性，更多地借助道德主体的内省；伦理的约束带有普遍性，诉诸群体的共同约定，带有外在的强制性。

在第二种分类中，道德的概念范畴在伦理之中，所以本书使用"伦理"这个概念代表所有的社会伦理和个体道德层面的现象和问题。

（二）当代中国伦理失范的具体表现

社会存在决定社会意识，生产力的发展、社会关系的变化，必然作用于社会观念领域，当代中国社会出现的各种道德问题不是偶发的个案，而是全面的"价值失范"。价值失范是价值冲突的具体表现。

通常价值失范指的是一种社会状态。在这种状态中，社会原有的价值观念、行为模式和规范体系受到普遍怀疑、否定或严重破坏，逐渐失去对社会成员的影响力和约束力，而新的价值观念、行为模式和规范体系又尚未形成，或尚未被人们普遍接受，对社会成员不具有有效的影响力与约束力，从而使社会成员发生价

---

❶ 兰久富.社会转型与价值冲突[J].北京师范大学学报：社会科学版，1999(3): 97-102.

值意义危机，其行为缺乏明确的规范约束与指导，在现象领域呈现出某种明显的价值混乱或堕落，人们普遍感到心理失落而又无所适从。

价值失范在伦理领域的表现被称为道德失范或伦理失范。作为社会急剧变革或社会转型时期的产物，"道德失范表征出社会精神层面的某种危机和剧烈冲突"，根据《伦理学小词典》（上海辞书出版社，2004）的定义："道德失范是指在社会生活中，作为存在意义、生活规范的道德价值及其伦理原则体系或者缺失，或者缺少有效性，不能对社会生活和人们的个人生活发挥正常的调节和引导作用，从而表现为社会生活和个人生活的失控、失序和混乱。道德失范以人们心灵中的意义系统危机和道德价值观念危机为基本内容，并大量地表现为行为层面上的越轨现象，包含人们精神和行为失范两方面的内容：从精神上讲是内在心理道德的失落、混乱和道德观念的缺失、动摇，从行为上讲是举止仪表和动作语言的混乱，或者说是行为的无度与越轨。"

由于无法在短期内形成主导伦理观并培养伦理共识，因而出现了一系列伦理问题。

第一，在社会心理领域，由于传统的道德伦理观念和道德秩序失去了规范社会行为的作用，新的共同伦理观念和规范没有形成，人们普遍感到困惑、茫然、焦虑不安。这种心理感受被称为心理震荡。心理震荡是指急剧的社会变迁对于人们心理系统的适应性和承受力产生的冲击超出了其所能积极应对和有效处理的阈限，从而人们表现出各种带有消极特征的心理感受和行为症状。对于这种全社会普遍存在的心理震荡，究其产生原因，或是新旧价值观念和行为规范之间的冲突，或是新旧价值观念和行为规范之间难以及时有效地交接所形成的"空白"，都会使人们在心理上出现一定的困惑感或迷茫感。

第二，在个体道德价值领域，道德功利化倾向日益明显，终极道德价值观式微，工具性道德价值观勃兴。"20世纪80年代中期以前，在实现人生价值的选择上，人们还将德性、才能置于价值首位，主张处世重德、讲良心。但自此以后，越来越多的人开始把金钱定为人生价值的追求目标，并因此漠视道德良心。"❶拜金主义、享乐主义充斥社会生活的各个层面。终极价值观式微的长期影响是，心灵无处安顿的彷徨与焦虑。

第三，在社会公共领域，常听到社会责任感下降、社会公德意识淡薄的叹息，职业道德领域的渎职腐败行为屡见不鲜。

第四，在私人生活领域，旧的家庭伦理不断受到现代观念的挑战，传统的婚

---

❶ 章辉美.社会转型与社会问题[M].长沙：湖南大学出版社，2004：119.

姻爱情乃至性观念、父母子女的责任义务等问题也不断困扰公众。

第五，在处理社会关系时，个人与个人、个人与群体、个人与国家、群体与群体的原有的伦理规范受到挑战，新的规范尚未形成。当前的社会伦理走向要求人们改变熟人社会的交往习惯，改变绝对集体主义的国家和个人关系，树立与市场经济相适应的伦理规范，如公平竞争、公事公办、遵守规则等。

（三）伦理失范的原因分析

1. 伦理失范的社会原因

当代中国社会出现的种种伦理失范表征，是多种因素日积月累作用而成的复杂的社会和心理现象。简而言之，可从文化、经济、政治几个方面寻找原因。

第一，从社会心理角度看。随着中国社会文化从强调"圣德"走向重视"世俗"生活，规避崇高、耻谈理想成为一部分人的价值选择。

第二，从社会经济生活看。伦理道德的产生和变革受制于社会的经济利益关系的发展变化。市场经济的建立过程中，义、利之争不仅体现在观念领域，还实实在在地体现在日常生活中。中国传统文化一向主张"重义轻利"，而市场经济鼓励竞争，注重效益和利益，"把物质利益作为主体的首要价值目标，把占有财富和金钱当作人的社会价值的主要表现。市场经济的这些特点决定了它本身不会自动将对人的生存意义和人文价值关怀的需要提出来"。❶在人们逐渐务实的观念和行为的选择过程中，整个社会也不可避免地陷入道德失落的心理状态，与此同时，由于社会主义市场经济体制还不完善，种种不合理、不公平的资源配置现象引发了一系列腐败问题。"道德堕落"、"道德滑坡"是中国人对市场经济时代的普遍感受。如何平衡义、利关系，追求公平与效率的统一，是建设与社会主义市场经济相适应的伦理观念和伦理秩序的目标和任务。

2. 伦理失范的观念原因——主要伦理观冲突

伦理学的基本问题是道德和利益的关系问题。伦理冲突和伦理失范的种种表现，都与对这两个问题的理解有关。根据《伦理学小词典》的解释，伦理学的基本问题包括两方面的内容。一是经济利益和道德的关系问题，即经济利益决定道德还是道德决定经济利益，以及道德对经济有无反作用的问题。它决定着如何从理论上解决道德的根源、道德的本质、道德的作用和发展规律问题。二是个人利益和社会整体利益的关系问题，即个人利益服从社会整体利益，还是社会整体利益服从个人利益的问题。它决定着各种道德体系的原则和规范，也决定着各种道

---

❶ 李钢. 社会转型代价论[M]. 太原：山西教育出版社，1999: 185.

德活动的价值标准和方向。伦理学的各种问题都围绕着基本问题的两个方面展开，各种伦理学说因对基本问题的回答而显出它们的分野。

改革开放以来，中国社会在伦理观问题上首先要解决的就是如何处理"利益"关系。中国伦理学会前会长罗国杰认为："市场经济在一定意义上，是以'利益'为杠杆发展生产力的一种经济体制。因此，从道德建设角度来看，如何正确看待'利益'，怎样处理集体利益同个人利益的关系，是我们所面临的重要问题。改革开放和实行社会主义市场经济体制以来，在道德上所出现的种种矛盾，可以说都同这一问题有密切的关系。"❶

在改革开放前的计划经济时代，我国的伦理观是典型的"集体主义"，我国的传统伦理价值观一贯强调"圣德"建设，"重义轻利"。在社会主义市场经济建设过程中，社会舆论对个人与集体、义与利的关系进行了充分的讨论，试图确立新型的义利观和集体观。因此，伦理学的这两大基本问题在新时期面临的困惑，也经常被称为计划经济伦理与社会主义市场经济伦理、中国传统伦理与现代伦理间的冲突。当前中国伦理学界正在整合传统与现代、计划与市场的伦理共识，完成当代中国伦理的解构和重建工作。

三、社会转型的过程也是伦理重建的过程

美国当代政治学家亨廷顿指出：一个高度传统化的社会和一个已经实现了现代化的社会，其运行是稳定而有序的，而一个处在急剧变动、社会体制转轨之中的社会往往充满着各种冲突和动荡。

道德（伦理）失范一方面带来了社会观念和伦理秩序的混乱，一方面也预示着与新的社会结构相适应的道德体系正在并必将建成。与道德失范相对的是道德规范，社会转型的过程也是道德规范体系重建的过程。在这个过程中，社会公众和相关机构对道德失范的态度，应是以积极的心态推动新道德、新观念的建设，尽量避免多走弯路，缩短道德失范的时间，控制道德失范的范围，以期社会以最小的代价建构新的道德体系。由于造成伦理失范的原因是多层次的，所以伦理重建必然是全方位入手多管齐下的合力共建过程，也唯有如此才能取得最佳效果。

（一）在制度层面

当前中国的伦理失范问题并不仅仅是人们道德观念的混乱，更多时候表现为知行分裂的道德选择，即从理论上储备了丰富的道德知识，可在实践中明知不可为而

---

❶ 杨凤莺．谈道德失范与道德建设[J]．理论界文化研究，2002(6): 59-60.

为之，行违背道德教育之举。这类现象就不能单靠道德教育解决，只能通过制度建设制约。只有从制度层面保障伦理建设可操作、能落实、有奖惩，才能使伦理道德建设不仅仅停留在宣传口号上；只有制度能够达成，遵守道德会获益，违反道德要付出巨大成本，新道德建设才可能进入良性轨道。

（二）在观念层面

伦理重建过程是对当代中国三类伦理资源的整合过程，即与西方市场经济相对应的伦理范型、与中国传统农业社会相对应的伦理范型、与社会主义计划经济相对应的伦理范型。市场经济的道德可以说是一种建立在契约基础上的、平等的、互利的道德，是一种尊重个人价值、注重个人与集体相互协调的道德。而中国传统伦理观是"以德为本的社会意识形态、整体主义的道德价值取向、反省内求的道德修养、不偏不倚的处世态度"。[1]计划经济时代强调集体主义价值观。这三类伦理范型各有特点和优势，也各有弊端。在有中国特色社会主义市场经济的建设过程中，伦理重建的过程就是对这三类伦理观念进行整合，寻找适合当代中国需要的新的伦理观。

（三）在伦理规范层面

在社会公共生活中，人与人之间、各类行业内部也需要建立与时代特征相符的新型的社会公德、人际关系和行业规则，并要使这些规则成为广大公众自觉遵守的道德习惯。

第二节　伦理变迁与媒介功能分析

社会转型带来的诸多伦理问题，尤其是带有冲突性特点的种种伦理现象，一直是新闻媒介关注的热点。这是因为，一方面，可以说伦理问题是全体社会成员共同关注的切身问题，无论是道德信念、私人生活中的家庭关系还是公共生活中的人际交往，每个社会成员都绕不开道德判断和伦理行为选择；另一方面，冲突性、接近性、普遍性是新闻选择的标准，新的伦理现象尤其是伦理困惑，显然具有较高的新闻价值；再一方面，近年来随着媒介竞争加剧，为了争夺受众注意力，有一些新闻媒体热衷于炒作伦理问题，甚至有媚俗、恶俗的报道出炉。

与媒介中热热闹闹的伦理道德现象报道相反，理论界要冷静地思考这些问题：

---

[1] 李抗美. 中国传统伦理道德特征举要[J]. 江淮论坛，2003(6):61,75-78.

当代中国社会转型伦理失范的背景下,新闻媒体在重建伦理秩序过程中应该承担什么社会责任?起到怎样的社会作用?

一、伦理话题报道的概念界定

"话题"指谈话的中心,公众闲谈的问题。本书使用的"新闻中的伦理话题"或"伦理话题报道",概念内涵是指新闻报道中,主要涉及个体德性和德行、人与人利益关系的应当性判断的报道题材;概念外延是指新闻中涉及的各类道德和伦理现象的报道,包括诸如消息、专稿、评论等各类新闻报道体裁和报道形式。由于伦理话题常涉及价值判断,因而本书所提到的"新闻报道",除了包括通常所指的消息、专稿两类体裁外,还加入了评论这一体裁,这样才能比较完整地展现媒体对伦理话题的观点和倾向。

根据不同标准,本书涉及的伦理话题主要有三种划分方法。一是按照新闻体裁,分为消息类、专稿类、评论类伦理话题。二是按照伦理问题的指向,分为个体道德类伦理话题和社会伦理话题。社会伦理话题依据涉及的领域,又分为经济伦理话题、政治伦理话题、家庭伦理话题、科技伦理话题、环境伦理话题等。三是按照私人空间和公共空间,分为个体道德类伦理话题、家庭道德类伦理话题、公共道德类伦理话题。本书关于新闻伦理话题的论述,是以个体道德和社会伦理话题为基本类型分章进行研究的。

二、新中国成立以来我国的伦理建设及媒介报道流变

(一)新中国成立后我国伦理道德的主要类型

通过整理相关资料可发现,我国公民伦理道德建设在新中国成立后经历了四个变化:(1)共产主义道德;(2)中国革命道德;(3)社会主义道德;(4)公民道德。

共产主义道德是指以马克思主义科学世界观为指导的、与以生产资料公有制为基础的社会形态相适应的、以集体主义为基本原则的调整人们行为的道德规范体系。共产主义道德主要规范有:完全彻底为人民服务,热爱社会主义祖国,树立共产主义劳动态度,热爱科学,爱护公共财物。中国革命道德萌芽于1919年五四运动前后,发端于中国共产党成立以后的蓬蓬勃勃的伟大工人和农民运动,逐步形成并不断发展光大。社会主义道德是社会主义意识形态的基本内容之一,是符合中国国情,尤其是符合社会主义初级阶段实际的道德,其道德的社会阶段特征十分鲜明。2001年9月,中共中央印发的《公民道德建设实施纲要》(以下简称《纲要》)第一次提出公民道德的概念。《纲要》提出"爱国守法、明礼诚信、团结友善、勤俭自

强、敬业奉献"20字基本道德规范，同时还提出了社会公德规范、职业道德规范和家庭美德规范，形成了一套完整的公民道德体系。公民道德规范是与建设社会主义民主法治国家目标相一致、与社会主义市场经济相适应的道德规范，是全体公民普遍认同和自觉遵守的行为准则。从共产主义道德规范到公民道德规范转向，体现出我国道德建设已由个人美德伦理向普适的规范伦理转型。

（二）伦理变迁视角下的新闻报道功能流变

改革开放前，围绕着绝对集体主义价值观，以鲜明的阶级意识、一贯的一元价值观指导社会生活，新闻报道成功地塑造了一批典型人物，雷锋、焦裕禄、时传祥成为时代的榜样。在这个过程中，媒介在社会观念领域居于权威地位，是党和政府的耳目喉舌。改革开放以来我国新闻媒介与社会伦理道德相关的报道的发展历程可分为三个阶段。

第一个阶段是20世纪80年代中期至20世纪90年代初。这一时期的媒介报道在观念领域依然居于指导地位。在思想领域，媒介主动开展"思想启蒙"。这与改革之初的社会现实相一致：社会变革舆论先行，全社会迫切需要打破"左"的枷锁束缚，让适应改革开放的理论和价值观深入人心。这一时期与价值观相关的报道问题宏大、视角开阔、具有思辨性。伦理道德层面比较侧重人生观、价值观的讨论。其中，最引人关注并起到社会观念引导作用的是由媒体引导的与价值观有关的全社会大讨论。

1982年8月5日，《光明日报》刊登第四军医大学学生张华为救一个农民而牺牲的报道，并配了编后的《社会主义文明的赞歌》。10月，《文汇报》副刊收到读者"多言"的来信提出，作为一名大学生，张华应懂得自己生命的宝贵，要用自己有限的生命为国家创造大于本身价值的价值，而不是去换取一个69岁老农的生命；拿金子去换取等量的石子，总是不划算的。11月9日，《文汇报》开展了对"大学生冒死救老农值得吗"的讨论。20天内，《文汇报》收到来信4 500多件，三分之一来自高校学生。有人认为，张华救人的思想可以称赞，但为救一个农民牺牲不值得；也有人认为，这不是马克思主义所倡导的，而是一种掩盖着的宗教信仰；还有人说，假如我是张华，我就不下去救。因为，救人也有限度，只能在自己力所能及的范围内进行。争论的过程中，主流媒体反复使用"共产主义理想"、"献身"、"雷锋精神"等关键词。

社会对张华救人事迹的讨论，暴露了很多人的功利主义价值观和高低贵贱的阶层意识。这次讨论澄清了一个根本问题，即在人的生命权利面前，个人和个人之间是没有高低贵贱之分的。对人的生命的维护，是我们共同的道德准则。据此可以说，张华为践行这一准则做出了榜样，他是值得的。

在今天看来，20世纪80年代新闻媒介主导的关于价值观的大讨论，是由计划经济向市场经济转轨前的思想启蒙。多年后《中国青年报》记者张伟建总结那时的深度报道时说："无论是分析研究性的深度报道，还是充分信息化了的深度报道，由于它们的时代性，都或多或少地带有启蒙的特征。尤其是20世纪80年代中期对体制的呼唤，对新观念的钟情，都使这些报道带有很强的启蒙性（启蒙的意义）。应该说，报道，尽管是深度报道，带有这样的属性，是偏离了报道的文本意义的。但是，新闻从来都是在需要中产生的。读者需要，而我们的其他传播手段又不提供（如社论和评论），或者很难提供这样的启蒙信息，一些善于运用理性思维的记者，就在本来已经很沉重的深度报道中，附加了更加沉重的启蒙性信息。"这段总结虽然针对的是深度报道，但基本上涵盖了20世纪80年代中期中国新闻媒体就观念领域问题所做报道的总体特点。

总结20世纪80年代的媒体报道，可以看出媒介是主动发现，甚至引导了社会价值观（包括伦理观）的变革的，并试图在个人与集体之间寻找平衡点。虽然确实如有关研究者所说，由于时代的局限有些讨论难以深入，但还是彻底打破了极"左"的思维方式，对社会变革做了初步的思想准备。

第二个阶段是20世纪90年代。这一时期新闻媒介对社会现象和问题的报道较少落脚于道德观念领域。综观20世纪90年代的报道，虽然新闻媒介仍旧关注价值、道德层面的问题，但在数量和深度以及社会影响力方面，都与80年代不可同日而语了。20世纪90年代中国改革从观念层面进入日益深化的机制、体制层面，政治文化从追求激进观念转向寻求渐进观念。这种细微处着眼、渐进性推进的务实作风对新闻媒介报道理念产生了直接影响，新闻报道从最初的传者主导的知识分子式的思想启蒙进入了受众主导的服务公众的实用阶段。20世纪90年代后期由电子媒介引领的舆论监督报道的迅猛发展，将媒介注意力更多地引向社会结构、社会制度漏洞，媒体较少主动开展价值观领域的讨论。在这个阶段，关于伦理道德领域现象的报道比较集中于市场经济发展带来的"义利"之争，阐释市场经济条件下的"利"的合道德性，探讨个人与集体、效率与公平是否有融合的可能。而对于个体道德，尤其是终极理想方面的问题，媒体表现得比较被动。比较有代表性的是关于徐虎、李素丽等劳动模范的报道。在这两个典型人物报道中，媒体普遍既"提倡奉献精神，又肯定人们的世俗要求"。《经济日报》对徐虎的报道称："做了好事还要自己贴钱，这在以前的雷锋眼中并不稀奇，而在市场经济环境下的徐虎眼中却行不通，因为徐虎首先是个普通人，要生存，生活有保障，才能为更多人做好事。"[1]《北京日报》对公交车售票员李素丽的报道，强调的是"岗位作奉献，真情为他人"的精神风貌，着重展现她给乘客真诚的服务及乘客回报给她的爱心。同以往强调无私奉献的个体道德不同，这次媒体更多的是从市场经济条件下的职业道德入手。

第三个阶段就是进入2000年以来，随着中国社会转型的重心从经济领域转向文化传播领域，社会转型的难点转向社会结构层面、文化建设层面。我们发现，社会结构转型之后，社会观念领域建设的震动状态已经直接制约了生产力的发展和经济的发展。长此以往，这种情况必然会对中国的发展造成难以弥补的损失，甚至造成整个社会转型的失败。

社会发展现实再次向中国的新闻媒介提出要求：新闻媒介对社会观念层面的报道，不能仅仅停留在具体问题的解决层面，而是要从具体问题的观念引导发展到国家民族的"文化重塑"和"观念整合"，可以说新时期的思想启蒙再次来到。当然这次的"启蒙"与20世纪80年代政治意味浓厚的启蒙不同，这次是在整个国家寻找和谐社会中的伦理共识背景下发生的。同时，这次媒体对伦理问题的关注裹挟着商业化、世俗化社会思潮的推动。笔者认为，与20世纪80年代"启蒙"报道的整齐划一相比，当前的传播格局中，不同类型新闻媒体代表的伦理文化出现了碰撞和摩擦，新闻媒介和新闻从业人员在解读伦理问题时，出现了一定程度的力不从心和相互冲突现象。至于这一判断能否成立，以及2000年以来，新闻媒介是否有意识地适应了文化转型的这一需要，又是如何进行伦理问题报道的，恰恰是本书所关注的问题。

三、新时代社会背景下新闻媒体在伦理重建过程中的社会责任

在40多年的改革开放进程中，中国经济取得了举世瞩目的成就，但也出现了一系列社会问题，而且同别的国家与地区相比，中国现阶段社会问题的种类很多、很齐全，处在一种并发状态。概括起来，既有关系到社会稳定的失业、社会治安、贪污腐败、"三农"、地域和社会阶层间的贫富悬殊问题，又有关系到民生问题的社会保障、医疗、交通、教育等问题，关系到社会价值和社会伦理的价值失范、婚恋观、代际冲突、奢侈消费、科技道德、官民关系、环境污染等问题，关系到社会心理的全社会普遍心理焦虑与各种心理疾病等问题。这些并发问题如不能得到及时解决，会使中国社会风险不断累积，以至于陷入危机。在这种社会背景下，

---

[1] 盛芳.道德转型背景下的人物通讯写作[J].零陵学院学报，2004(5): 89-91.

在经济发展已经积蓄了一定实力的基础上，中国社会矛盾也随之进入上升期。和谐社会是中国的未来发展方向，在这样的社会环境中，人与人、人与自然、人与社会、人与自身的关系都要处于良性互动和协调发展的状态，这就要求道德伦理建设以社会公正和社会发展为基础，建设与和谐社会目标相一致、与中华民族传统美德相承接的当代中国道德伦理体系，构建共享的道德伦理观，促进伦理整合，引导伦理共识的形成。

在这一背景下，让我们再次审视新闻媒体的社会责任。新闻媒介要承担社会责任，可以说是世界新闻事业发展的过程中各国新闻业的共识。第二次世界大战之后，美国的新闻自由委员会出版了《自由而负责任的报刊》，集中阐述了社会责任理论。社会责任理论认为，报刊要对"良知和社会道德负责"，必须承担社会责任，新闻自由以社会责任为规范，要对其所服务的公众和社会负责，报道新闻要正确而有意义。而社会主义国家更是一贯"强调新闻媒体的社会责任是指新闻媒介和新闻从业人员在社会活动中对社会安定、国家安全和公众心智健康所承担的法律、道德责任和社会义务"。

近年来，在发展传播学领域，学者们对新闻传播在国家发展中的功能进行了总结，大致包括信息传递功能、守望社会环境功能、社会动员整合功能、决策制定与执行参与功能、塑造现代人格功能、科学教育娱乐功能。

综上所述，在中国当代社会发展过程中，新闻媒介作为社会文化系统的组成部分，应通过新闻报道解疑释惑、引导观念、监督舆论、交流观点等手段承担社会责任。具体到社会转型中的伦理问题，针对当前种种伦理失范的社会表征，新闻媒介在推动中国社会伦理重建的道路上，主要承担以下三方面责任。

（一）推动主导价值观的确立，明确社会共享价值观，树立道德理想和信念

所谓主导价值观，就是制约社会伦理的整体性的价值中枢，在社会伦理体系中占有主导地位的价值观。随着我国工业化、市场化、城市化进程的加快，社会结构开始由一元的共同体社会向多元的集团（社团）社会转变。传统的一元伦理，即整个社会中推行的单一、排他性的伦理规范，走向了多元伦理。因此，当前我国社会成员间很难拥有同一理想、价值观、道德评价标准。价值观的多元化是社会进步的标志，但价值观多元化并不意味着价值导向的多元化。如前所述，伦理冲突是主导价值观没能及时确立造成的，任何社会中都要有主导价值观，只有当多数社会成员具有共同的价值建构时，才能保证社会观念的稳定性，否则社会的整合和稳定就会被削弱。在文化日益多元化的当代社会，主导价值观的确立、道

德理想信念的培育，是不能采用强制和灌输手段的，只能靠倡导的手段，而媒介是宣传和倡导价值观念最有力的手段之一。

当前我国的主导价值观可以概括为"以多赢为目的、义利并重的新集体主义价值观"。和谐社会建设强调的是兼顾各方利益，在义利关系层面，实现国家、集体、个人共赢，而不是通过牺牲一方使另一方得益。对于这种新型的义利观，《中共中央关于加强社会主义精神文明建设若干重要问题的决议》进行了完整的、科学的论述："建立和完善社会主义市场经济体制，必须紧密结合改革和发展的实践，健全社会主义法制，加强精神文明建设，引导人们正确处理竞争和协作、自主和监督、效率和公平、先富和后富、经济效益和社会效益等关系，反对见利忘义、唯利是图，形成把国家和人民的利益放在首位而又充分尊重公民个人合法利益的社会主义义利观，形成健康有序的经济和社会生活规范。"有专家评价这一新型价值体系是"以个人与集体利益关系为轴心，以互利互惠为前提，以公平和公正为杠杆，以功利原则为动力，以奉献精神为导向，以竞争务实为实现手段，以人民群众的根本利益为评价标准，以共同富裕为现实追求，以共产主义为价值旨归，实现了个人与集体的完满结合和高度统一"。❶

首先，新集体主义伦理观实现了功利与道义的统一。社会主义义利观是在"充分尊重公民个人合法权益"的基础上，强调"把国家和人民的利益放在首位"。实现个人利益与集体和国家利益的和谐统一，个人利益的获得依赖于一个公平、和谐、有序的社会环境。"引导人们正确把握奉献的主导性与索取的合理性这一人生价值取向的首要结合点。"承认个体对利益的追求，鼓励通过劳动获得利益。换言之，个人首先要奉献社会，然后向社会合理索取，同时社会将根据个人的奉献给予其相应的回报。这一新型义利观奠定了当代中国新集体主义主导价值观的基础。

其次，新集体主义伦理观认同个人利益和个性自由要求，关注人的本质，不赞同个体失去独立人格和自我价值。

最后，新集体主义伦理观部分肯定了市场经济价值观的利益本位、效率优先、张扬个性的一面，提倡效率优先、兼顾公平，把"利益取向上的个人与社会的统一看作社会主义价值观根本的内在要求"，"要求人们在目的与手段、权利与义务、享受与奉献、自由与纪律的高度统一中寻求个人利益与社会利益的有机结合"。

如果说新集体主义伦理观是当代中国的主导价值观，那么新闻媒体还要积极确认和培植全社会最大范围内的共享价值。伦理价值是个人和集体的行为、品质

---

❶ 王岩. 试论社会主义市场经济条件下的集体主义重构[J]. 哲学研究，2003(3)：10-14.

对他人和社会具有的道德上的意义，不同的社会和阶级具有不同的道德价值观。如前所述，由于当代中国社会处于农业、工业、后工业社会并存的社会经济状态，出现了三种并存的伦理价值体系。

第一种是与自然经济和农业社会相适应的，几千年来形成的以血缘关系为纽带，以儒家文明为代表的亲亲—爱人—爱物的伦理价值体系。第二种是与市场经济和工业社会相适应的，以秩序、自由、平等、竞争和获得利益，促进社会个体的共同发展为基础的伦理价值体系。第三种是与知识经济和信息社会相适应的，以人格的尊严的享有，人的价值的实现，人与人以及人与自然和谐相处，人的内在德性的完善和人的全面发展为基本价值尺度和评价标准的伦理价值体系。

比较这三种并存的伦理价值体系，可以看出在社会矛盾比较集中的转型期，儒家伦理中的"爱人"，市场经济伦理中的"平等"，知识经济时代强调的"尊严"、"和谐"，是比较符合时代发展需要的伦理观。在当代中国社会，无论持有何种伦理价值观的人，都能够认同"公正、平等、尊严、幸福"是和谐社会建设的目标，这些目标是三种伦理价值体系的交集概述。因此，可以将这些标准作为社会共享价值观。

（二）推动社会公德建设，重建社会交往的规则和信心

2001年9月颁布的《公民道德建设实施纲要》（以下简称《纲要》）中规定："社会主义道德建设要坚持以为人民服务为核心，以集体主义为原则，以爱祖国、爱人民、爱劳动、爱科学、爱社会主义为基本要求，以社会公德、职业道德、家庭美德为着力点。"《纲要》中道德建设的范畴不是个体，也不是国家，而是社会伦理。对社会公德、职业道德、家庭美德的强调，体现了我国伦理生活格局的转型——由私德型伦理向公德型伦理转化、由身份型伦理向契约型伦理转化。

新的社会环境中人与人之间的交往规则还不完善，这造成了人们行为选择中的无所适从和互相防备。"形成一种新型的现代人际关系——合作关系。这种新型的人际关系反映到信用道德层面上，人们逐渐形成一种共识：道德应以现代市场经济和现代文明规范为基础，这些规范包括自由、平等、尊重人权、遵守社会公德、公平竞争、依法守法等。"❶ 亨廷顿在《文化的重要作用——价值观如何影响人类进步》一书中指出，一些发展中国家存在的腐败现象与社会信任度有关。"在进步文化中，人们彼此之间的认同和信任半径超出家族范围扩展到广大社会。在停

---

❶ 湖北省社会科学院课题组.信用、权威与青年道德人格的培育：社会主义核心价值体系大众化的道德维度[J].社会主义研究，2010(5): 23-28.

滞文化中，家族局限着社群。认同和信任半径狭小的社会较易出现腐败、偷税漏税和任人唯亲现象，较难推广慈善活动。"因此，新闻媒介最迫切的任务首先就是对社会公德和职业道德规范进行监督和知识普及。其次，推动制度伦理建设，使公平、平等、正义成为制度建设的前提，通过制度建设保障社会环境的健康发展，进而帮助公众恢复对社会公平和正义的信心。

（三）建构与和谐社会相适应的现代人格，消除消极伦理影响

和谐社会的基础是和谐的道德人格建设。罗马俱乐部创始人、发展学家雷里奥·佩西在《人的素质》中把人的发展看作维持社会发展的根本途径，他说："我们必须赶快从需要适应发展的概念转到以人为基础发展的概念之上，它的首要目标是人类的独立完成。"在传统人格失效、现代人格失范的背景下，为公众提供具有现实针对性的、可模仿的时代榜样，依然是新闻媒体的重要任务。此外，社会转型期观念领域的混乱，使各种消极伦理观甚嚣尘上，新闻媒介有澄清思想、辨别真伪的责任。

常见的消极伦理有以下两种。

一是传统伦理中的消极伦理。中国传统伦理中有很多积极的成分，张岱年、方克立在《中华文化概论》一书中，概括了十大传统美德：仁爱孝悌，谦和好礼，诚心知报，精忠爱国，克己奉公，修己慎独，见利思义，勤俭廉政，笃实宽厚，勇毅力行。这些积极成分至今在各类新闻报道中还常被用来当作为人行事的原则。但与此同时，我们的传统伦理中还有很多消极伦理，主要有三种表现。

（1）禁欲主义倾向。"存天理，灭人欲"形象地概括了中国传统伦理观，把欲望当作一切祸患的根源，通过压制人的欲望实现道德完善和社会治理。（2）等级观念严重。"三纲五常"是中国传统的伦理秩序，社会道德秩序建立在不平等的基础上，个体的尊严和个性受到剥夺和压制。（3）义务伦理。具体表现有"一是追求道德行为动机的纯粹性，'把人们视作幸福成分的一切都排除于行为动机以外'（康德）。二是将道德等同于自我牺牲，牺牲个人利益似乎成为成就道德的唯一途径。三是实行盲目的集体主义或者是无条件的集体主义。而不论这种集体是'个人作为个人参加的'、个人与集体的根本利益相一致的'真实的集体'，还是个人作为隶属物参加的、只为少数人服务的'虚构的集体'（马克思）。认为个人损害集体利益不道德，但不认为集体损害个人利益不道德"。❶

二是西方伦理和现代市场化中的消极伦理。市场经济的平等、尊重、积极进

---

❶ 朱贻庭.伦理学小词典[M].上海：上海辞书出版社，2004：17.

取精神，是其伦理积极性的一面，反过来也有一些消极伦理需要警惕，这些消极伦理现象在理论上可以被称为道德相对主义。道德相对主义又被称为伦理相对主义，是一种用相对主义观点认识和解释道德本质与道德判断的伦理学理论。断言道德观念和道德概念具有极端相对性和条件性，否认在道德发展中存在着具有普遍性和规律性的客观因素，把不同民族的习俗和风俗中的多样性和变动性绝对化。道德相对主义的实质是夸大道德的相对性，否认道德的客观性、真理性和普遍性，因而导致道德上的怀疑主义和虚无主义。否认一切人类社会道德形态的理论和态度。现实中的道德虚无主义表现为无政府主义、极端个人主义、享乐主义、消费主义和厌世主义等。道德虚无主义往往是社会变革和动荡时期的产物，是在否定传统道德和文化时出现的一种极端趋向。

所谓功利主义，指以实际功效或利益为道德标准的伦理学说。功利主义认为人的行为完全以快乐和痛苦为动机，合乎道德的行为不过是使个人快乐的总和超过痛苦的总和的行为；人类行为的唯一目的是追求幸福，促成幸福是判断人的一切行为的标准。所谓物质主义，指以物质生活为生活的第一和中心要义，强调物质利益的极端重要性，主张致力于物质享受，并以物质生活资料判断善恶是非的理论观点和思想学说。物质主义忽视甚至全面否定精神文化和道德伦理的价值，认为相对于物质或物质利益而言，精神文化和伦理道德是多余的、无用的，甚至是有害的。

第三节 正义的诉求

历史学家查尔斯·比尔德（Charles Beard）曾经写道，媒体的自由意味着"有权利选择正义或非正义，党派或非党派，正确或谬误，新闻专栏或社论专栏"。[1] 现在很少有人还能对如此积极的自由主义保有信心。当前众多的疑虑在于，在一个充满谬误的市场中，真理能否出现。当前媒体人士和传播学者倾向于一个更有反思能力的媒体，一个意识到重要社会责任的媒体。但是，充分服务公众是一个很难达到的目标，其中最复杂的是社会正义问题。20世纪报刊自由委员会（The

---

[1] BEARD C. St.Louis Post-Dispatch symposium on freedom of the press[M]//RIVERS W, SCHRAMM W, CHRISTIANS C. Responsibility in mass communication. New York: Harper & Row, 1980: 47.

Commission on Freedom of Press）要求媒体展现"一个社会组成群体的真实画面"。这个委员会坚持认为少数群体应该得到尽可能多的认真对待，它还斥责那个时候的媒体在这方面的软弱令人沮丧。

一方面是少数利益，另一方面是不受约束的言论自由，人们通常认为这两者之间会发生冲突。媒体的自由是在宪法第一修正案中确立的。因此，对于自由社会来说，这个自由仍然十分重要。媒体从业者因此倾向于在各个方面都保持独立姿态。只要有人要求媒体承担责任，在这里是对各种社会目标的责任，媒体的独立性就会在某种形式上受到限制。显然，主要的担心还是来自政府的干预，但是一切呼吁媒体进行特别关注的行为都值得怀疑。

媒体对社会正义的责任具体有多大？虽然这个问题仍存有争议，但是已经取得的共识是显而易见的。19世纪的废奴主义编辑为了正义而战，尽管他们的个人安危受到了威胁，印刷机被扔到了河里，印刷厂被愤怒的读者付之一炬。20世纪60年代，电视和黑人运动合作，为民权斗争提供了帮助。

本节介绍了有关社会正义的问题，它们的规模等级不同，却都是涉及社会正义的典型问题。在所有的案例中，迅速反应的媒体所起的作用被视为关键性因素。四种情况都假定社会真正关切的问题十分危险，不仅仅是权高势重的特殊利益集团和追求个人目的的威权政府。每一个案例都是关于弱势群体的。在所有案例中，记者都感受到一定程度的责任。尽管媒体的反应有时候十分微弱，但是在这些情况下记者没有轻易放弃任何一个值得奋斗的目标。

社会伦理学家通常对正义表现出强烈的责任感。我们在这里采用这个原则，并努力将它运用到复杂的情况中。最激烈的战斗通常发生在中等范围的问题上，这是媒体人士和整个社会共同面对的问题。比如，从政者可能会感觉到有特殊的责任去代表投票给他们的选民或者至少生活在他们选区的人的利益，媒体是否也从用户和观众那里获得了类似的授权呢？媒体是否拥有合法的用户职责，还是只作为一种媒介、一种信息和多种意见的通道才能最好地为民主生活服务？同样的道理，媒体应该只是真实反映事件，还是提供路线图把观众引导到目的地？我们所认为的某个具体的媒体所应拥有的那种对社会正义的责任，取决于我们如何回答这些有关媒体的适当角色和职责的调适问题。

案例

一个隐藏的美国：山里的孩子们

2009年2月一个星期五的晚上，ABC的《20/20》节目播出了《一个隐藏的美国：山里的孩子们》（以下简称《一个隐藏的美国》），超过1 000万观众收看了这个节目。这是《20/20》播出5年来收视率最高的节目。节目开始是多个阿巴拉契亚画面的蒙太奇——很让人担忧。主持人黛安·索耶的声音随即出现在视频中，描述了该地区的人民和历史，她用一个问题作为节目的开端：

那么，为什么如此多的人们落在了后面？今晚我们带你去美国最穷的地区之一。那里男人和女人死亡的年龄低于别处的，那里的人们长期受吸毒、癌症、掉牙、酗酒、抑郁的困扰。但是，山里每个地方都有很多充满勇气和希望的人们。

更多的图像、剪辑跨越时间和地点。一个不同的声音说："我们需要对这些人重新投资。责备人们贫穷很容易，难的是找到下一步做什么。"小屏幕出现了，然后索耶出现在这个地区的地图前。在接下来的一小时中，她通过年轻人的故事勾勒了一幅阿巴拉契亚中部的特写。

肖恩是一位具有"狮子意志"的高中橄榄球明星，他睡在卡车里，在朋友家洗澡，梦想通过体育奖学金"走出去"，把愤怒攒下来发泄在周五晚上的球场上。他大多数时间不在城外山里的家中。他的家人一度因为乱伦和虐待而痛苦。

12岁的考特妮和11位家人住在一个很小的房子里，她的家人每个月靠食品券支撑度日。她的母亲30岁了，是一个康复中的瘾君子，每天步行8英里去进修她的高中同等学力课程。49岁的奶奶为她们两个祈祷。观众看到考特妮的叔叔将百事可乐倒进考特妮妹妹的吸管杯中，她的妹妹只有两岁大。

一句旁白后，观众的视野回到大图像中。我们可以看到，索耶得知在东肯塔基州的奥斯康定药卖到120美元一片时，显得很震惊。在这个甲基苯丙胺和止痛片成瘾的地区，奥斯康定药片是人们的首选。一个药商在被戴上手铐带走时说，这件事关乎"生存"，而不是在伤害购买者。

埃丽卡现在11岁了，她在5年前曾出现在当地新闻节目里。她的母亲也在与止痛药上瘾作斗争。在清醒的时候，妈妈说："我很抱歉，你要承受这一切。"埃丽卡回答说："没事的，妈咪。"但是在那一刻她仿佛已经活过了好几辈子。她的母亲从法庭强制治疗回来后，再一次嗑药。黛安·索耶追上在当地街道上闲逛的埃丽卡，委婉地问她："为什么妈妈要这样做？""疼痛。"埃丽卡答道。

第七章　全媒体时代的新闻伦理重建

接着是一些令人振奋的内容。索耶去了玛德·克里克诊所，这是一个由尤拉·霍尔开办的诊所，每年接诊 19 000 人。人们根据自己的能力付钱。霍尔还准备了一支枪来保护药店。另一个"英雄"埃德温·史密斯是一位牙医，他开着一辆自己出资的移动诊所在这个地区巡诊。"成见深植于事实中"，他的大部分工作是治疗所谓的"百事激浪嘴（Mountain Dew Mouth）"。❶

19 岁的杰里米是一个矿工学徒。由于有一个孩子要出生了，而且要照顾家庭，他放弃了成为一名军队工程师的想法。在这个地区，只有十分之一的人拥有大学学位，但是矿工一入行就能挣到 6 万美元的年薪。这很危险，但是美国所用的能源几乎有一半来自煤炭——西弗吉尼亚州供给其中的 16%。索耶进入一个煤矿，并和矿工们交谈。矿工在说话时扫了一眼站在旁边的煤矿管理人员，他们的回答很谨慎。

同一时间，肖恩离开那里去了大学，获得一项橄榄球奖学金。但是两个月后，他显然没有足够的钱留下。他很孤独，决定回家。杰里米由于有稳定的薪水，得到了一笔贷款，为家人买了一套房子。在结尾处，《一个隐藏的美国》提出一些在教育方面的想法和在这个地区使用联邦（经济）刺激资金的可能性。索耶的结束语是让观众到 ABC 的网站去寻找可以帮助阿巴拉契亚儿童的组织。

观众蜂拥而至。到第二个星期一，ABC 的网站上有来自全美的 1 600 条评论。一周后，《20/20》有一个简短的更新。它主要是更新了纪录片中的故事，深入分析了人们的反应。肖恩得到了另一个机会，得到另一所学校提供的全额资助，并获得了更多的支持。热心的公民寄去了衣服、食品，还为杰里米的新生儿寄去了婴儿车。埃丽卡得到了一项教育信托基金的支持。州长表示，肯塔基州将会从联邦政府的经济复苏计划中得到一笔 30 亿美元的资金用以配备更多的计算机，帮助阿巴拉契亚的孩子有能力与其他国家和地区的孩子竞争。起初，百事公司在片中宣称"这是一条不负责任的老掉牙的新闻"，后来也决定捐赠一辆移动牙医诊所给史密斯医生，并表示将在动员志愿者、技术人员和牙医方面提供帮助。

辩论迅速爆发了。就在《一个隐藏的美国》播出当晚，《奥赖利实情》（The O'Reilly Factor）播出了对黛安·索耶的访谈，主持人比尔·奥赖利表示悲观："我们真的做不了什么，他们的父母是酗酒者。"全美的报纸、电视台、电台和其他媒体从不同的角度讨论了这个问题。一个当地人在 YouTube 上上传了一则来自肯塔基州佩恩茨维尔 WSAZ 电视台的新闻，把约翰逊中心高中，即肖恩的母校描述成

---

❶ 一种由饮用苏打水引发的牙齿病。

本周"酷学校"。它详细介绍了约翰逊中心高中几百万美元的发展计划、新的计算机实验室和世界一流的工作团队。获奖记者和 WYMT 电视台（肯塔基州哈泽德市）的新闻主任尼尔·米德尔顿权衡了两个方面，经过一番思考，他认为 ABC 原本可以用一些当地已取得的成就平衡它的报道。

但是，如果我们诚实的话，就必须承认纪录片中的图像是真实的，有时候真实会让人不舒服……我们真的因为黛安·索耶报道了一个严重的问题而生气？还是因为有人提醒了我们宁愿忽视的图像真实存在？

仅仅一年之后，2010 年 3 月，ABC 因《一个隐藏的美国》而获得皮博迪奖（Peabody Award），这被认为是电子媒体行业中的最高荣誉。

《20/20》特别节目结束后，尼尔·米德尔顿和其他很多媒体内外的人们一起表示，在《一个隐藏的美国》中，不仅仅是准确和成见的问题，还有更多紧要的东西。米德尔顿承袭哈里·戈尔登，在他的反思中加入了对正义的呼吁：在这个具体案例中，记者的责任超越了仅仅对事实的报道（尽管，如他写道，正确地做到这一点仍然重要），要达到道德高度。阿巴拉契亚居民的刻板印象问题肯定是具有价值的，对黛安·索耶的更深批评表明，尽管已获得皮博迪奖，但《一个隐藏的美国》并没有达到米德尔顿的标准。

索耶辩护说，在介绍中，她的确在努力明确一点，即她谈到的是阿巴拉契亚中部 220 万居民中生活在贫困中的 50 万人。她的语气和做法大多被看作是充满激情的。毕竟，像她在前面提到的："我们要带你去美国一个我喜爱的地方：我的家乡肯塔基州。"这是一个历经两年的项目，工作团队在该地区的行程超过 1 400 英里；但是整体的感觉是节目没有立足于那些社区，跟那些社区没有建立多层次的联系，没有理解那些社区。正如在西弗吉尼亚州土生土长的阿巴拉契亚作家贝蒂·多森－刘易斯所说的：

当索耶的纪录片结束时，我想，或许一个小时对于探索这样一个复杂的问题来说是不够的。但是我很好奇，为什么索耶没有探究贫困的原因和使这些地方陷入贫困循环的原因。

为什么，她问道，没有给想要提供帮助的人们提供指导，为什么没有更好地报道煤矿的场景，比如山巅移除（mountaintop removal）采矿，为什么煤炭经营者对他们的社区毫无贡献。

尽管纪录片简要地提到了一些历史上的先例，比如林登·约翰逊总统 40 多年前在东肯塔基州向贫困宣战，还有鲍勃·肯尼迪随后的激进主义政策，《一个隐藏的美国》没有回答它自己预设的问题：阿巴拉契亚人是如何落后的。农村新闻与社区问题中心（Center for Rural Journalism and Community Issues）主任阿尔·克罗斯在一个专栏中参考了尼尔·米德尔顿的观点，清楚地解释了这个挑战："当新闻解释问题遭遇公共政策问题时，它必须为解决问题提出建议。这是很多记者找到的该纪录片的缺点，长于感情，短于背景。"

一位对阿巴拉契亚有着深层了解且具有那里生活经验的文化史学家杰夫·比格斯更加直白地说道："索耶在《一个隐藏的美国》中隐藏了很多重要的问题。"对比格斯来说，这些问题深深隐藏在这个地区的历史、文化、民众、社会结构、传统、宗教信仰和经济中。背景中的首位是煤炭："谈到东肯塔基州的极端贫困，充满了没用的激情，索耶没有注意到房间里那头800磅的大猩猩。山巅移除采矿，它消灭了东肯塔基州的社区和经济。"尽管《一个隐藏的美国》提到了煤炭的重要性，讲到该片工作人员无法得到和健康问题有关的数据，如黑肺病，但是索耶与矿工唯一的现场互动是在公司老板在场时进行的。这怎么能期望矿工坦率发言，详细讲述他们面临的艰辛、问题和危险呢？社会正义的方法亟须更深层次的分析。

由于我们考虑的是一个批判性的、以正义为基础的视角，另一事件可能帮助我们的理解。在 ABC 宣布《一个隐藏的美国》获得皮博迪奖过后仅仅 5 天，2010 年 4 月 5 日，西弗吉尼亚州蒙卡尔姆的 Upper Big Branch 煤矿发生巨大爆炸。接下来，发现 25 名遇难矿工，救援人员努力寻找剩余 4 名被困于西弗吉尼亚南部煤矿中的矿工，全美国连续数日观看了救援行动。粗略地说，这是一个真正的故事——那种能够增加发行量、建立声誉的独家新闻。英勇的救援者，没有同情心的老板（民意广泛认为他们是冷酷的恶棍），违反安全条例的典型，在一个继续满足美国几乎一半能源需求的产业中，运行着生命和几百万美元的资金。

很多全国性新闻媒体对类似的基本问题轻描淡写，但是一些报道却努力提供对蒙卡尔姆矿难的多方面、多层次的处理方式。在悲剧过后一阵紧张的报道中，官方观点在政府官员、政客、企业发言人、矿工、老板和投资人之间摇摆不定，《查尔斯顿邮报》由于其不屈不挠的调查性报道，对事实的执着投入和对阿巴拉契亚人的生活和煤炭行业的丰富了解，发出了独特的声音。小肯·沃德是该报环境问题和煤炭行业方面的荣誉和资深记者，灾难过后一个月，他和同事从一切可能的角度报道了 Upper Big Branch 的几十个故事。很多记者至多回溯过去 10 年的历史背景，而该报的报道可能上溯到 50 年甚至 100 年前。在尊重失去 29 位至亲的家庭的前提下，记者使用了法律处分文件、政府档案、访谈纪要和多种信息来源。或许，在小肯·沃德 2007 年接受访谈所表达的两个观点中，我们可以找到这个视角的重点：

除了少数例外，记者大都忘记专家在一个问题上的价值和记者能够专门从事某些事情的价值。事实上，我花了好多时间研究这些问题，我知道它的背景，要打电话给谁，文件在哪里。我们能做出比别人更多更好的新闻报道。

接下来，"这是和全国性新闻的记者不同的地方，他们是空降到西弗吉尼亚的。人们信任他们与否并不重要，因为他们做完一个报道就离开了。但是我们还要生活和工作在这里"。

值得一提的是，《一个隐藏的美国》播出后，很多记者和思想家开始回应米德尔顿的呼吁和他对黛安·索耶及其同事提出的问题，并进行了更有深度、更有创造力的思考，即使还不够全面。在特别节目的结尾，迪·戴维斯问道，我们为什么把银行的失败或其他大的社会问题看成系统性的问题，而把阿巴拉契亚的穷人看作"需要自力更生"的人？戴维斯开办了乡村战略中心（Center for Rural Strategies），这是一个设在肯塔基州的非营利机构，致力于为乡村生活和文化创造经济进步和更好的全国性讨论。其他一些编辑在回应《20/20》时参考了埃德·罗勒的观点，罗勒是肯塔基大学的教授和阿巴拉契亚专家，他在《20/20》后续节目的结束部分提醒观众："有很多方式去考虑山区的未来，与过去不同的方式，只要我们愿意去想象。"罗勒自己也在这样做。他进行了广泛的研究，最近出版了一本调查阿巴拉契亚与美国其他地方不平等根源的书，在此基础上，他赞成首先通过教育和医疗的分权来解决阿巴拉契亚的长期问题，另外他还提出了其他建议。对罗勒来说，"如果我们止步于慈善，就永远无法找到产生这些问题的深层原因。我们永远无法达到社会结构的'正义'"。

第八章　全媒体时代的社会责任

西方国家的经验和我国社会主义市场经济建立过程中的实践都表明，当市场成为调节人们利益关系最主要的手段时，不能指望以利益为核心的市场能自动调节社会的各种利益矛盾，伦理建构必须跟上经济结构的变化，否则伦理失范便会愈演愈烈。

武天林在《道德的失范与重建》中指出："自从人类历史进入商品经济阶段之后，人们对社会的道德状况普遍地产生了失望和担忧情绪，西方发达资本主义国家几百年来发展商品经济所造成的道德现状已是明证。尽管资本主义私有制度在其中起着推波助澜的作用，但使道德失范的根本原因还是商品经济这个更为广泛和深刻的基础。"在《世界伦理构想》一书中，瑞士著名学者汉斯·昆通过对近现代史的简要回顾和对国家社会主义、新资本主义等社会发展口号的深入剖析，指出："盲目地信任国家计划（如东欧）与盲目地信任市场经济自我调节的力量（如西方），都是没有道理的；市场供应与需求的力量并不会自动地趋向平衡，市场分析不能代替道德。"他认为如果没有道德，没有起着普遍约束作用的伦理规范，各国最终将会陷入一种社会危机，甚至导致经济和政治上的灾难。

笔者选取了当前经济伦理、家庭伦理领域比较新的问题进行分析，以期勾勒出新闻媒体反映市场经济条件下的社会伦理话题的现状和特点。

第一节　消费伦理传播探究

消费伦理是环境伦理学和经济伦理学融合形成的应用伦理学研究的新领域。伴随着世界范围内的生产力提高、经济迅速发展而来的，是消费进入了全球化时代，消费行为不仅仅是经济行为，其社会属性、文化属性越来越明显。近年来，随着环境破坏的加剧和资源短缺的日益明显，公众的消费观念、消费行为的伦理属性更加不容忽视。任何类型的消费观都是社会条件与经济发展相适应的产物，反过来也会对社会发展起作用。因此，美国著名环保理论家比尔·麦克基本说："消费主义是到目前为止最强有力的意识形态。"❶

我国经济快速增长带来的直接后果之一，就是居民的消费能力大大增强，而且这种增长是"加速度的"。这种爆炸性增长所带来的直接后果是，关于消费的伦理观念明显落后于消费增长的速度，各类消费伦理缺失现象集中出现，各种消费伦理观掺杂不清。以下笔者试图就当前我国新闻媒介如何报道消费现象和消费观念进行分析研究。

一、消费伦理

消费是使商品和劳务满足人们生活需要的活动。消费伦理是指导、调整消费者消费行为的价值观念、道德原则和规范的总和，主要研究个体道德价值观念和社会道德风尚对人们消费行为的影响以及人们应遵循的消费道德规范。在消费数量、内容和方式上，人们不仅受经济因素制约，同时也受道德价值观念和社会风尚的影响。消费道德对于人们的消费行为有重要的调节作用。

"消费伦理观是人们从伦理道德的角度对个人或社会消费活动的总的看法。消费伦理观作为社会意识的一部分，对消费活动有着巨大的影响。"在历史上出现过的消费伦理观有禁欲主义、纵欲主义、节欲主义和消费主义伦理观。

所谓禁欲主义消费伦理观，是把物欲视为私欲、罪孽和反道德的东西，认为天理与人欲是截然对立、水火不容的，天理存则人欲亡，人欲兴则天理亡；主张抑制人们的消费欲望，否定正常的物质生活消费，甚至否定人们的消费愿望，否定消费需要和现实的、世俗的生活。中国古代的老子、古希腊的犬儒学派和斯多葛学派都是这一消费伦理观的代表。

所谓纵欲主义消费伦理观，是用纯粹的生物学的观点把人看成是自然的生物，把人的多种多样的社会性的需要仅仅归结为追求肉体感官的快乐，强调感官的快乐是善恶的标准，追求肉体的享乐是人生的唯一目的。与纵欲主义消费伦理观紧密相关联的是侈靡消费方式，即大量地、无节制地占有和消耗物质财富，满足消费欲望。在伦理意义上，奢侈消费使人们的价值目标错位。奢侈消费易使享乐主

---

❶ [美]比尔·麦克基本.自然的终结[M].孙晓春,马树林,译.长春：吉林人民出版社,2000.

义、物质主义、利己主义、虚无主义盛行，使勤奋努力、利他主义等精神得不到发展。

所谓节欲主义消费伦理观，是指作为现实的人、社会的人，要节制自己的欲望。节欲主义在消费上表现为节俭消费，即节省节约，勤劳朴实，人们在消费时最大限度地节约物质财富，杜绝浪费和奢侈。

所谓消费主义伦理观，是指二次大战之后，在西方发达国家普遍存在的一种生活方式、文化态度和价值观念，其基本特征为"大众高消费"。在这之前的社会发展历程中，各国都存在挥霍消费的现象，但那只局限在某一社会阶层，即统治阶层或剥削阶层。而消费主义是社会大众的挥霍性消费，高消费不再仅仅是少数人的行为选择。在文化层面，消费主义把日益增长的消费物品和服务看成是至高无上的，并将其作为较高生活质量的标志，使高消费成为道德的、合法的、自然的和普遍的。严格说来，这种消费伦理观是一种异化消费。消费不是为了满足需求，而是为了满足心理需求，甚至是诱导消费欲望。消费文化范式包括以下几个分支：快乐主义、生活风尚、后现代主义和女性主义。快乐主义范式从大众消费的立场出发，对包括消费主义在内的大众消费进行了价值中立的分析，把消费主义看作是一种创造性的，寻求新奇、想象的快乐活动和浪漫伦理。生活风格的视角主要是布迪厄所奠定的，他强调消费生活是一种生活风格的体现，是一种结构性条件内化为主体的"惯习"结果，是不同阶层的品位在消费领域的实践。

二、我国消费伦理观的演进

"消费"这个词近年来越来越多地与时尚、快乐、创造等词联系在一起，但在古代，这个词的含义类似于浪费、耗尽。我国东汉时期的王符最早在《潜夫论浮移》中指出："既不助长农工女，无益于世，而坐食嘉谷，消费白日，毁败成功，以完为破，以牢为行，以大为小，以易为难，皆宜禁者也。"在这里消费等同于"浪费"。"消费"一词最早在英语中出现，也是含有"摧毁、用光、浪费、耗尽"等意的贬义词。可见在生产力不发达的古代社会，"消费"是个贬义词。"消费"这个词的内涵确实是随着生产力水平的逐步提高而不断变化的，在物质财富日益丰富之后，与人们的认识逐步变化有关。这种认识变化的过程是漫长而渐进的，限于篇幅，本书对我国消费伦理观理论研究层面的进展仅做简要的勾勒。

（一）中国"黜侈崇俭"的传统消费伦理观

恩格斯说过："一切以往的道德归根到底都是当时社会经济状况的产物。"我国自古就有的崇尚节俭的消费伦理，就是与我国生产力水平低下的社会经济状况直接相关的。节俭的价值观、道德观和规范对调节生产不足社会的社会关系起着重要作用：这一伦理观，在经济上可以一定程度地解决消费资料短缺的问题，在政治上有助于保持政权的稳定。而中国传统伦理思想中"重义轻利"的价值观，直接导致知识阶层耻于谈利，节俭被看作个人道德自律的体现，是道德人格的基础，而沉溺于奢侈享受中的人是无法追求高尚的道德精神境界的，勤俭美德成为自古相传的民族精神。最直接、最有代表性的表述是在《左传》中提出的，即"俭，德之共也；侈，恶之大也"。而在民间，"为富不仁"的意识和说法流传了千百年，甚至可以说这种认识直到今天仍然影响着很多中国人对致富和富裕阶层的看法。

（二）我国在市场经济发展过程中"适度消费"的消费伦理观

经济大国增长类型分为两类：一类是高储蓄率、低消费率、高出口依存度的出口主导增长型，另一类是高消费率、低储蓄率、低出口依存度的内需主导增长型。改革开放40多年来，中国这种出口主导增长型的经济方式遇到了越来越严峻的挑战。

在这一背景下，我国政府一直致力于通过扩大内需来拉动消费。这一阶段我们对消费的理解更多的是从促进经济发展的角度认识的，主张适度消费，既不赞成一味节约，也不赞成消费过度。近年来我国对适度消费的界定可以归结为两个方面。其一，适度消费的定性标准包括三个层次：生理标准——人们的消费首先要满足生理上的基本需要；经济标准——社会的消费力要与生产力发展水平相适应；社会标准——消费活动要满足消费者的心理需要和符合消费伦理。其二，定量标准，即适度消费的"度"的确定。从宏观上看，大致有以下几个方面：消费与积累的比例；消费水平的提高与国民收入增长速度的对比；消费水平的提高与社会劳动生产率指数的对比；收入、储蓄、消费增长的对比等。

（三）可持续发展时代的生态化适度消费伦理观

近年来，随着全世界对资源环境问题的认识不断深入，随着我国经济发展过程中资源与效率的矛盾日益突出，建设资源节约型、环境友好型社会成为当代中国的基本国策。既要"环境友好"，又要促进经济发展，这是当代中国经济发展中的一组对立统一的矛盾。生态化适度消费伦理观是建立在资源节约基础上的适度消费。在前述的适度消费强调生理标准、经济标准、社会标准之上，加入了生态标准。

1988年，英国两位学者艾金顿和海利丝出版了《绿色消费者指南》一书，第一次提出了绿色消费的观点。绿色消费是指符合生态伦理的现代消费方式活动、体育活动以及外出旅游等方面的消费。该书将绿色消费定义为避免使用下列产品的一种消费：危及消费者和他人健康的产品；在生产、使用或废弃中明显伤害环境的产品；在生产、使用或丢弃期间不相称地消耗大量资源的产品；带有过分包装、多余特征的产品或产品寿命过短等引起不必要浪费的产品；从濒临灭绝的物种或者环境资源中获得材料制成的产品；包括虐待动物、不必要的乱捕滥猎行为的产品；对别国特别是发展中国家造成不利影响的产品。

以上的定义和解释是从消费的对象——产品的角度来进行界定的，现在理论界对绿色消费的理解已有了更宽泛的定义和内容：不仅包括消费的对象是绿色的，而且包括消费的观念、行为方式、过程以及结果"绿色化"。这种精神上追求"绿色"的消费，不仅有利于环境的可持续发展，更有利于个体道德情操的培养，可以使社会成员减少对功利的追求，形成追求生命质量、关注人格提升的社会风尚，从而通过社会舆论，促进生态环境和社会环境的改善。

近年来，引导消费者转变消费观念、崇尚自然、追求健康、注重环保、节约资源和能源、实现可持续消费，已日益成为国际社会共识。在我国，生态化适度消费伦理观也受到越来越广泛的关注，并正在落实于相关政策中。"绿水青山就是金山银山。"2017年，这一重要论述首次被写入党的全国代表大会报告。在决胜全面建成小康社会、实现中华民族伟大复兴的历史性时刻，推进生态文明建设是时代赋予的重任。

人与自然的辩证关系是人类发展的永恒主题。如今，国家领导人不仅对人类文明发展规律有着极为深刻的认识，更亲力亲为把这样的观念和态度传递给下一代。生态与发展，是后工业时代留给人类的考题。

习近平总结说："改革开放以来，我国经济社会发展取得历史性成就，这是值得我们自豪和骄傲的。同时，我们在快速发展中也积累了大量生态环境问题，成为明显的短板，成为人民群众反映强烈的突出问题。这样的状况，必须下大气力扭转。"

以生态文明为指引，实现人与自然和谐共存，才是持续发展的光明大道。只有坚决摒弃损害甚至破坏生态环境的发展模式，坚决摒弃以牺牲生态环境换取一时一地经济增长的做法，才能让良好生态环境成为人民生活的增长点、成为经济社会持续健康发展的支撑点、成为展现我国良好形象的发力点。

三、当前新闻报道中的消费伦理观

为了梳理当前新闻报道中的消费伦理观，笔者对《人民日报》《中国青年报》《三联生活周刊》的相关报道进行了抽样统计和文本分析。样本抽取标准是：凡是涉及消费观念，或能够体现消费观念的具体事件和现象，都归为相关报道。其中

《人民日报》《中国青年报》通过 CNKI "全国重要报纸全文数据库",分别以"消费"、"消费文化"、"消费方式"、"消费观"为主题词,抽取了 2015 年、2016 年、2017 年相关样本,结论如下。

其一,从数量看,关于消费伦理的报道在与"消费"有关的报道中所占比例较小;新闻媒介近三年开始对消费观有所关注。

一般说来,当一个国家的人均年收入达到 1 000 美元以上时,社会的消费结构将发生全面升级,将由温饱型向发展型、享受型转变。常言道,"富裕是奢侈的前提",进入享受型消费阶段该如何消费,就渐渐成为需要讨论的社会话题。中国经济持续增长,人均收入逐步增加,媒介对消费观念的报道也日益增多。这一点在本次抽样的样本中表现明显。其中与"消费"有关的报道就有很多,而真正与消费伦理相关的报道只有很少几篇。但是,通过历时性比较发现,从 2016 年起,与消费观念有关的报道开始增加,且内容多元。

其二,从内容层面看,新闻报道基本反映了我国当前消费伦理发展的全貌和现状:社会生活中存在推动内需、拉动消费与抑制非理性消费的矛盾现实,观念层面是我国存在节约型、适度型、消费型、生态适度消费型伦理观多元并存的状态;而仅就媒介报道而言,各媒体持有的消费伦理观有一定差异。

下面我们就以早些年的统计数据为例,来看看《人民日报》《中国青年报》和《三联生活周刊》的不同。(因为近年新闻媒体报道多元,内容繁复条理不甚清晰,早年数据更为直观,可看清其报道差异)

(一)《人民日报》

《人民日报》三年间的报道清楚地反映出主流媒介对国家主导的消费伦理观报道的轨迹,如表 8-1 所示。

表 8-1

年 份	数 量	体 裁	主要观点
2000	3	小言论	以肯定态度介绍消费的个性化、享受化发展趋势(2 篇)
			以肯定态度介绍以节约、健康为特点的绿色消费(1 篇)

第八章 全媒体时代的社会责任

续　表

年　份	数　量	体　裁	主要观点
2003	7	消息（1篇） 小言论（4篇） 读者来信（1篇） 新闻专稿（1篇）	批评社会不良消费现象：东北地区公款奢侈消费、农村地区的愚昧消费和人情消费（3篇）
			倡导理性消费：轿车消费不要攀比，要适合自身情况理性消费（1篇）
			倡导绿色消费：有机食品对建设环境友好型社会有益（1篇）
			批评借绿色消费名目的新的浪费行为（1篇）
2006	6	消息（2篇） 评论（3篇） 理论文章（1篇）	理论文章，深入论述绿色消费的形成模式（1篇）
			探寻从观念、管理、制度三个方面入手解决包装浪费问题（1篇）
			倡导新财富观，谈到消费观（1篇）
			规范消费行为的最新政策，国资委出台控制领导职务消费的政策，环保总局出台政府绿色采购政策（2篇）
			倡导艰苦奋斗精神，阐释消费与节约的关系

从表8-1中可以看到，生态化适度消费伦理观念贯穿于《人民日报》历年报道中，通过文献分析可以发现：

2000年，生态化适度消费伦理观是与适度消费伦理观（个性消费、享受消费）并重的一种消费观念，相对于适度消费，这种观念还处于萌芽和介绍阶段。

2003年，相关报道主要围绕着各类消费现象展开，倡导绿色消费，反对不合理的消费现象，这一阶段，"绿色消费"概念已广泛使用。另外，《人民日报》的报道还反映出我国各地、各阶层人群消费观的差异性，落后或先进地区、城乡居民、城市居民中的不同阶层在进行消费时的选择行为折射出不同的消费观念。

2006年，6篇报道都从不同层面探讨了绿色消费问题。相较于2003年的报道而言，2006年的相关报道从现象层面深入到了观念、制度、机制层面。2003年的报道仅有12月23日《绿色消费牵手绿色产业》在谈到绿色农业问题时，提到可持续消费问题："我们可以通过自己的消费选择影响生产过程。""它的基本原则是

155

承认地球资源的有限性和后代人的消费权益,当代人的消费不以破坏后人的生存条件为前提,采取对环境友好的消费方式。"其他报道基本没有系统阐释绿色消费或可持续消费概念。而2006年的报道,先是1月5日有贯彻中央经济工作会议精神的理论文章《促进健康文明消费模式的形成》,这篇文章完整、系统、全面地阐释了"健康文明消费模式"的由来、特点、内涵;4月21日,《树立现代财富观》则具体谈到在生态适度消费观念下如何推动内需。特别值得注意的是关于倡导非物质消费问题:"为什么启动消费效果不显著?一因缺乏社会保障,而社会保障程度,正是法治程度的体现。二因居民消费多限于物质消费,解决了温饱就是建房、买电器、买车,而对非物质消费如文艺、娱乐、休闲、信息等,尚处启动中。"6月份、8月份两篇关于规范消费的政策和措施的报道,落实在了管理和制度层面。

(二)《中国青年报》

《中国青年报》的选题侧重于具体事件和现象,报道对象侧重于大学生群体,观念层面更关注文化社会心理,对消费主义伦理观持中性态度。

《中国青年报》的24篇相关报道中,只有2篇是关于生态适度节约消费伦理观的专题报道,其他的报道均为具体的消费事件和报道。报道风格强调个体叙事,如有关消费成瘾、超额消费的个体小故事,比较生动形象。

从报道角度看,《中国青年报》对消费行为的分析和引导,侧重于社会阶层、社会文化和社会心理对消费行为的影响。如《恩格尔系数与居民富裕幻觉》(2006年2月7日)指出:"消费水平不等于生活质量,恩格尔系数也并非评价居民生活质量的唯一标准——居民生活质量理应涵盖经济、文化、发展前景和应对风险能力等多个方面,单一的经济指标则只能催生'富裕幻觉'。我国经济与文化发展的不平衡,使得经济发展速度远远快于文化的发展,一些先富起来的人群中出现了非理性奢侈消费等种种弊病。这些情形都足以表明,居民的实际生活质量提升在很大程度上还仅仅停留在经济层面上。"又如《仇富心理:社会转型期的一种独特现象》指出:"在社会中培育一种体现文明进程的富者文化。其内涵主要包括:(1)富者参与公益事业和支持慈善事业,在社会中形成'三次分配'或'道德分配'。富者应形成回报社会的自觉意识。(2)富者要塑造和维护好自身的社会形象。创富者必须依靠合法手段积累财富,必须按照法律规定交纳税款;在消费和生活方式上应更加理性和自律。因为富者的行为还会对社会产生示范效应,无形之中担当着社会生活方式的引导者。"

从消费观看,《中国青年报》与主导消费观总体上是一致的,但对消费主义的态度相对宽松,尤其是当消费与高科技相关时。如《科技是用来享用的》(2006年

7月8日):"'双面人'特质决定了他们更重视工作生活品质、效率,品位独特,文化特征明显。他们绝不会喋喋不休地对自己强调'努力工作养家糊口',而是经常放松身心,激发创意,完全凭着本能与智慧往前走的工作态度令他们更加有方法,有激情,当然生活也更有滋味,更快乐。正因如此,以往的商用类笔记本电脑似乎难以得到这类消费群体的垂青,他们所追求的'新享乐主义',有了一种闲适、享受的心态,就能够打破工作与生活的界限,在繁忙的工作间隙寻找到放松的机会。"这篇报道带有为联想笔记本宣传的色彩,其中强调的"新享乐主义",将消费与快乐联系起来的表述,是典型的当代消费主义伦理观。

当然《中国青年报》对消费主义的极端表现、奢侈消费还是持否定态度的,虽然这种否定比较表面化。如《文化导向下的荣辱选择》(2006年7月23日)就说:"据媒体报道,来自荷兰、展示于上海滩的'世界顶级生活体验中国峰会'给中国人带来了一场全方位的感官盛宴。2.5亿元一座的豪宅,2亿元一件的珠宝以及50万元一条的狗项链……在国人叹为观止的同时,那些来自全球各地的顶级参展商们也同样瞪大了眼睛——面对这些天价奢侈品,中国人之前可能从没见过,但今天掏起腰包却毫不手软。展期3天,观者1万,门票收入高达700万元。不少人忍不住惊呼:中国已经进入了奢华时代!"

(三)《三联生活周刊》

《三联生活周刊》的报道商业色彩比较浓重,对消费主义伦理观持比较肯定的态度,对其传播起到一定程度的推动作用。

与前两家报纸媒体不同,定位为综合性新闻和文化周刊的《三联生活周刊》,近年来与消费伦理相关的报道呈现出越来越明显的商业化倾向,带有消费主义特征。为了更准确地把握《三联生活周刊》的报道倾向,笔者对其2001年至2006年的相关报道进行了普查(2000年的报道没能检索到),发现相关报道11篇,详见表8-2。

表8-2

年份	数量	体裁	主要观点
2002	2	新闻专稿	介绍超富阶层在中国的现状,对这个阶层的奢侈消费持否定态度
			介绍某女性内衣品牌,说明内衣与文化和时尚的关系

续 表

年 份	数 量	体 裁	主要观点
2003	1	小言论	消费者的道德倾向会影响其对商品的选择
2004	2	新闻专稿	客观报道消费现象：电子产品外观的时髦醒目会影响其产品销售
			客观报道中国出现一批奢侈品的使用者，详细解释最新流行的所谓"新"奢侈和"旧"奢侈的区别
2005	4	新闻专稿	客观介绍中国已经成为世界第六大奢侈品市场，介绍消费主义伦理观的最新进展
2006	2	新闻专稿	客观介绍电子产品的影响越来越娱乐化、商业化
			客观介绍中国成为世界第三大奢侈品市场，中国已经进入奢侈品泛化时代

如表8-2所示，2002年第25期《精神刺激与消费欲望》一文中，作者对奢侈消费持比较明确的否定态度，报道的主体部分比较详尽地描述了超富阶层在中国的消费现状，结尾部分记者传递出了倾向性："'我个人的看法是（高档消费）对拉动国内经济的意义不大。'黄平研究员认为，真正构成社会购买力的主体是社会的中下层。'或者至少可以这样说，超富阶层拉动经济的能力不像人们想象的那么高。''资本到哪里，高消费就到哪里。'社会学家陈昕则更担心北京的富裕阶层与贫困阶层之间的差距，另外他更担心的是这种高端消费的负面效应是'把全社会都卷进来，变成全社会的一种价值观'。"报道结尾借专家之口，对高端消费现象的负面影响做了总结。纵观全文，对高端消费，记者只用了这两位专业人士的评论，并将其放在报道的结尾，用来总结全文。从新闻写作的角度，这种处理手法说明作者是对这种观点持肯定态度的，亦即对奢侈消费持否定的态度。同样，2003年的小言论《消费的道德感》中，作者也明确指出：如果产品中注入道德元素，将会更容易打动消费者。

除了这两篇对奢侈消费持反对态度的报道外，2003年后的其他9篇报道则再没有对奢侈消费进行批评。表面上看这些报道是客观报道，记者没有明显的立场和倾向。但是在这些报道中，记者将消费行为与身份认同、阶层、时尚等字眼联系起来，详细介绍了"新"消费主义的理念和特征，强调"新奢侈"与"老奢侈"的差别，暗示"新奢侈"更有品位，更能够带来情感的满足和品质的享受，津津乐道于月入万元的白领用一个月的收入买一个国际名牌但可能搭配一条39元的领带，而这种搭配是"时尚"而理智的，等等。

这些看似客观的报道，对受众的影响恐怕不是"中立"的。当《三联生活周刊》的报道将消费与时尚相连，与生活减压相连时，就为中产阶层的"奢侈"消费寻找到了新的说辞，而其本质是商家为了获取更大利润，将奢侈消费观念扩散到更多人群中，以文化的名义推销产品。因此，《三联生活周刊》表面上秉持中立态度，但其传播效果助推了这种生活方式和消费观的发展。

《三联生活周刊》这种有意无意的价值取向与当前部分城市富裕阶层的价值观直接相关，但也不能否认商业利益的推动力。正如有人所指的那样，当前中国的传媒界，主流意识形态的声音和媒体自身的运行机制在很大程度上已经是"两张皮"。因为广告收入已成为进入市场的传媒的主要利润来源，媒体已经毫不掩饰其运行机制中的利益驱动趋向，特别是白领趣味的媒体，它们事实上已不关心读者的真实需要，它在悄然地改变着年轻人的生活观念，培育着他们狂热消费、享乐欲望的同时，所做的一切都是为了迎合广告商或跨国投资者的趣味。它在无情地将思想文化和不具有市场号召力的传媒挤出市场的同时，也以其对现实问题的拒绝触动而获得了"合法性"。

观念的发展总有一定的滞后性，所以前些年虽然我国经济发展比较迅速，但对观念的关注还是近几年才开始的，自发展市场经济以来，关于消费的报道日渐增多，从三家媒体报道比对可以发现：国家主导的生态化适度消费伦理观与商业需求推动下的消费主义伦理观有各自的"代言"媒体并各行其道，这有可能造成主导价值观宣传出现"落空"现象。

作为党报，《人民日报》代表了国家主导价值观，报道题材的选择，除了传递新观念，还侧重从政策、制度层面保障正确观念的普及和落实。《中国青年报》在引导青年人的消费观念和行为时，理念上也是以主导价值观为基准的，比较注重具体现象和问题的引导；《羊城晚报》比较符合市民阶层务实的消费理念；而《三联生活周刊》作为都市新闻周刊，对消费主义所持态度比较暧昧，虽不能说是推波助澜，但至少在客观上起到了传播、宣传的作用。相对于《人民日报》等党报（刊）传递的主导性消费价值观而言，所传递的信息更容易被城市公众，尤其是青年人接受，以致主导价值观在这个人群中的影响力不断减弱。

第一，这种消费观与当前城市公众，尤其是青年人的消费观比较相似，因而很容易引起这个年龄段读者的选择性注意，进而巩固或改变他们的消费行为。有调查显示，当前城市中的青年普遍持有消费主义伦理态度。北京一家市场监测机构对当代中国城市青年（23—26岁）的价值观念及生活形态进行了一次调查，结果显示，42%的年轻人认为主要压力来自工作，63%的人认同"人生应该及时行乐"的观点，61%的人愿意多花钱购买高质量的物品。这些年轻人的月平均收入并不高。社科院一专家对此分析指出，重视品牌和产品质量是这批青年共同的消费特征，今天年轻人的支出主要用于吃喝玩乐，他们受消费主义文化观念的影响是较为明显的，而具体的消费能力相对不那么重要。

第二，当消费与时尚、阶层、品位、幸福相连，消费文化与流行文化结合时，会产生巨大的示范效应和影响力。

广义的消费可分为三个层次：第一个层次是纯粹的物的消费，注重物品的使用价值，目的是维持人们基本的生存需求；第二个层次是交换价值的消费，注重商品的含金量，目的是证明自己有较强的购买能力，显示自己的金钱和富有；第三个层次是对符号价值的消费，注重商品的文化内涵，表现自己的个性品位以及独特的审美眼光等。

消费主义伦理观的本质是商家为了获取利润，刺激甚至创造公众需求的产物。而当所谓新奢侈消费观被当作一种时尚的观念加以传播时，某种消费方式或消费行为便成了阶层和身份的象征，这就暗合了当前普遍存在的身份认同焦虑的社会心理。当前各年龄段的人虽然对服饰消费有着不同的消费心理，但本质上都是要通过服饰寻找某种程度的"认同"。有一定经济实力的社会成员会通过种种方式标榜自己的"与众不同"，寻求自己的社交圈子，消费观和消费行为会成为他们有意识的选择。

第三，从传播方式上，《人民日报》等党报党刊在报道内容和形式创新上的接近性较差，也会使传播效果难如人意。

新闻媒体应起到引导消费的作用，更多地鼓励文化消费、生态消费，推动消费制度的完善。从中国的现状来看，商业利益推动下的消费伦理观传播不利于中国社会阶层和谐，不利于拉动内需，也不利于培育社会成员的正确价值观。

从中国社会当前的和谐和稳定来说，消费主义，尤其是奢侈消费是不适合我国现实情况的。

第一，从社会稳定的角度看。如前所述，当前中国社会普遍存在一种对社会资源分配不公的不满心理，具体表现就是对权力阶层或富裕阶层的仇视。这种心理源于改革开放初期，我国社会资源分配领域部分地存在社会财富转移到少数人手中的情况。在这种情况下，一些富豪进行炫耀式或奢侈消费，而媒介又对此过度关注，甚至进行夸耀式报道，这极易引起社会心理的不平衡感，加剧仇富心态，不利于社会和谐。更主要的是，由于我国社会现阶段两极分化比较严重，这种夸耀性消费进一步凸显和加大了社会的分立。正如社会学者孙立平所说，当前中国社会出现了"断裂"，社会底层被抛在社会发展之外，而经济的增长在很大程度上不再导致社会生活状况的普遍改善。

第二，从社会经济良性发展的角度看，奢侈消费无助于真正地拉动内需。需求不足，是制约中国经济发展的一个长期难题，从20世纪90年代以来，鼓励消费就被当作拉动经济增长的重要手段之一。有人说，奢侈品消费是符合拉动内需的号召的，对经济发展有很大贡献。这种说法看似有理，却为害不浅，容易模糊中国经济发展中的焦点问题。内需不足的根本原因是大量处于社会下层的贫困人群消费能力太低，只有最广大的贫困人口的生活真正得以改善，基本消费能力真正提高，才能带动经济增长。少数富豪的畸形消费，并不能真正改变中国需求不足的现状。

第三，追求奢侈消费或普通大众高消费的社会风气一旦形成，会使中国进一步陷入资源枯竭的危机中。我国的生态、资源已经处于高压状态。如果城市中间阶层也加入奢侈消费或高消费的行列，其影响将是灾难性的。正如丹尼尔·贝尔分析所说，当资源非常丰富、人们把严重的社会不平等当作正常或公正的现象时，奢侈性消费是可以维持的，但是，当社会中所有的人都一起提出更多的诉求并认为这样做理所当然、同时又受到资源的限制时，我们就会面临政治要求和经济限制之间的紧张局势。

第四，新闻媒介应将绿色消费的引导重心导入文化消费领域。绿色消费除了指节约资源外，还包括了文化消费。随着我国经济的发展，人们在基本物质生活需求逐步得到满足后反而容易陷入精神空虚的状态，一些人以无休止的物质消费来填补精神空白，甚至还有人陷入了自杀和厌世的情绪中。文化消费不仅能拉动社会需求，而且能充实国民头脑，提升国民素质，真正提高大众的生活质量。

第二节　婚姻家庭伦理传播探究

社会公德、职业道德、家庭美德是我国道德建设的三大领域。而相对于前两个领域建设的日益合理和专业，家庭美德建设却是越来越剪不断理还乱。有人说现在是人口生产与家庭分离、性与婚姻分裂的时代，这样的时代还需要家庭吗？未来的家庭关系会是什么样的？当代社会家庭伦理建设是个世界性话题，而这个问题在我国的表现更为复杂。传统的中国社会是重视家庭伦理的，甚至有人情大于王法的观念。在现代化的过程中，人们最直接的感受就是家庭成员间的关系似乎越来越淡，家庭的稳固性越来越差，传统的家庭秩序被打破了，家庭这一象征温暖安全的港湾似乎已不那么平静了。本节笔者试图分析当前我国主流媒体在报道家庭问题时的态度和方针。

一、当前我国家庭伦理建设热点

家庭道德是指"家庭中的伦理关系及其调节原则"。"家庭关系中一切关涉伦理要求的内容构成了家庭伦理学研究的对象。如用于指导家庭关系的伦理原则的合理性，爱情婚姻中的人格平等、自由意志与情感基础，家庭成员相互关系的合理性状况，性行为的合理性，等等。"有学者将20世纪80年代以来，我国婚姻家庭生活的变化概括为"结构多样化、标准情感化、属性私域化"。具体表现如下几个方面。

（一）由大家庭向核心家庭过渡

我国当前出现了家庭模式核心化或小型化的发展趋势。家庭核心化无疑在一定程度上引发了与大家庭传统的一些伦理礼俗的冲突，并在逐步削弱家庭传统的秩序，"引起了夫妻、亲子、兄弟姐妹和邻里等婚姻家庭伦理关系的重大变化"，这种变化被概括为"伦理重心的下移和伦理轴心的转移"。所谓伦理轴心的转移，指的是婚姻家庭关系的轴心已由亲子关系转移到夫妻关系，家庭之轴已由纵向转变为横向。儒家伦理在家庭中的地位日渐式微，随着独生子女家庭的增加，传统大家庭相对减少，传统孝道已日趋淡漠，家庭由以父母为中心转变为以子女为中心。婚姻家庭关注的重心开始由长者转移到年轻人和儿童身上，中国传统文化的"百善孝为先"，变成了孝（儿）子的父母。父亲的权威趋于低落，祖先崇拜已不如以往受重视。

（二）家庭成员的独立意识增强，日常生活中情的伦理与个体独立化间的冲突显现

所谓日常生活，是指人们出于日用且通常视之为私事即私人生活事务的领域，包括家庭生活与交往生活（交友生活及其扩展）这两个主要部分。由于日常生活是出于日常日用且不断重复的，日常生活伦理具有通常所说的日常性，以及无意识性、保守性与共同性等性质，因而一方面在世俗文化中占有重要地位，一方面与传统有着稳固的联系。中国传统社会一向注重人伦关系，所谓君君臣臣父父子子，长幼尊卑秩序从不允许出现错位，而家庭情谊的人伦之情也是中国家庭的重

要特征。伴随着社会结构的变化,当前我国的家庭关系也出现了一些变化,如个体的独立性与家庭的整体性倾向间的矛盾,情感因素日渐成为夫妻关系中的重要纽带,等等。

(三)尊重人格、强调权利和义务的双向性是家庭关系建设的前提

在强调个体价值彰显、家庭走向核心化的时代,家庭成员的关系呈现出尊重人格、强调权利和义务的双向性的特点。

第一,尊重家庭成员的人格和个性,处理好家庭本位和个人本位的关系。现代家庭伦理关系被称为交互主体性关系,家庭关系建立在个体独立和平等的基础上,每个成员的个性、需求和利益都得到承认和尊重,呈现平等、民主化趋势。新型家庭关系建立的过程中,既要珍惜传统文化中家庭温情互助的一面,也要扬弃其等级森严压制个性的一面。

第二,强调权利和义务的统一。传统伦理是家庭本位的,注重义务忽视个体权利。"中华文化的平等意识往往表现为义务的平等,而缺乏权利的平等。"现代社会家庭成员之间是互助式的关系,双方在权利与义务上是双向的。任何家庭成员,如果只享受权利不承担义务,必然会带来家庭矛盾。只有家庭成员各自都能正确处理好权利和义务的关系,才能建立和睦、亲爱的家庭人伦关系。

二、新闻中的家庭伦理话题

由于家庭伦理涉及的问题很广泛,在日常报道中分布也比较散,很难通过关键词法进行抽样和统计,于是笔者拟以关键词和全文检索相结合的方式选择分析样本。样本分为两组:第一组是《中国青年报》2006年与家庭伦理有关的报道。《中国青年报》面向青年读者,对婚姻家庭观念问题一向关注,其报道能够比较迅速地反映社会问题,准确地把握主导价值观。这组样本是通过关键词抽取的,笔者在中青在线的"站内全文检索系统"分别键入"家庭"、"婚姻"、"两性"、"代际"、"离婚"、"亲情"、"养老"、"孝"等关键词,获得相关样本32项。第二组是以中央电视台的《社会记录》栏目2006年4月至9月的节目为研究样本,该栏目关注社会生活新现象,偏重价值观念和道德伦理话题,节目对全国范围内的热点社会话题进行深度报道,较具代表性。对这组样本的选择,笔者采用人工全文检索办法,共找到相关报道8篇。为了更准确地把握媒介对家庭伦理问题的倾向,文献分析部分笔者还结合了个案分析。

本次抽样获得的40份样本涉及家庭伦理的三大类问题:婚恋中的配偶关系问题、对父辈的赡养问题、对子女的教育问题。所有关于这三类问题的消息、专稿

和评论又可分为两大类：一是新的伦理现象；二是对新现象的讨论。还有一类报道涉及的问题带有普遍性，不能以人群划分，归入第四类报道。具体分析如下。

（一）婚恋中的现象及问题

1. 婚恋领域的新现象

（1）选择单身生活的比例提高。媒体用"第三次单身浪潮"描述当前的不婚人口增多状态。有数据显示，1990年，北京30-50岁的单身人数在10万左右；2002年，北京、上海等地该年龄段的单身人数分别达到约50万；2017年，我国的单身人口近2亿，其中男性为1.15亿，女性为0.8亿。

（2）"80后"、"90后"一代步入婚姻殿堂，出现闪婚和闪离现象。

（3）职业女性出现回归家庭的愿望。有调查发现，86%的职业妇女认为"家庭美满才是真正的成功"。

（4）出现一批不想结婚，但希望拥有自己孩子的女性。《中国青年报》报道中国近年出现一些单身女性想拥有孩子的现象；《社会记录》也报道了这种选择潜在的社会问题。在美国，有近一半的人工授精者是单身女性，现在这批单亲家庭的孩子渐渐长大，他们渴望了解父亲；个别诉讼案涉及捐精者是否对这类孩子有抚养责任等伦理和法律问题。

2. 对各类现象的评论

对"选择单身生活人群比例增高"、"职业女性出现回归家庭的愿望"两类现象，报道没有进行道德或价值评价，只是分析了原因。第一类现象产生的原因，是多数单身者认为"人与人之间的关系比以前脆弱了"、"人都太实际了"；第二类现象产生的原因，是很多现代女性感到家庭、人际关系、工作本身带来的压力越来越大。

对"'80后'、'90后'出现闪婚闪离"、"单身女性要做未婚妈妈"现象，媒体进行了原因分析，也表现出比较明朗的态度。关于第一类现象，报道中虽然指出"80后"、"90后"离婚的直接原因多是一些生活琐事，根本原因是他们"一方面性格相当独立，另一方面独立生活能力又相当差"，但并没有指责青年人对家庭和社会没有责任心，而是这样结束报道的："独生子女往往比较任性，生活中比较以自我为中心，习惯了别人围着自己转。与20世纪六七十年代出生的人相比，"80后"、"90后"在婚姻生活中忍让性、宽容度都不够，这导致了他们的婚姻稳定性下降。同时，随着时代的发展，这一代人对婚姻感情质量的要求更高了。对平淡生活的不满，使得他们不愿意'凑合'，一些由生活琐事引发的'婚姻死亡'现象就越来越多了。"这个结论说明媒体在评论这类事件时，其伦理前提是认可、赞成婚姻关系是要讲求情感质量的。关于第二类现象，报道中作者借专家之口，否定了单身生子行为。例如，某位社会学家说："从整个中国的现实状况来看，中国人口多，并且女性少，如果都选择未婚生子，势必导致中国单身男子人口增加，从而影响社会的结构和协调发展。"一位法学教授说："谁也不应该歧视非婚子女，但是从国外与国内非婚生子情况看，问题很多，不仅未婚妈妈要面临沉重的社会舆论压力和经济困难，而且单亲家庭的孩子心理问题一般很严重，容易走上犯罪道路。孩子是无辜的，我希望他们能在正常的家庭环境下成长。"从以上观点可以看出，对于单身生子问题的价值判断，是从社会和谐稳定的角度进行的。

（二）关于孝亲和养老行为的现象和讨论

1. 孝亲和养老的新现象

（1）农村地区养老问题很严重，部分地区政府试点性地采取措施解决农村养老问题。《中国青年报》和《社会记录》从不同角度对这个问题进行了报道。《中国青年报》报道称，据一项针对全国10 401名60岁以上农村老人的调查显示，45.3%的人与儿女分居，5%的人三餐不保，93%的人一年添不上一件新衣，67%的人吃不起药，86%的人得了大病住不起医院。这些老人的平均年收入为650元，85%的人自己干农活，97%的人自己做家务，8%的人精神状态良好，52%的子女对父母"感情麻木"。很多地区儿女的生活水平要高于父母几倍乃至更多。很多子女认为，父母没冻着、没饿着就是自己尽孝的最高标准了。在农村，调查员看到的普遍情况是，吃得最差的是老人，穿得最破的是老人，小、矮、偏、旧房里住的是老人，在地里干活、照看孙辈的也多是老人。这些老人不是村里的"五保户"，也不是民政救济对象，只是因为儿女不尽孝，他们才成了"三不管"，其生活境况甚至不如那些无儿无女的老人。《社会记录》讲述了浙江省金华市的孝顺镇在十个村子里贴出孝顺榜，公布对子女孝顺服务的评级结果，希望凭借这种手段，推动子女孝顺或者说起码做到奉养父母。这两个报道共同反映了一个非常严重的社会问题：农村地区传统的孝顺风气已完全被破坏。

（2）关于孝顺的个案。《中国青年报》有两篇报道，分别讲述了两个大学生带着母亲和爷爷上大学的故事；《社会记录》则讲述了一位患癌症的农村老大娘，被丈夫和儿子丢弃在医院的故事。

（3）城镇养老的新思路——以房养老。改变"养儿防老"的旧观念，靠自己的力量"以房养老"现象出现，但影响还不很广泛。

2. 对现象的评论

对于农村养老问题，有关专家指出其原因是："市场经济条件下，中国农民身上那种朴素的亲情关系已经被利益、金钱冲垮了。中青年人急切地盼望发家致富，年迈而又需要赡养的父母反而成了他们眼中的负担。""很多渴望致富的中年人，甚至觉得，自己家之所以穷到现在，是因为父母的无能。"对于这类问题，媒体也指出孝道教育的重要性，但更强调农村社会化养老建设的迫切性；对于浙江金华孝顺镇的试点，媒体是持肯定态度的，认为不妨作为解决当前问题的思路。

关于孝亲的三个个案，其中正面报道的两个故事对两名大学生自强不息、承担家庭责任的做法当然是持赞赏的态度的。值得研究的是《社会记录》报道的《床前孝子》。这个节目基本上没有对老曹（儿子）的行为进行道德批评，对他尽量采取一种宽容、理解的态度。报道的中间部分在介绍人们对老曹行为动机的各种猜测后，解说词说："最后更多的意见是，揣度老曹离开的原因并不重要，重要的是医药费解决了，老曹回来了，弥留的母亲见到了珍爱的儿子。"报道结尾部分，老曹给救助他母亲的社会各界人士写了一封感谢信。主持人总结这个故事时说："看到老曹朗读那封感谢信，说实话心情真是复杂。是啊，我们亏欠你们太多了，从你回来时的拒绝抵触中，我读出了你对我们的失望，谢谢你可以原谅我们；还有我觉得我们大家都应该感谢那些帮助了老曹的人们，因为是你们让老曹看到了希望，也让我们看到了希望。我们不能让儿子放弃母亲，是你们帮助了老曹，也帮助了我们，谢谢你们，那些温暖的陌生人。"主持人这段话中流露出对媒体干扰报道对象正常生活的歉意，设身处地为老曹着想的善意，说明媒体在做这个节目时，是本着尽量不伤害报道对象的同情之心的。这个节目还值得一提的是，媒体将老曹的选择和社会环境联系起来，并没有将这一普通个案进行煽情报道。节目后半部分，山东省的一位副省长来看望老曹母亲，说了这样一段话："我觉得孩子心里可能也是矛盾的，老人病了这么长时间，可能在治疗上有一些困难，我们现在在医疗方面，社会保障体系还不完善，通过我们经济社会的发展，能够逐步建立起医疗保障体系……政府会努力的。"报道最后，打出了一段字幕："就在我们离开济南的第二天，山东省有关部门召开紧急会议，酝酿年底前出台农村医疗救助办法。"这两段内容的处理，说明面对家庭伦理问题时，媒体已经突破了就道德论道德的束缚，能够从社会制度角度来寻求问题的解决方法。

有文章作者说，在东方人的观念里，父母把房子留给子女是顺理成章的事，而如果父母办理"以房养老"可能会给人子女不孝的感觉，让子女承受不必要的舆论压力。这种伦理困局给"以房养老"的推行造成了一定阻碍。然而这种观念将会得到转变。毕竟"以房养老"倡导了老人自我保障，减轻了儿女的养老负担，将两代人之间的过度依赖改为相对自立，有利于组建适应市场经济体制的新型代际关系。

（三）关于亲子关系的现象和观点

在关于父母与子女关系这个话题上，2006年的相关报道8篇，有6篇是关于未成年人的教育问题的。

1. 未成年人家庭教育领域的新现象

（1）有调查表明，有近四成的城市家长属于"民主型"家长。低收入家庭教育子女过程中，更容易出现溺爱和暴力现象。

（2）中国青少年网络成瘾现象趋于严重。国外网络成瘾人群集中在20-30岁，而中国集中在15-20岁；国外网络成瘾的形式比较分散，中国集中在网络游戏。

（3）接连出现父母杀死子女的事件。这类事件的共同特点是，在父母百般溺爱中长大的孩子，脾气暴躁、性格扭曲，在日常生活中动辄打骂、虐待父母家人，父母忍无可忍，手刃亲子。

2. 对新现象的评论

无论是青少年网络成瘾还是父母杀死子女，成因都指向我国当前的家庭教育。有专家分析，溺爱纵惯、百依百顺，或者严厉独裁、信奉"棍棒底下出孝子"，这两种家庭教育方式都会制造出问题孩子，导致不正常的亲子关系。当前中国青少年成长中的很多问题与"三大缺失"有关。

第一是"父亲功能"的缺失。父亲对于青春期的男孩来说是很重要的，父亲往往代表着规则和秩序，孩子自控能力的形成与父亲的作用有很大关系。在传统的大家庭时代，父亲不在，还有爷爷、叔叔和伯伯来代替父亲发挥功能，而现代核心家庭却找不到替代者，造成"父亲功能"的缺失。这从某种角度上解释了为什么网络成瘾的、被忍无可忍父母杀死的大多是男孩。

第二是游戏功能的缺失。青少年期的男孩子需要一些肢体接触，甚至肢体冲突的游戏，现在的中学体育教育很难满足这种心理需求。

第三是同伴缺失。对于青春期孩子来说，同伴特别重要，没有伙伴就不能从家庭走向社会。但是中国城市中大都是独生子女，家庭内同伴为零，社区同伴和学校同伴发展的机会和空间也有限。

（四）涉及家庭成员间的责任和温情问题的报道

现代家庭不稳定带来的影响。例如，离婚率居高不下、第三者和"二奶"问题困扰部分家庭，造成孩子成长过程中的心理不安和行为失当。成都某小学向全校千余名学生开展一项"我的'六一'心愿"的调查，让全校所有老师震惊的是，有217名学生的最大心愿是：爸爸妈妈，不要离婚！在这个学校，有的班级有三分之一甚至三分之二的学生来自离异家庭。山东的一个女大学生开了个"反二奶"

网站，制作网页"父亲不如西门庆"，还向有关部门检举父亲生活问题，目的是希望父亲回心转意。这两则报道反映出在不稳定的婚姻中，最容易受伤的群体是孩子，而孩子们是多么渴望家庭的完整。在《我为什么要告你，父亲》这个节目中，主持人在结尾说："真是爱之深，痛之切啊！在王静眼里，她只是不顾一切地想夺回失去的父爱，在一个完整家庭下的父爱，为此她不惜对父亲进行举报。说实话，到现在我也说不清那位父亲究竟有没有犯错，犯了多大的错，但有一点我明白，那就是在一个孩子的心里，父亲的角色和家庭的完整是多么重要！我们无从去评说是非，但这位女儿对父亲的严格和对家庭完整的渴求，也许能给我们每一个为人父母的人以警示吧。"随着现代人独立意识的增强，对家庭的责任心成了现代社会家庭关系中越来越稀少的品质，也是当前媒体报道反复强调的主题。

关于维系家庭关系的诚实、温情、理性等原则是一个古老的话题，依然在现代传媒中不断出现，家庭关系中情感和宽容是必不可少的，也是需要培养和保护的。

20世纪八九十年代，新闻媒介对家庭问题的报道常见于权利平等、人格独立等问题。到了21世纪，研究样本显示，随着家庭轴心变化、独生子女长大、结婚离婚更加自由，家庭领域的新问题也不断涌现，孝道、亲子关系、婚姻的稳定和责任等问题，成了困扰当代中国社会的话题。对研究样本的文献分析，显示新闻媒介在涉及家庭伦理的报道中，呈现以下特点。

首先，当前我国严肃的新闻媒体对家庭问题的报道态度是谨慎的，尽量本着不伤害感情、宽容的原则。但有一个问题不容回避：一旦媒体介入家庭生活这个私人空间，或多或少都会对家庭关系造成非正面影响。

市场的道德信条是公平竞争，而家庭伦理则要突出关怀原则，关心家庭成员的物质、精神和心理需求，使每个人在家庭中得到照料、支持、温情与愉悦，尤其是要使家庭中的弱势群体利益得到满足。在家庭中，我们实行的是"按需分配"，而不能搞"按劳分配"，家庭必须发挥它自身独特的救助、保障功能。今天市场经济发展迅速，社会竞争越来越激烈，家庭的心理慰藉和精神安抚的功能在不断强化。而家庭情感功能的实现就在于家庭本身拥有某种核心精神，即家庭道德，人们只有生活在一个充满民主平等、亲切和谐、长慈幼孝、夫妻恩爱氛围的家庭中，才能真正享受到家庭提供的情感功能，在这样的环境中，个体才能培养出健康的人格。

关怀、尊重、宽容、温情是家庭建设的原则，也应该是新闻媒介报道家庭问题的理念。样本研究显示，目前严肃的主流媒体对家庭问题的报道是慎重的，对于家庭生活中出现的不那么高尚的行为，并不是板起面孔教训，而是对事不对人地劝说，尽量减少对当事各方的伤害。

新闻媒体的这种处理理念，体现出了其对家庭问题报道的宽容态度。在不损害其他人的利益，不违背社会公德的前提下，尊重和保护个体的自主行为选择，这一原则在家庭关系中也适用。家庭中的道德冲突只有通过平等对话才能解决。承认差异、尊重个性有助于家庭问题的解决。家庭生活中的关怀、温情既需要家庭成员的共同努力、长期培养，也需要良好的社群、社会环境的维护。家庭矛盾一旦在新闻媒介上曝光，一时之间也许能分出是非对错，但隐私被曝光而导致的羞愤恼怒，则可能使家庭成员间的感情恶化加剧，而这是很长时间都难以修复的。从这个角度看，新闻媒介即便是以善意介入家庭纠纷，也会对家庭关系造成或多或少的伤害。

从状告父亲的事件中，我们可以明显感到家庭问题在媒介上公开无助于问题的解决。王静在网上斥责父亲"不如西门庆"的同时，一直在强调她非常爱父亲，希望父亲回来。可事件一经新闻媒介报道，王静父亲的生活受到了更大的干扰，他主动要求调到外地工作，避开了媒体，也逃离了家庭。后来随着媒体关注度不断增加，那位被指为"二奶"的女士状告王静侵害名誉权。王静奋起反击，反告对方，一场家庭摩擦愈演愈烈，甚至出现演变成家庭悲剧的趋势。这个故事中，几乎所有参与报道的媒体都声称，报道的目的是希望有助于事件的解决，对当事双方是善意的。可恰恰是愈来愈多的媒体关注，导致了王静父女都要向社会证明自己的"清白"，互不退让。2007年2月5日，定陶县法院做出一审判决，法院认定王静构成侮辱罪，判处管制两年，王静要在判决生效后五日内删除其开办的"父亲不如西门庆"网站、"反包二奶"网页上所有侮辱当事方的文章。表面上看这件事似乎告一段落了，但事情还远未结束。王静与父亲几乎到了反目成仇的地步，而媒体还在"追踪报道"。可以想见的是，深爱着对方的父女两个受着感情的煎熬，还要忍受传媒的"剖析"，精神上一定都饱受摧残。关于王静的报道，《社会记录》是冷静客观的，结尾部分也不乏温情。但是，对家庭伦理事件的报道，即便是纯客观的报道，也是有杀伤力的。

其次，当前我国新闻媒体对家庭问题的分析，能够走出传统道德评价思路，从社会变革的角度寻找原因，也注重制度建设对道德的保障作用。

在《床前孝子》节目中，编导对问题的处理值得称道，节目不但从未以道德的名义指责那个儿子，反倒是设身处地为他着想，同情他年收入几百元却要负担数万元医药费的为难。报道特别关注的是农村医疗保障这一制度性问题。如果不能从制度上给农村人口提供医疗保障，那类似的故事还会重复上演。传统伦理习惯用国家强制手段来推行和实现道德价值，其中也包括借用社会舆论来迫使被教育者就范。这表现在媒介报道中，就是道德成为衡量和解决问题的标准和手段。现阶段传媒在报道道德问题，尤其是家庭伦理问题时强调道德的自律性和情感性。对家庭伦理问题的解决更注意从社会角度寻找原因，从制度入手查找社会保障体系的漏洞，不完全依靠良心的觉醒。

第九章　全媒体背景下的伦理困惑

新闻报道中涉及的热点伦理话题，往往是在利益与道德层面，交织着传统伦理观、市场经济伦理观、社会主义计划经济时代伦理观的冲突和磨合的难点问题。本章选取典型个案，试图有代表性地展现当代中国在伦理观层面的价值交锋。

第一节　"恶搞"的伦理底线

这几年中国文化界一个重要的关键词就是"恶搞"，这个词语起源于日文（Kuso），含义是"粪"、"烂"。恶搞的"拥护者抱持着无所不可笑、无所不可恶搞的方式来宣泄压力"。恶搞类作品的大致特点是：

（1）普遍利用现有素材，尤其是有一定影响力的素材，对素材进行加工；

（2）内容往往是对现实的反讽、解构和颠覆，题材广泛，形式多样，包含文艺批评、商业斗争、社会现实、戏谑搞笑、自嘲自娱、强人猛者等多种形式；

（3）通常是通过新媒体传播开来的，DV、手机、网络是其传播媒介，产生之初就游离在大众传播媒介之外，带有鲜明的个体传播特点。

恶搞作品最初以文字形式传播（如早期很多搞笑的短信也属于恶搞的范畴），后来发展到图片、音视频。由于网络难分国界，在此只能根据作者勉强区分作品的地域属性，在我国内地，21世纪初，互联网上已有一些比较著名的恶搞事件，如"小胖、胡子男、猥琐男"等的恶搞照片风行，以及《大史记》《我不想说我是鸡》、后舍男生翻唱系列的流传。对此，一些新闻单位，尤其是一些娱乐新闻媒体进行过零散报道，但并没产生广泛影响。在全国范围内引发关于恶搞现象的报道、讨论的，还是从2006年《一个馒头引发的血案》在网上引起追捧之后。

最初舆论对"恶搞"还是持中性甚至肯定的态度。通过 CNKI 的关键词检索，笔者发现，在 2006 年 8 月之前，主要传统新闻媒体对网上"恶搞"现象少有报道，只有《中国青年报》在 2006 年 3 月 20 日第 2 版登了一则消息，主标题是"网上'恶搞'挑战传统著作权保护"，副标题是"专家认为互联网时代不应遵从传统规则"。消息列举各方观点，将其作为新现象加以讨论，无论是主副标题还是结构安排，都体现出记者的倾向是对新生事物要持宽容态度。到 2006 年 8 月，全国几家主要的大报突然同时关注"恶搞"现象，直接原因是出现了一批"特别"的恶搞作品。这类恶搞引起了主流媒体的忧虑，2006 年 8 月 11 日，《光明日报》专门召开了"防止网上恶搞成风专家座谈会"，与此同时，《人民日报》《光明日报》《中国青年报》《新华每日电讯》进行了一系列观点鲜明的报道，这些报道在一定程度上起到了主导议程的作用。

一、新闻媒体对"恶搞"现象的报道

通过 CNKI 检索，获取 2006 年新闻媒体关于"恶搞"的报道共 30 篇，其中《中国青年报》《光明日报》《新华每日电讯》《人民日报》《中国新闻周刊》共刊登相关报道 17 篇，12 篇集中在 2006 年 8 月中旬左右（详见表 9-1）。

表 9-1 "恶搞"相关报道

报纸（刊）名称	日　　期	标　　题
中国青年报	2006.3.30	网上"恶搞"挑战传统著作权保护　专家认为：互联网时代不应拘泥于传统规则
	2006.8.15	滥用"恶搞"只能窒息公共娱乐自由
	2006.8.22	网络"恶炒"、"恶搞"成风　信任缺失让人悲哀
	2006.8.23	首次提请全国人大常委会审议《未成年人保护法（修订草案）》
		向"恶搞"等不良舆论环境挥利剑
	2006.8.30	无聊糟粕须痛批　文化创新要支持"恶搞"争议反衬健康舆论环境亟待健全
	2006.9.22	选秀与恶搞：个人介入公共生活的非典型方式
	2006.10.21	从源头上刹住"恶搞"名著之风

续 表

报纸（刊）名称	日 期	标 题
中国青年报	2006.10.30	六小龄童：改编经典绝不能恶搞
光明日报	2006.8.10	红色经典不容"恶搞"
	2006.8.11	胡启恒等专家呼吁网上"恶搞"之风当刹
	2006.8.11	刹住"恶搞"之风 发展先进文化 本报"防止网上'恶搞'成风专家座谈会"侧记
	2006.8.18	"恶搞"成风败坏艺术形象
新华每日电讯	2006.8.11	牛郎没钱买房？恶搞对孩子影响不好
人民日报	2006.11.12	拿无聊当有趣，视油滑为幽默——别让恶搞糟蹋了文化
中国新闻周刊	2006.8.28	处理"恶搞"，应合法合宪
	2006.8.28	商业化救赎搞怪文化？
	2006.8.28	一个馒头引发的诉讼
	2006.8.28	胡戈：我的内心充满搞笑的念头

各家媒体的具体文本分析如下。

（一）关于"恶搞"的成因

媒体对"恶搞"产生的原因进行了分析，归纳起来有以下几种。

1. 青年亚文化反抗权威的表现

这类观点把"恶搞"看成青年亚文化的产物。反传统是青年亚文化的特点，为了吸引注意，搞怪、颠覆是其最常用的手段。例如《中国新闻周刊》的解释："社会学家评论，Kuso 是 20 岁上下的这一代人用自己的文化方式，颠覆和愚弄老一辈的思想。青少年文化学者认为，Kuso 之所以能在年青一代中快速成长，主要原因是现代社会给了年轻人太多的拘束与规范，年青一代所受的无形压力比从前大，意志力却远没有过往几代人强。诸多压力在年青一代的心头潜藏下来，势必会迫使他们找到一种最适合自己并且廉价、便捷的发泄方式。这就形成了 Kuso 文化，并且在此基础上，Kuso 也成为一种标扬'个性'，吸引外界注意的简单而行之有效的手段。"

2.网络时代大众文化对精英文化的反抗

这类观点从新旧媒体的角度分析，新媒体使大众文化更加具有平民化特点，搞怪是大众身份认同、自我认同的手段。例如，"内容上看，这类作品往往是对现实的反讽、颠覆和解构，具有很强的草根性、平民化等特点"。(《光明日报》2006年8月11日)"和传媒的传播方式有关，精英传播已化为草根传播。"(《中国青年报》2006年9月22日)无论是"超女"还是"恶搞"，都是群众压抑的参与公共事务意识的爆发，是"个人介入公共生活的非典型方式"，"人们通过参与'选秀'获得梦想的机会，通过当'粉丝'获得群体感、归属感，通过参与恶搞获得力量的感觉，通过制造属于自己的'草根精英'，对抗权威，表达对精英的不屑，确立自信，以谋求话语权，谋求在公共领域的一席之地。换言之，对选秀与恶搞，除了商业的理解之外，更应当予以社会文化层面的解读"。

3.消费意识 PK 娱乐意识

这种观点也是从媒体角度入手的，不过强调的是"谁控制媒体"。这一观点认为，传统媒体受消费文化控制，新媒体受娱乐控制，如《中国图书商报》所言："电影电视、广告广播，事实上形成了一个主流传媒生产现实场景的流水线。在这个流水线上，世界的图景被制度性地、习约性地呈现。现代传媒把一种乌托邦式的形象紧紧地捆绑到美轮美奂的白领化生活的场景之中。""不妨这样综述：'恶搞'的出现，一方面是中国大众文化媒介格局分裂的结果，一方面也加深了两种媒介之间的竞争。前者立足于'消费意识形态'，后者则逐渐形成一种'娱乐意识形态'。新媒介与娱乐意识形态之间的关系，也第一次通过'恶搞'这种审美清算的方式浮出了水面。"

（二）对"恶搞"的态度

其一，多数媒体肯定带有善意讽刺风格的作品，甚至支持那些真正针砭时弊的作品。"恶搞"的爆发式增长和全社会关注，始于《一个馒头引发的血案》，但绝大多数媒体对这件"恶搞"作品的态度是中性甚至肯定的，只有个别媒体对这件作品的著作权问题提出质疑，但并没形成主流意见。对此，《中国青年报》2006年8月15日的一篇评论给出的解释具有代表性："为什么胡戈对《无极》的'恶搞'就得到了那么多人的同情呢？这主要是因为，和《闪闪的红星》不同，《无极》表现的其实是一种伪传统和伪崇高。其离奇、经不起推敲的情节，幼稚可笑却故弄玄虚的对白，荒诞还一本正经的姿态，使其成了恶搞的绝妙对象，其结果就是'馒头不能好吃到这个地步'。陈凯歌越是怒不可遏，大众就越是一边倒地支持胡戈。"多数人认为，胡戈的行为不是"恶意的"，而只是"夸大的"表达。还有的评论在此基础上，针对媒体对"恶搞"的批评意见，进一步提醒，对待"恶搞"现象不要一刀切，一定要区别对待。

其二，主流媒体口径统一，对民族优秀传统文化和红色经典不能"恶搞"。例如，《光明日报》的评论是"低俗的'恶搞'和解读性的改编，两者之间应该有一个明确的界线。经典名著不容轻浮地篡改，要重塑严肃文学的正统地位，为青少年成长创造健康的舆论环境，就应在出版的源头上把好关，刹住这股'恶搞'之风"。"红色经典本身是我党、我军革命历史的真实写照和再现，弘扬的是爱国主义、集体主义、革命英雄主义精神，是关于正义、理想、信念主题的深刻表达，是一个国家赖以生存发展的主流文化意识。红色经典事关一个国家、民族的文化安全，是不容亵渎、践踏的，也不允许任何形式的曲解、颠覆和'恶搞'。"这一观点在2006年8月中旬的各家报道中被一致肯定，并在报道中被不断强调。

其三，对"恶搞"的限制应在现存的法规中寻找法律依据，不能仅凭主观感受。2006年第8期《中国新闻周刊》就广电总局实行许可证制度、限制网上"恶搞"发表评论，说广电总局的做法"也许可以一举解决恶搞问题，但制造的问题会更多、更严重"。《出版管理条例》（2016年修订版）第五条规定，公民依法行使出版自由的权利，各级人民政府应当予以保障。在网络上发布信息属于言论出版自由，这种权利只有在妨碍他人的权利或侵害公共利益时才可以限制，许可证制度是在未发生这种情况时做出的限制，这与条例不符。有关部门对"恶搞"行为的管理是有法可依的，不必再搞许可证制度。《互联网等信息网络传播视听节目管理办法》第十九条规定，禁止通过信息网络传播以下内容的视听节目，其中包括"（三）泄露国家秘密、危害国家安全或者损害国家荣誉和利益的"、"（八）侮辱或者诽谤他人，侵害他人合法权益的"、"（九）危害社会公德或者民族优秀文化传统的"。根据该作者的观点，以上三条完全可以作为现阶段管理"恶搞"作品的依据，这篇评论从法律条文的角度明确了"恶搞"的底线。

其四，"恶搞"是荣辱失范的"败德行为"。它容易造成是非不分、黑白颠倒，是对理想信念、诚实守信、良知善行、劳动创造的颠覆，此风绝不可长。在《光明日报》组织的研讨会上，有关专家对"恶搞"在道德观念上的影响进行了阐述，大致的观点如下。

第一，把英雄变成小痞子，甚至变成反面人物，是颠覆理想信念的行为，这种社会危害难以估量。

第二，诚实守信的美德在网络"恶搞"那里没有了任何价值，弄虚作假反而能够取得轰动效应。

第三，连英雄都可以变成反面人物，会使公众尤其是青少年心中的是非观变得淡漠。

二、报道"恶搞"现象中媒介的伦理视角

（一）在面对伦理底线问题时，主流媒体态度比较鲜明一致

"恶搞"其实并不新鲜，小品、相声、影视剧的一些搞笑处理就带有"恶搞"成分。从早期的卓别林电影到周星驰系列电影，都带有"恶搞"细节，尤其是周星驰电影中的无厘头情节，夸张、讽刺、自嘲，并没有引起社会大众的不适，相反很多经典镜头已经成为小人物发泄生活压力的象征符号。所以网上"恶搞"最初并没有引起普遍的不适感。如前所述，这类调侃经典的"恶搞"之所以引起广泛不安，是因为"恶搞"的对象是民族传统文化中的经典形象，是人们心中理想、信念、高雅的代名词，而"恶搞"的目的并不是疏解压力式的自嘲，或讽刺时弊的批评。按作品创作目的的不同，"恶搞"可以分为以下几类。

1. 反抗不公，发泄怨气

例如："尊敬的用户您好：您的话费余额已不足0.1元，请您在近日内：卖儿卖女卖大米，砸锅卖铁卖点儿血，卖房卖地卖老婆，把话费交上。谢谢合作！中国电信。"这类"恶搞"是抒发群众对某类不公社会现象的不满。

2. 调侃权威，讽刺现实

例如，2011年新出现的网络红人Hold住姐，以"俗艳夸张的造型、嗲声嗲气的英文、扭捏作态的姿势——向大学生介绍什么是Fashion"。

3. 无视对象，恶意发泄

这种"恶搞"不分对象，没有目的，或者说目的就是恶心受众，纯粹发泄。

从以上分类可以看出，容易引起人们反感的是第三种"恶搞"行为。尤其是当作者仅仅为了吸引眼球，采取"恶心你"的做法，对传统文化、经典形象进行恶意丑化时，自然会引起全社会的普遍不满。中国青年报社会调查中心和腾讯网新闻中心联合开展的一项调查也印证了公众的看法，对6 290人进行调查显示，89.9%的人认为"恶搞"应该有底线。这次媒介对"恶搞"现象的反应，表明在伦理底线问题上，主流大众传播媒体是立场鲜明的。

（二）媒体对伦理底线的认识是在法规约束性条款基础上形成的，即不妨碍他人、遵守社会公德、爱护优秀文化传统

这次关于"恶搞"现象的大讨论，澄清了人们认知领域的模糊地带。例如，虽然以往媒介在评说各类社会现象时常用"伦理底线"这个词，可是这个词的具

体内涵，在很多公众甚至媒体的认识中是比较模糊的。在这次的相关报道中，这一问题得以明确和强化。新闻传播领域常见的伦理底线问题是在国家相关条例的基础上形成的，通过"恶搞"事件中各方观点的摩擦碰撞，可以总结出以下几个属于伦理底线的范畴：爱国、不妨碍他人（包括尊重个体尊严）、爱护优秀传统文化。一旦媒体对带有底线性质的伦理问题达成共识，社会舆论自然就会形成一律，所有的道德相对主义、虚无主义的认识就很难再有市场。

第二节　大数据与隐私权

一、大数据新闻的隐私权保护

春运期间，百度基于 LBS 大数据推出的百度迁徙、景区热力随着央视"据说春运"的新闻成为关注焦点。然而，在巨大的影响力背后，百度这种基于数据分析对个人信息的采集方式，也引发了用户对隐私泄露的担忧。对此，百度给出的解释是这两款产品用到的定位数据并非直接来源于用户，而是基于百度地图定位服务的数十万个 App，所采集的数据均为量化和去身份化的数据，并非用户个人的真实身份。其次，由于百度迁徙关注的是用户群体性的趋势，而非个体行为，因而在应用过程中并不会侵犯到用户的个人隐私，这为数据利用与用户隐私权边界的关系给出了一个较合理的解释。但是，从百度与央视的"据说春运"、"据说两会"等系列新闻报道来看，大数据新闻在为受众带来更人性化、更直观、更易读的新闻报道的同时，也对信息隐私权边界产生了僭越的威胁。这引发了人们对信息公开和信息隐私保护界限的思考。

《大数据时代》的作者舍恩伯格在他的另一部著作《删除：大数据取舍之道》中，把人们徜徉于互联网时留下的个人信息称为"数字化记忆"，认为由于数字化进程、方便廉价的存储设备等因素的推动，数字信息已经成为互联网上长期有效并且可以随时获取的东西。从另一个方面看，这也促进了新一代数字"圆形监狱"的诞生：我们留存在互联网上的个人信息越丰富，就越是基于互联网为自己搭建了一个全天候无死角的全景式监狱。在信息的采集和利用过程中，我们每个人都成为监控者或者被监控对象。一个人一旦已经分享了信息，这个人就基本上失去了对该信息的控制。每次在线交流本身，就等于让交流伙伴了解关于自己的信息，交流伙伴也可能把这个信息拿来与他人分享。这会让我们自己不再是我们信息资源的主人。多年来,隐私专家一直在警告可能会出现一些后果。实际上,美国现代隐私争论的诞生便起源于对完整数字化记忆的反对。因此,我们在面对信息交流与共享时,就遇到了无法回避的问题:如何在数字信息交流和选择性公开之间找到平衡?

信息隐私权的设立,目的不是禁止或约束信息公开与分享,而是要给予个人选择是否分享信息的权利,以及信息保存的期限。因此,从狭义范围上来说,对于个人信息隐私权的保护,关键对策在于数据使用权限和信息存储权限的设置;从广义范围上说,个人信息的使用权限和存储权限要受到社会权利行使的限制,以及规则和观念转变的影响。

(一)数据使用权限

由信息发布者或者政府机构来规定个人信息的使用权限,如怎么使用、由谁使用、可以或不可以用于什么用途等,是保护数字化信息的共享与安全的关键对策。例如,美国出台的 COPPA 法案,全称为"儿童在线隐私保护法案",要求企业不得收集 13 岁以下儿童的在线数据及行为细节。这就是对用户数据使用权限的设定。德国的《数据保护法》,对个人信息采集和使用的原则是"禁止,或有条件地允许"。除了德国以外,还有不少国家和地区都颁布了《个人数据保护法》。有驻奥地利的记者称:"在奥地利生活,手机号和邮箱等个人信息的公开程度相当高,许多采访活动都要登记注册;网上订机票、订旅馆更是常有的事。但手机和邮箱很少有垃圾信息和广告邮件。在和当地朋友聊天时才明白其中缘由:是严格的《数据保护法》在我的个人信息与垃圾信息、广告邮件之间架起了一块坚强的盾牌。有了数据使用权限的设定,可以有效地避免个人数据的滥用、盗用和被用于其他不良途径。"

(二)信息存储权限

信息存储权限是保护数字化信息共享与安全的另一个关键对策。为信息设置存储权限不是为了强制性地删除或遗忘,而是为了提醒我们:任何信息的价值在时间上都存在有限性。所有信息的价值都不是永恒不变的,在脱离某个特殊的时间段或时间点后,信息的价值也会发生变化。为徜徉于互联网中海量的数字化信息设置存储权限,正是为了优化互联网数据库,保证现存信息的质量,最重要的是避免信息被滥用。例如,微软在其《软件产品与服务隐私指南》中提到的:"任何在公司存储的用户数据都应该有一个保存政策,指明这些数据应该被保存多长时间,以及在何时应该被从所有数据库中清除。"这有效地保护了用户的数据存储期限。

第九章　全媒体背景下的伦理困惑

虽然仍须进一步完善，但是与有节制的选择信息共享或者是禁止信息共享的做法相比，设定信息存储权限能很好地解决信息隐私的问题，又不会因噎废食，对数字信息的交流与共享产生伤害性影响。因此，有助于互联网健康的信息共享机制的形成。

数据使用权限和信息存储权限的设定，可以有效保护个人数字化信息的隐私，避免个人信息被滥用，造成不良影响。但是，设定的标准却要受两方面因素的影响。一是社会权益的行使，二是规则和观念的转变。

信息的隐私权保护是一个相对的概念，特别是在无边无界的互联网世界里和当今社会复杂的形式之下。有时，个人无法判定所掌握的信息是无害还是会危及他人甚至整个社会。另外，基于对安全稳定环境的需求触发的社会权益的保障，数据的使用权由谁来设定，信息的存储权限由谁来掌控，则要依托整个社会语境下公众信任的偏向。

在不同的社会文化和语境中，规则和观念都会不同。由于情景不同，信息的存储权限和数据使用权限会有不同的规定，而具体实施细则也会反映出观念上的差异。这些不同和差异都可以从现有的法律法规中、人们的意识观念中反映出来。因此，适应规则和观念的变化，调整公众认知，也是隐私权保护的另一个方面。正如舍恩伯格所说："如果我们能有意识地忽略过去，接受人类是永恒变化、绝非一成不变的事实，那么所有信息的长期存在将不再具有那么大的威胁。这样的认知调整将消除决策不明或反应不及时的潜在危险。"[1]进而形成良性的信息共享生态环境。

二、大数据新闻与新闻版权

作为一款个性化信息推荐产品，新浪的新闻应用类明星产品"今日头条"近日来颇受瞩目：一方面融资1亿美元，未来前景看好，但另一方面，也收到了传统媒体《新京报》抨击其涉嫌侵权的上诉，可谓喜忧参半。两者的版权之争，实质上也是传统媒体和新媒体的又一次利益分配之争，涉及盈利模式创新和价值导流两个关键问题。

（一）利益分配之争

首先来看"今日头条"是否真正存在侵犯版权的行为。作为一款新闻推荐类应用，"今日头条"的工作原理是抓取各个新闻网站的内容并作分析后，基于用户

---

[1]［英］维克托·舍恩伯格.删除：大数据取舍之道[M].袁杰,译.杭州：浙江人民出版社,2013:188.

的兴趣图谱做相关推荐。只要原新闻网站不反对，那么这种抓取就不算侵权行为。但是，当对内容进行抓取后，又涉及是否对内容和版式进行变更的问题。我国《信息网络传播权保护条例》第二十一条的规定："网络服务提供者为提高网络传输效率，有权自动存储从其他网络服务提供者获得的作品、表演、录音录像制品，并根据技术安排自动向服务对象提供。"但需尊重三个前提：一是网络服务提供者不改变自动存储的作品；二是不影响提供作品的原网络服务提供者掌握服务对象获取作品的情况；三是在原网络服务提供者修改、删除或者屏蔽作品时，根据技术安排自动予以修改、删除或者屏蔽。首先，"今日头条"在转载《新京报》网站的内容时，优化去除了网页上的广告，这在一定程度上损害了新闻被抓取方《新京报》新闻网站的收入；其次，在转载的新闻上并没有显示《新京报》的网站链接，即没有显示源数据链接，这容易误导用户，相当于"改变自动存储的作品"。就"今日头条"的商业模式而言，是建立在寄生于并损害原创内容媒体之上的，显然自利性大于共赢性。

（二）如何实现赢利模式创新和价值合理导流

客观来看，"今日头条"的新闻生产方式确实涉及侵权行为，但是从另一个方面来看，却为《新京报》这类传统媒体的内容进行了更加广泛和有效的传播，为传统媒体和受众之间创造了一个接触点，表明这个终端是非常有价值的。现在两者的争议点无非是内容所属权的不同，一个是报纸，一个是网络公司；但其实从内容本身的价值实现角度来说，"今日头条"和《新京报》却是天作之合。现在问题在于，在利益收益方面，两者是不对等的。所以"今日头条"与《新京报》的版权之争，不是在于内容该不该通过"今日头条"这种形式与受众产生关联的问题，而是利益如何分配的问题，即赢利模式如何创新的问题。现在《新京报》的内容通过"今日头条"的个性化推荐，已经实现了价值创新。过去的新闻只能通过传统媒体传播，而现在除了传统媒体，还能通过智能移动终端到达受众，这就是传播形式上、内容价值实现方式上的创新。

在版权之争中，《新京报》依然执着地追求过去传统媒体依循的价值实现方式，要求"今日头条"付费来转载或引用内容。这对新媒体来说当然是不可承受之重，因为它是基于海量信息抓取的新闻生产，庞大的信息抓取量决定了不可能为每条抓取的新闻付费。现在的盈利模式的创新点就在于，"今日头条"能否不是通过付现金的形式，而是通过其他方式，如有一个更有商业价值的合作模式来实现利益的分配。例如，和《新京报》合作，在所有转载的内容打上专门的水印、二维码或者提供链接。而《新京报》这部分内容是可以单独去经营的，可以借此寻找商业价值上的一种导流,这对报纸来说,就是一种价值创新。《新京报》可以集中优势来实行二维码的经营,对这方面的内容实行价格合理的收入分配。

所以,基于大数据分析的内容抓取和生产方式,传统媒体和新媒体能否实现共赢发展关键点在于:我们有没有智慧,找到一种方式来各得其所,既不是像"今日头条"这样无偿抓取,又不是像《新京报》这样停止内容供应或者是禁止对方供应。要打开思路,寻找盈利模式上的创新,而不是以传统的回馈方式来解决。新的问题要寻找新的解决方式,因噎废食就是阻断了双方在盈利模式和价值分配上的创新之路。

2014年5月,美国政府发布了《大数据:抓住机遇、保存价值》的报告。报告肯定了大数据为社会和经济带来的巨大价值,并指出政府和机构应该继续支持和开放大数据的研究。报告还提出大数据时代应该注意的几个方面:保护个人隐私的价值、执法和安全保障以及数据公共资源化等。虽然大数据的使用会与个人的隐私以及公平、公正和独立这些核心价值产生冲突,但是如果能够正确使用,就可以促进公民的实质自由和权利形式。所以,大数据时代的数字信息隐私保护和版权保护,不在于约束或者禁止,而在于节制以及平衡。

第三节　底层社会的伦理失陷

一、相关报道概述

2006年2月23日,《南方周末》头版报道《平时是天使,周末是魔鬼》引起了广泛热议。报道的大致内容是:23岁的乡村女教师徐萍(化名)在2002年至2004年间,"为了筹集弟弟们的学费和偿还家庭的债务而瞒着家人去卖身"。2005年底,徐萍给《南方周末》发电子邮件讲述自己的经历,并在天涯、网易、碧海银沙等论坛上发帖子,"讲述了4年来在亲情与忏悔间挣扎的艰难心路历程"。2002年至2004年,徐萍周一至周五是教师,她热情、善良,深受学生的喜爱、尊敬;周末,她的生活就坠入深渊,看不到希望。挣扎两年,她终于开始正常生活,但2005年,由于税费改革等问题,她的教师工资遭到拖欠,在这种绝望的境地下,她开始通过媒体披露自己的经历。

二、报道折射出的当代伦理困境

这篇报道被刊发后,《南方周末》编辑部展开了一场深入的讨论。编辑、记者们围绕这篇报道引起的争议展开针锋相对的讨论,大概集中在以下几个问题。

(1)报道真实性问题,有人质疑报道对象用化名,是否违背了新闻的真实性。

(2)报道逻辑线索是否成立问题。

(3)报道采写技巧与真实性问题。

这场讨论充分展示了《南方周末》严谨的工作态度,以及对新闻专业主义的探索精神,也让我们更深刻地理解了为什么这个媒体会有如此持久广泛的影响力。围绕着"真实性"问题,记者们从事实逻辑是否成立、具体采访技巧、写作方法是否可行入手,探讨这个报道对事实的把握能否更准确、如何更有效地增加报道的可信度。编辑部的讨论侧重的是业务原理和规律,而一般读者较容易产生疑问的是,报道对象的道德选择为什么显得这样轻率?为什么兄弟们的前途比姐姐的尊严更重要?

关于徐萍为什么决定靠卖淫改善生活,报道中是这样解释的:在这一年,父亲徐恩怀又一次病倒,却舍不得花钱动手术,只想把钱留作孩子们的学费。但徐萍决心为父亲的手术筹钱。村里一个早就盯上了少女徐萍的人传话给她,只要把第一次给他就可以借2000元。"为了爸爸我差点想豁出去了,是姑姑劝住了我并借给我们家治病钱。"徐萍在给记者的来信中回忆道。2002年春节前,基金会又一次来催债,要让法院来查封她家的房子。徐萍陷入痛苦中,"那时我特别害怕以后过年时没有房子,大弟弟又读高三了,成绩很好,一定能考上大学。但学费至少要1万元以上,怎么办?我压力很大,得不到解脱"。一个"阿姨"借机怂恿徐萍去做小姐,她说当时"听不得父母的叹息"、"就瞒着家里人豁出去了"、"我想可能是我前世欠了他们的,所以今世要还债。而且身体是父母给的,我用身体去偿还欠他们的债"。

从报道中,可以看出徐萍选择的直接动力是孝顺,但这也是一般读者最不能理解的,为什么就那么容易地做出了决定呢?毕竟,父亲的病还不是致命的,兄弟们也不必非要读大学呀。徐萍做出选择的推动力,不是为了"救命",而是为了改善生活,这就令人产生疑惑,甚至对徐萍的行为难以理解了。

要理解徐萍的逻辑,就必须去面对乡村生活环境的伦理变迁话题。在徐萍事件中,有一个很重要的视角值得关注,就是现阶段中国乡村社会的伦理现实对徐萍行为选择的影响。可以想见,如果她生活的乡村社会伦理规范依然停留在封建社会，甚至改革开放初期的中国，她的选择一旦被发现，就会难以在家乡生活了。通过报道可以发现，在她做出选择的过程中，她生活的环境中有一种力量在推动她走向这一步——那个"阿姨"的怂恿、他人有意无意地诱惑、便捷的卖淫途径甚至事后知情人对她行为的"理解、包容"，这些都在推动她的选择。而这些现象与我们想象中的保守乡村观念相去甚远。当前中国的乡村到底怎么了？

社会学者申端锋在对湖北农村进行调查后，写出的报告《中国农村的伦理性危机与伦理重建》，可以说直接回答了徐萍事件中的疑问。申端锋发现，在取消农业税后，"以农民负担为核心的各种治理性矛盾趋于消解，乡村社会里的社会文化性问题逐步浮出水面，当前农村社会的日常生活发生了剧烈的变化，并且鲜明地体现在乡村生活伦理的变异中，中国农村出现了伦理性危机"。调查发现，随着外出打工农民的增多，越来越多的农村妇女在城市从事地下性服务业，这在农村已经成为公开的秘密。而更令人诧异的是，研究者在与村民深度访谈中发现，但凡谈到在城市从事涉黑涉黄工作的乡民时，村民在讲述他们的故事时"被凸显得最厉害的不是道德谴责，甚至我们根本没有看到道德谴责，讲述者最强调的是这些人都挣到了钱，并且挣到了大钱，给家人带来了好处。正是因为她们挣到了大钱，她们的家人在村庄中的地位大大提高，说话都硬气些"。这种乡村伦理现实与人们印象中的传统中国乡村伦理差异极大。社会转型之前，中国乡村的社会价值观是封闭的、变化缓慢的血缘宗法社会价值观，是整个社会中观念最保守的阶层。短短几十年，最忠实地执行"饿死事小，失节事大"的乡村社会发生这样巨大的观念变化，是很多远离乡村生活的人们所难以想象的。了解了乡村伦理现实之后，再来思考《平时是天使，周末是魔鬼》中徐萍的选择，就更容易理解了。在以致富为第一"需要"的社会环境中，女孩子对贞洁的看重、对个人尊严的挣扎，都显得无力了。

学者们的研究表明，乡村（包括底层社会）伦理失陷的现实与社会结构发展滞后于经济发展的现实直接相关。社会学家陆学艺经过四年调研，在2010年接受《瞭望东方周刊》专访时指出，"中国的社会结构改革落后于经济结构改革15年，社会结构是资源和机会在社会成员中的配置。结构滞后，就是资源和机会配置不得当。实际上，资源和机会不平等成为目前中国社会问题多发的重要原因，这已是共识"。目前这种"不平等"的重要表现之一，就是社会贫富差距过大。

社会学家孙立平在其2009年的著作中指出，由于我国社会贫富差距过大，底层的沦陷已经成为无法回避的话题。对底层社会出现的种种现象，如啃老、虐待失去劳动能力的家人，对偷盗、卖淫行为的不知耻，不能仅仅从道德的角度加以批判。这首先不是一个道德的问题,"而是一个社会结构的问题。在举国上下致力构建和谐社会的今天,通过合理的资源配置,保护和改善下层的生存状态,避免底层的沦陷,是构建和谐社会的重要任务之一。而其中很重要的一点,是我们公共政策的取向。在一个分层的社会中,地位的高低之分,是不可避免的,对这个问题刻意回避是没有意义的。关键的问题是,我们的公共政策不能满足于将'不出事'作为目标,而是要改善下层生存的生态,使那里能够成为一个可能比较困苦,但仍然有生存机会,有向上流动的希望的空间"。

申端锋也强调,"这种做小姐所体现出来的财富伦理绝不是一种现代意义的新财富伦理,而是一种变异了的财富伦理,这种财富伦理与当前村庄日常生活中的其他层面的伦理变异是一致的"。而要重建农村社会伦理,只有两个出路:一是利用政策导向,引导私人生活;二是恢复乡村集体生活,重建集体生活和乡村活动背后的生活伦理。

社会学家和伦理学家不同角度的思考,共同指向社会结构调整对道德生活的促进。这也为新闻报道提供了一个更实际、更具体的目标——在涉及底层社会道德变异现象时,在坚守伦理立场的基础上,媒体更重要的任务,是针对社会结构转型提出更具针对性的意见和策略。

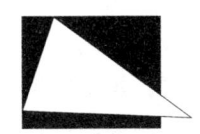

第十章　全媒体时代新闻伦理重建的媒介责任探讨

"行为失范、评价失语、权威失效"是对我国当前伦理道德现状的描述，其中"评价失语"的主体之一即为大众传播媒介。随着社会转型，伦理道德的变迁在媒体上到底是怎样呈现的呢？新闻媒体对"评价失语"应负多大责任呢？转型社会中的大量社会问题，成为新闻媒体取之不尽的素材来源；而价值冲突中的种种现象折射和观念困扰，更呼唤负责任的新闻媒体为社会发展最终从无序走向有序，由冲突走向和谐，提供舆论助力。本章，笔者综合前面各章的研究结论，试图从媒介的社会责任角度，归纳当前我国新闻媒体伦理话题报道的现状和特点，并从转型社会的媒体功能和报道策略两个层面进行反思和探讨。

第一节　全媒体时代媒体报道理念转型

当前我国新闻媒体在报道中以典型人物报道进行道德激励和示范，以热点问题的深入开掘解释、引导、化解各种利益冲突，以期重塑时代精神，求得观念共识，可以说新闻媒体在推动社会伦理重建方面起到了一定的积极作用，并积累了很多经验，当然也有一些值得反思的问题。通过对个体道德、社会伦理话题和热点问题的个案分析，笔者认为我国的主流新闻媒体在伦理话题的报道中是有一定的主动精神和自觉意识的，主要表现在以下几个特征或变化中。

一、新集体主义价值观与"宽容"和"尊重"的报道方针

相对于一元价值观时代，当前新闻媒体在对新闻事实进行价值判断时，不再采取非黑即白的态度，尽量不以道德法庭审判员的面目出现。尤其是在面对新生

事物时，不轻易评价报道对象的行为是否"不道德"，对报道对象的道德选择能够采取倾听和理解的态度。如前文所述，对选择单身生活的青年人比例增高、"90后"年轻人的"闪婚"、"闪离"等现象，媒体报道多是从社会和心理方面寻找原因，并注意认可这类现象对提高生活质量的积极意义。尤其是对比较敏感的"孝亲"问题，对农村或部分弱势群体中出现的奉养孝敬老人方面的问题，媒体报道也提到了道德教育需要加强，但更多的是从社会保障领域寻找解决问题的制度途径。对报道中涉及的不孝行为当事人，媒体的态度是谨慎的，尽量保护当事人的尊严和隐私。并且在对这类报道对象的个体道德品性和品行进行评价时，态度是理性的，绝不进行人身攻击；即便对确实存在道德问题的个体，也尽量采取"对事不对人"的态度。甚至反面人物报道，报道的关注点也不仅仅在个体道德堕落，而是尽量全面地考察人物生活境遇，给出更全面客观的人物形象。这种处理模式，体现出主流媒体的共识：相对于媒体来说，被报道的个体总是弱势的，在报道对象不违法、不违背道德底线的前提下，媒体要本着尊重、同情、平等、宽容的态度对待报道对象。这一原则，在关于生活方式和价值观念类伦理话题中体现得比较充分。

当然媒体的宽容态度在不同类型的伦理问题中，是有相应的尺度的。由于家庭伦理关系是以温情为基础、关怀为内容的，因而在这类报道中媒体的态度也应该是同情、温情的，应尽量避免过度介入被报道对象的生活，以免造成家庭成员间的感情裂痕。因此，报道中对家庭成员应慎用、少用道德评价。即便如此，一些事件，由于新闻媒体过于关注，因而也导致了当事双方在感情上至今难以愈合。而对于诸如消费伦理领域存在的奢侈消费、生活方式方面的糜烂观念、职业道德领域的违规行为，媒体的态度却不能是"温情"的了，应该在尊重报道对象人格的前提下，指明不道德行为的危害。媒体在伦理话题报道中的"宽容"态度，体现了新集体主义价值观的内涵。

二、道德建设的层次性与媒体的底线问题

如前所述，当代中国的主导价值观是以奉献社会为导向，以国家、集体、个人共赢为目标的新集体主义价值观。围绕着这一价值体系，社会的共享价值是"共同富裕"，共享的规则是"公平、平等"。在遵守规则的前提下，个体追求经济利益、个人权益，追求多样化的生活方式，是其基本权利，理应受到媒体和舆论的理解和支持。

以往媒体报道过于强调终极价值，无论是个体道德建设还是职业道德建设，

都以终极价值为指向，使道德建设脱离了实际，不可避免地造成了知行分裂现象。当前媒介在这方面正处于渐变状态，一些媒体已经有意识地拉开了道德建设的层次。从社会的总体状况看，道德建设并不乐观。在道德教育领域，一方面是教育标准不统一，另一方面是教育手段僵化。当代中国道德建设的现实情境：一方面是对终极理想价值普遍淡漠，另一方面是对道德观念和秩序茫然无措，甚至出现"善恶"、"对错"无从判断，也无所谓标准的心态。

道德大致可分为圣德和常德两大类。圣德相当于李泽厚所说的"宗教性道德"，董仲舒之后的儒家伦理道德、康德的绝对律令式道德，以及各种革命道德，都带有圣德特征。具体表现为，与某种终极价值相联系，趋于理想化，追求道德至善，崇尚牺牲性的奉献、利他、舍己为人等高尚的英雄主义行为。圣德建设在我国有着悠久的历史，中国古代伦理观就是强调道德内省，到中华人民共和国成立后，社会主义道德建设也注重将个体道德建设引向共产主义信仰，强调奉献精神和集体主义。长期的圣德教育造成的传播效果，就是出现了"语言的二元化"现象，即在公共语言与日常语言分裂的情况下，人们用"假语言"装模作样地谈论"假问题"。这种现象，从语言传播的角度看，无助于社会阶层的观念沟通，只会造成隔阂和猜疑。更为严重的是，从社会道德角度看，这必然造成道德领域的知行分裂。"中国传统文化在理论上所推崇的'内圣外王'的理想人格，并不等同于现实人格，实际上是一般人难以企及的'善'的境界。如果在实践上缺乏相应的行为规范体系，没有一个以法治精神为核心的公正社会做基础，仅仅停留在宣传上面，自然无法使现代伦理道德理念深入心智，形成社会舆论和社会风尚，成为人们的自觉行动。"

正如有专家指出的那样："当代中国社会最严重的价值危机不是道德理想的失落，不是功利主义和世俗文化的泛滥，而是中国文化中公民底线道德的普遍崩溃。底线道德的一个重要特征是一些人内心深处耻感和罪感意识淡化以至消失。"道德底线是所有社会成员都要恪守的道德下限，如果社会成员道德底线模糊或漠视道德底线，必然会造成社会秩序的混乱，进而危及社会稳定。我国传统社会生活中，人们耳熟能详的"己所不欲，勿施于人"就是老百姓所自觉信奉的人际交往底线规则。伦理底线既是对人履行道德义务的规范，又是对公民合法权益的保障。

近年来，我国理论界对底线道德建设对社会秩序和谐的作用进行了比较深入的研究，但在实践界包括新闻界，对道德底线的具体内容还处于比较迷茫的状态，认识比较模糊。

笔者以为当前中国社会中处理人际关系的底线是建立在无妨害原则和尊重原

则基础上的。尊重原则前文已经阐述过了，无妨害原则与尊重原则在目的上是一致的，都是对个体权益的保护。无妨害原则更侧重对行为主体的约束，是我们在人际交往过程中为了不侵害他人利益而做的自我限制，这一原则是现代法律的基本精神，因此，也可以说是人际伦理的底线。正如王海明谈到的人际关系的几个标准中，"为己不损人、为己利他、己他两立、损己利他、舍己利他"，底线是"为己不损人"。

职业伦理建设在我国伦理界还是比较新的话题。随着社会分工越来越细，每一种职业应承担的义务底线也越来越专业化，因而很多仍处于探索阶段。由于对这一问题的隔膜，媒介在涉及职业伦理的报道中，经常将个人品质与职业道德混为一谈，经常出现偷换概念的现象。目前，各类职业伦理的底线与层次是什么，是新闻从业者比较棘手而又亟待厘清的观念问题。

在家庭关系中的伦理底线，应该是"不遗弃"、"不伤害"。随着中国社会从传统大家庭向核心小家庭转型，赡养、离婚率上升等问题也不断困扰着整个社会。家庭关系以感情为纽带，"不遗弃"是最古老的亲情底线，而"不伤害"则是人类交往的基础，也是家庭关系的起点。

三、社会结构转型背景与新闻媒体的伦理问题制度解决

我国的伦理建设一度比较重视形式，热衷于各种宣传造势，这种风气直到今天还没有完全杜绝。不过，目前媒体也呈现出了较积极的趋向：新闻报道从重视弘扬美德伦理转向制度伦理，推动制度规范。

随着我国伦理范式由美德伦理向制度伦理的转换，当前新闻媒体的报道也呈现出越来越明确的道德制度化意识。所谓道德制度化，就是着重从制度方面来解决现实中的社会伦理问题，具体表现为制定、完善和执行各种符合社会伦理要求的规则。笔者以为对这个概念可以有广义和狭义两种理解：从狭义上讲，应当性的伦理原则只有转换为刚性的规章制度，才能由道德自觉变为强制约束；从广义上讲，当代中国的道德无序和道德失范现象，并不仅仅源于个体道德水平或认识水平的高低，而是与社会转型过程中社会制度建设落后于经济发展和伦理观念转变有关，终极原因要从制度本身的缺陷中寻找。这就要求对社会伦理问题寻求社会制度、社会结构层面的解答。前文提到的关于反面人物和弱势群体的很多报道，媒体对社会转型造成的个体道德困境有所揭示，并明显意识到更公平的社会制度建设对民众道德尤其是底层人群道德水平提升的制约性作用，将其作为了报道的落脚点。

总体来说，通过制度建设解决社会问题，在追求社会公平的前提下，致力于改善民生，润滑社会矛盾，是主流媒体的共识。而这一共识对当前中国社会稳定是至关重要的。社会学家陆学艺领导的研究小组经过四年的调研发现，社会阶层的日益分化是2000年以来中国社会阶层结构变化中值得警惕的现象。在财富阶层迅速壮大的同时，社会底层也在扩大，突出表现在无业、失业、半失业人员阶层的扩大。其形成原因有以下几个方面因素：体制转轨和产业结构调整导致一批工人和商业、服务业人员处于失业、半失业状态；就业机会不足使许多新进入劳动力市场的青年劳动力长期待业；城市大量征用农用地，使大批农民无地可种，而这些农民在城镇一时还找不到合适的职业。另外，还有不少城乡居民因为残障或长期卧病的困扰而不能就业，他们多数也陷入贫困境地。与底层扩大相对应的是财富阶层的壮大。而"目前财富阶层壮大与社会底层扩大，二者之间是存在相关性的——财富阶层的壮大在一定程度上是以社会底层为代价的"。"由于一些富豪和高收入群体的财富积累往往与政府腐败、官员受贿及行业垄断联系在一起，才引起民众不满情绪和强烈的不公平感，在普通民众当中出现了'仇富心态'。"

在此社会心态下，新闻媒体在涉及弱势群体的伦理话题报道中一味地进行伦理批评，可以想见，这只会使公众反感。如果能以尊重、同情、包容为基调，以解决问题为目的来处理底层伦理话题，会有助于社会情绪的疏解以及伦理问题的根本解决。

第二节　全媒体时代的媒体责任再思考

在社会失序、权威失信、评价失语的格局下，新闻媒体的"失语"表现在哪些方面呢？本节将对新闻媒体在道德价值建构、消极伦理的纠偏效果、制度伦理推进过程中媒介自身道德形象等方面存在的问题进行反思和探讨。

一、新闻媒体在伦理话题报道中的角色定位模糊问题

我国传统社会伦理具有一元化特征，整个社会共同遵循单一的、排他性的伦理规范，以此确保社会结构的超稳定性，这种状态一直持续到改革开放前。改革开放以来，随着社会伦理由一元走向多元，价值观念的多元化得到社会各个阶层的认同，体现在新闻报道中，就是新闻报道的主题和倾向也日益呈现出开放的态势。新闻媒介绝对正确的指导者身份逐渐褪去，记者不必在每篇报道中都对新闻

事实进行价值判断，这可以说是时代进步的体现。但另一方面，面对不断涌现的伦理冲突和令人困惑的伦理现象，新闻媒体的角色定位到底是什么似乎又成了新问题。从本书的研究结论看，在各类伦理话题报道中，新闻媒介最常扮演的角色是社会生活的"观察者"和"反映者"。

如前所述，在报道新社会现象时，新闻媒体的态度是中立的，通常的做法是展现变化，分析原因，较少对现象的是非对错进行直接评价；而对比较有争议的个体道德问题，新闻报道通常会展示各方观点，体现"公正而平衡的"编辑方针。这一点在社会伦理话题中体现得尤为明显。

关于木子美的个案最为典型。木子美的生活方式选择不但违反了中国传统的性道德观，与世界上绝大多数国家的主流道德观也是相悖的。而她不但选择了这种生活方式，还把自己的隐私通过传媒暴露在公众面前。在这种情况下，绝大多数新闻媒体在对木子美行为的评价中，是从法律、心理健康角度着眼，却没有媒体对木子美的行为进行道德阐释。关于她行为的道德评价，只是集中表现在一些媒体中：她对自己生活方式的选择是个人的事，但她将这种有违主流价值观的生活方式宣扬开来，则会影响少年儿童的价值观教育，可以说已经触犯了道德底线中的"无妨碍"原则。在以木子美现象为代表的一系列关于价值观、生活方式领域的道德问题上，媒体的报道方针是慎谈道德，甚至是避开道德判断的，更不要说进行道德阐释了。

当前媒体的报道原则是，对不违法、不违反道德底线的行为是不打击的，这是巨大的进步，体现了媒体（包括社会）对个体选择的尊重，但这不是说媒体放弃了其引导功能。引导健康、科学的生活方式，引导对善和美好的向往，一向是传统新闻业的功能。目前似乎这一功能受到了质疑，或者说从业者不再那么坚持。如果文化传播（包括教育）领域对个体道德导向持有价值中立态度，结果会怎样呢？

20世纪50年代以来，美国教育界曾试图在中学推广一种新型的价值观教育，即以学生为中心的教育理念。这种教育学派被称为价值澄清学派。这一学派产生的背景是，20世纪中叶，美国社会传统价值观念受到冲击，社会的观念变化使儿童难以适应，失去价值观指导的儿童出现惶恐不安、焦虑、冷漠、喜欢幻想、反复无常、无所适从等心理障碍。价值澄清学派试图帮助学生澄清其价值观，并根据自己选定的价值观做出道德决定和采取行动。他们的德育教育是帮助学生选择自己的价值观，却不进行道德行为的指导，也减少道德知识教育的内容。然而，这一新型教育推广的结果却是与其初衷相悖的，一些学生面临重大的道德问题时束手无策，最终导致价值观混乱和无政府主义。到20世纪90年代，美国政府开始转而大力支持推广品格教育。美国的相关专家认为,"即使是在美国这样的多元文化和多种宗教并存的社会中,建立一套代表美国精神的一致性的核心价值观也是有可能的"。

美国的经验说明,如果社会出现公众在价值观领域各行其道的局面,必然会使社会陷入混乱和动荡。当前部分媒体存在的道德相对主义倾向当然还不能对社会造成这么大的危害,但正是一些媒体在报道中流露出的这种道德相对主义倾向,形成了并不准确的媒介环境,才使得公众有可能低估社会道德的评价。这并不利于当代中国的伦理重建,因为如果公众对社会道德环境的改善没有信心,其对自身道德行为的约束便会自然降低,对他人的信任感也会降低,这无助于建立和谐的社会关系和人际交往模式。

社会转型期是各种观念碰撞磨合的过程,这个过程中允许不同观念出现,更鼓励不同观念的交流,但这并不意味着无所谓是非善恶。观念交流恰恰是为了形成尽可能广泛的共识。社会中,社会成员在最基本的行为规则和道德观念方面如果不能达成共识,只会造成社会的不安定。因此,在社会转型期,媒介是社会现象的观察者、反映者,也应该是观念困惑的解读者,是错误行为的监察者。

当前我国的社会转型过程,是伦理秩序从失范走向规范的过程,是道德价值观念和道德规则最混乱的时期,因此,也是公众对媒体的解疑释惑、指导生活作用需求最为迫切的时期。当代中国新闻媒体在社会生活中,当然不应该是高高在上的指导者,但其"引导者"的角色不能缺失。引导社会观念更加科学、健康、积极,引导社会形成核心价值观、坚定主导价值观,这是和谐社会建设过程中媒体的重要任务之一。

二、新闻媒介辨识消极伦理能力、解疑伦理冲突的能力有待提高

我国的个体道德变迁具有以下几个特点:一是集体主义价值观受到冲击;二是道德理想人格由"仁爱"转向"进取";三是道德选择由以德为本的德性取向转为"以利为先"的工具性价值取向。客观地说,对个体价值的重视、对个人利益(包括权利)的追求,有其合理甚至推动社会进步的一面。但社会转型期主导价值失范,加上公众对长期的一元价值观教育的逆反,对个体权益的过度推崇,很容易导致道德虚无主义、拜金主义、享乐主义泛滥。当此社会心理出现之时,一旦主流媒体在这些问题上出现"失语"倾向,这一思潮就会迅速蔓延开来。笔者发现,一些媒体在面对享乐主义、纵欲主义和消费主义现象时,态度比较暧昧,甚至持有部分肯定态度,带有道德相对主义的特征;而在一些伦理冲突现象中,又

表现得语焉不详、摇摆不定，无力帮助公众进行伦理选择。

究其原因，不外以下几个。

第一，新闻媒体的媒介理念影响了其内容选择。不同媒体对自身的不同定位，影响了其对各类消极伦理的态度。如果媒体仅仅将自身定位为一家信息经营机构，以赚取利润为经营目的，那么其新闻选择的标准将以是否吸引眼球为主或以广告主的利益为指向。而当媒体意识到大众传媒应对社会发展担负责任时，其新闻报道在内容选择和观念传递层面，必然会遵循一定的道德标准。坚持媒体的"社会责任"，最根本的是当经济效益与社会效益，即个人、媒体私利与公共利益发生冲突时，将社会效益放在首位。在某种意义上，社会效益和经济效益的矛盾反映在传媒的意识形态中就是职业主义和重商主义的斗争。传媒既要服务公众，又要赚取利润的双重角色使新闻工作者陷入两难的困境。

第二，一些新闻媒体怕被冠以"道德决定论"、"保守"等与这个开放进取时代不相符的帽子，不敢过于鲜明地表明立场。由于我国文化上的政治道德一元化传统，以及长期存在的知行分裂的道德状况，"道德"容易令人联想起虚伪，联想到政治甚至封建强权。为了表明自己不是道德保守主义者，为了显示媒体的新锐时尚，很多媒体对道德层面的问题采取回避的态度。这一特点在一些以都市青年为对象的媒体中表现得尤为明显。而这一价值取向又与"规避崇高"的当代青年亚文化暗合，于是更坚定了这类媒体的自身价值定位。

第三，部分媒体在面对道德冲突或道德两难现象时，确实存在由于认识水平不够而无所适从的情况。社会转型过程中，社会道德规范体系确实存在不够明晰、难以把握的问题。对于确属带有两难特征、一时之间难以把握的新生事物，媒体可以先采取客观报道的立场，让各种观点充分争鸣。但若新闻报道对象的行为中有明显的消极伦理特征，诸如道德虚无主义、物质主义、极端个人主义方面的问题，媒体态度暧昧或无措，那就是新闻伦理或报道者个人能力的问题了。

道德相对主义倾向的出现与功利主义对德育的影响有关。过于关注效率和利益，使得整个社会的注意力集中于规范与底线话题，逐渐放弃了对信仰和终极价值的追寻。美德伦理取代规范伦理是不现实的，反之，规范伦理和底线伦理一旦遮蔽了美德伦理，从社会的长期发展看，其危害也将是更难以预料的。世俗社会的来临总是伴随着一场深刻的精神危机，处在现代化与市场经济进程中的当代中国社会，正面临着整体性的"终极关怀"的失落和极为深重的"意义危机"。这是一个不争的事实。从道理上讲，"意义世界"担负着为人们提供信仰之源的至为重要的功能，意义的缺失必将导致人的存在本身的危机。从当代中国社会转型期的特定实践背景与民众精神生活的现实情境着眼，笔者认为，"终极关怀"的失落和"意义危机"的出现，实质上是社会文化公共性信念失落的集中表现。

三、新闻媒体在伦理话题报道中对制度的伦理起点的模糊

人们之所以遵循社会规范，通常源于三种约束力量：一是个体的道德良知，二是宗教信仰产生的"敬畏"心理，三是国家机器的强制规定。在我国，由于宗教对社会的影响力早已弱化，整体的社会道德状况也不容乐观，相对来说社会转型期的社会秩序主要靠国家的法规制度体系的强力控制。当前我国的伦理话题讨论呈现出的特点是——起于道德，终于制度。例如，20世纪80年代的大讨论是关于个体价值问题，20世纪90年代的讨论是见义勇为行为是不是不求回报的，现在对这类行为的态度是呼唤"社会制度保障"以促使见义勇为行为获得社会认可和回报。通过制度建设避免伦理问题的出现，促使伦理问题的解决，反映出社会转型期以制度重建推动问题根本解决的思路，这是符合社会发展要求的刚性对策。

但值得关注的是，现阶段我国媒体对伦理与制度关系的探讨，注意力更多的是放在制度保障伦理建设层面，对政府制度设置的伦理评价较少触及。随着我国制度建设的推进，制度的伦理起点问题也越来越需要明辨，否则制度建设就有可能走向功利主义，不利于社会的长期、有序、可持续发展。例如，近年来关于医疗、教育改革的争论以及社会公益部门该不该私有化问题，其本质是对当前中国发展观中的伦理观的争议。再如，早前媒体对江苏推行的医院全部私有化的争论，其实就是关于制度制定的伦理前提问题。相关人员在回应媒体对其医疗改革政策的批评时，要求媒体记者到江苏看结果：在宿迁，虽然医院全部私有化，可是医疗费用反而降下来了，药费也降下来了。此举是"用事实说话"，通过私有化后的效果来回应媒体认为其行为会危害公益的批评。事实似乎证明了这种做法的胜利，但关于现象的争议，却不能仅仅用结果是否高效来作为决定性衡量标准。关于现象的争论核心，是政府能不能用不公正的手段或制度，去寻求公正和效率；在中国发展问题上，"公正"能否成为伦理观中的最高原则。可以说，无论是基于中国发展的现实困境，还是伦理建设的理想境界，"公正"都是目前社会治理的最高原则，而"平等"是最重要的公正，当其他伦理原则与之发生冲突时，其他伦理原则必须让步。但当前部分新闻媒体在做这类报道时，其价值判断则过于务实。这种只看一时结果而不顾制度伦理后果长期影响的思维方式，与可持续发展的时代精神是背道而驰的。伦理问题不能只靠法规解决，伦理是制度的起点，是衡量制度的依据。

四、新闻报道中的叙事伦理

在文学和影视作品中，通过叙事传递意识形态主要有两种手段，其中一种叫"反伦理"角色代言叙事，"是指作家有意地选取'非正义人物'做主人公，并且作家还特意让这样的主人公身上承接某种'德行'，以迷惑或混淆读者的伦理判断力"。文学作品中比较经典的例子，如《沉默的羔羊》中的汉尼拔博士，沉着、冷静、智慧、博学；一度热播的电视剧《越狱》的主人公，同样沉着、冷静、坚忍、智慧超人，这些品质使得读者或者观众不自觉地喜爱、钦佩甚至崇拜他们。另一种方式是通过叙事视点影响叙事伦理。当文学作品采用持续的内视点时，便会导致读者希望他认同的人物有好命运，而不管他所暴露的品质如何。

在前文的"消费伦理"等部分可以看出目前我国新闻媒体在处理一些题材时有意无意地使用了以上叙事技巧，从而暴露出我国新闻叙事的伦理问题需要警惕以下两个方面的倾向。

（一）用人性关怀掩盖道德虚无主义的叙事

当媒体在恶性犯罪报道中流露出所谓的"人性关怀"，甚至将犯罪主因归于社会时，其实质是以泛人性关怀践踏伦理学中的生命价值原则。伦理学的生命价值原则主张尊重生命，大多数道德体系有戒杀的禁令。新闻媒体对个体的关怀要切合人类发展的需要，并不是偏离社会正义、社会公平，满足某个社会个体、社会群体的需要，也不是为了满足大多数人的需要而忽视或践踏社会个体的正当需要。这些都是对该条原则的误解。

（二）用追求时尚掩盖消费欲望的叙事

21世纪，这种以消费欲望为核心的叙事首先兴起于文学作品中，这股潮流由于新媒体的出现而加速影响了大众传媒的叙事伦理。木子美的身体写作似乎是突然出现在传媒中的个别现象，而实际上早在棉棉、卫慧等作家的作品中就已司空见惯。这种写作被称为"私人化写作"。在私人化写作中，早期作品还是从关注女性体验入手的，中后期的一些作品则呈现出所谓的"日常生活审美化"倾向。我们在叙事中看到性放纵，爱情被质疑，物质生活中的细节被放大，品牌、奢华生活及由此带来的内心满足被津津乐道地描述。这时的私人化写作就不可避免地呈现出消费叙事的特点，成为商业的俘虏。

第三节　全媒体时代的媒介品格塑造

　　媒介提供的现实环境是现实环境的一部分，新闻媒体的道德是社会伦理的一个分支，而媒体自身的品格则是通过新闻作品直接反映出来的。近年来，西方传播效果研究领域提出了一个新概念——"媒介等同"理论。媒介等同理论中谈到一个观点，即"媒介的人性化"问题。该观点认为，人们与媒介进行整体的和感性的接触，从而引起心理上一种自然的社会反应；尽管这些心理反应有些是潜意识的，但都会引起人们对媒体的某种情绪，进而引起人们对媒体的独特的交往行为，即无意识里的"主体间"交往。简而言之，没有人性的媒体就无法真正得到人们的认同。这一理论对伦理话题尤其适用。新闻媒体的道德水平、公信力和格调，如同人的德性和德行，在处理新闻选题、评价伦理话题时表现得淋漓尽致，如同为人处世的立身原则，新闻媒体也必有其带有人格特点的媒介品格。公众根据媒介的内容判断媒介品格，进而形成对具体媒体的价值判断，甚至情感印象。

　　媒体品格包括媒体的道德和格调两部分内容。如同人品一样，不同媒体在良知、诚实、正直、品位等问题上也会有不同特点，但在原则问题上，新闻媒体是有共同的价值标准的。除了第一章中谈及的当代中国社会转型过程中的主导价值观——多赢为目的、义利并重的新集体主义价值观和可持续发展的伦理共识，是新闻媒体应遵循的普遍道德原则外，以构建和谐社会为目的的新闻媒体也应以公平、同情、尊重作为衡量媒体品格的标准。

一、公平伦理

　　公平原则是个人行为的基本原则，是社会决策用以分配社会成员的权利与义务，也是调节各种利益关系时所应恪守的规范尺度。它既能内化为个人的道德情操，构成个人的美德；也能成为社会制度的属性，构成社会制度的美德。公平原则是最古老的道德法则之一，早在古希腊时期即被列为"四德"之一，因而关于公平的定义古今中外不胜枚举，各有侧重。

　　公平是当代中国转型时期和谐社会构建的核心，"是资源和利益的合理分配，利益矛盾的有效协调，而公正的制度是协调社会利益关系与消解矛盾的有效方式之一"。就我国现状来说，公平原则在政治生活领域主要指权利分配公平，保障个人的平等权利；在经济生活中，倡导以经济效率为价值取向，以机会均等为形式原则。从可持续发展的角度看，公平包括三层含义：一是空间维度上的代内公平，强调世界上的每一国家、每一地区、每一个人都具有同等的发展权，一部分人的发展不能损害和剥夺另一部分人的发展；二是时间维度上的代际公平，强调当代人在发展和消费时，应当承认并努力做到使后代人有同等的发展机会；三是有限资源的公平分配。

维护社会公平、推动社会正义是新闻媒体基本的社会责任。同样地，维护社会公益，预测、监督、揭露社会发展中存在的不义，推动人类社会的发展和进步，既是公众对新闻媒体的道德期望，也是新闻媒体存在和发展的社会道德基础。只有如此，媒体才能赢得社会的认同和支持，才能在人类进步历程中发挥作用。对于新闻媒体而言，公平原则主要体现为对信息资源的分配公平和避免媒体歧视。具体表现为两大部分：一是社会成员获取信息的渠道和机会均等；二是以大众传播媒介为主体的信息传递机构，对社会各阶层人员的关注程度平等。由于本书的侧重点在新闻的内容层面，以下着重探讨新闻媒体在报道内容层面的不公表现，具体而言就是报道内容层面的传媒歧视问题。

常见的传媒歧视主要表现为以下两点。

第一，对弱势群体的普遍忽视。以伦理话题报道为例，表面上看，相对于政治、经济类选题，伦理话题类报道更关注弱势群体，很多伦理话题选自社会底层人群的生活。但部分新闻媒体关于弱势群体的报道带有一定的猎奇、窥视，甚至居高临下的"关怀"态度。这一特点在一些格调不高的"市井"新闻中表现得尤为明显。一些地方电视台的所谓民生新闻几乎被家长里短、奇闻怪事所垄断，这类媚俗甚至恶俗的报道并没有关注"民生"，反而是使市民生活庸俗化的助推器。他们对于弱势群体在道德观念、人际交往中真正遇到的现实困难反倒不予重视，个别媒体甚至对封建迷信、庸俗人情方面的社会现象推波助澜。

第二，新闻报道中对弱势群体存在的"刻板印象"、语言歧视、地域歧视等问题也较为常见。例如，《重庆上百"夜莺"当街揽客》中，作者两度提到"民工"一词。第一次是讲到"记者假扮民工接近卖淫者，装扮民工模样、手撑雨伞的记者刚一走上人行道不足5米，就见……"；第二次是谈到卖淫交易过程，"3名40来岁民工模样的男子先后从旁边一红衣女子处走过来，主动上前……"。这篇报道中，农民工两次出现，给人印象是嫖娼的主体是农民工。这很容易给公众留下印象：只有农民工才会做这种事。这必然会影响农民工的社会形象。还有一些报道动辄使用"瞎子"、"瘸子"、"泥腿子"等词，属于常见的言语歧视；而一些报道在说到犯罪嫌疑人时，总会加上"某某籍"，这其实是一种地域歧视。

二、理解与共情

和谐社会追求共赢的社会局面，贯彻在伦理原则上终究是互利原则的应用。互利原则是谋求个人与国家、个人与集体以及个人与个人利益上的协调，要求人们在实现自身利益时采取有利于社会、集体、他人的方式；即使在诸方利益发生冲突时，也努力通过折中、调和，尽可能使诸方利益合理分配。通常的困境是，个人利益与集体利益、他人利益发生矛盾时怎么办呢？传统的集体主义原则的态度是：个人必须无条件服从集体，必要时不妨牺牲个人。利他主义的态度是：个人应该将他人利益置于优先地位，毫不利己，专门利人。新集体主义价值观对利益冲突的态度是，一般情况下，不涉及国家、民族生死存亡的问题，如果个人与集体的正当利益发生冲突，应首先寻求某种妥协。如确实有必要要求个人做出牺牲，一定要通过协商，取得个人同意后方可实现集体利益，并要考虑对个人的某种补偿。

互利原则表现在人际关系处理中，就涉及同情原则。同情原则的应用原则是：新闻采写过程中，记者要对新闻报道中涉及的"人"给予充分的理解，设身处地地换位思考，而不是一味地"指导"或"指责"，或采取无动于衷的态度。

某家都市报在报道一民工被钢筋戳穿身体的新闻时，这样描写当时的情景："钢筋从他的'要害'处插入，将他像糖葫芦一样'串'了起来。""记者赶到华侨医院时……黄某的脸色因为痛苦万状而变成了猪肝色。"在这样的描写中，记者以津津乐道的"写实"主义手法展示当事人的痛苦，显得毫无同情心。

三、尊重

"和而不同"是和谐社会的核心和关键，"和谐"的本意就是不同事物的多样性统一，和谐的前提是对差异和多元的认可，和谐社会中新闻媒体也要尊重人的差异性，包括道德差异性。

新闻媒体对报道对象的"尊重"远远超出传统意义上人们对社交礼貌中的"尊重"的理解。这里，尊重本体论是人的尊严。新闻报道中的尊重原则主要指以下几个方面。

第一，尊重被报道对象的人格。

如前文所述，社会学者孙立平提出，当前中国社会结构最重要的变化就是"断裂"社会的出现。在断裂的社会中，生存质量的强烈反差本来就容易激发出弱势群体的不平衡心理，这时候，如果新闻报道或新闻报道所倡导的观念没有对弱势群体的尊重和关怀，无疑将加剧社会不平心理，引发社会仇恨，造成社会的不安定。在这种情况下，新闻媒介对各个社会阶层的平等与尊重，是减少偏见与摩擦、维护社会和谐所必需的道德品质。而这种"尊重"中流露出的姿态，不能是高高在上的怜悯，而是对人格平等真正理解后的同情。2011年8月，网友"浮一大白"发帖《这样的捐赠，你怎么看待？》，展示了一张广受争议的照片。照片是8月2日慈善家李春平在贵阳医学院附属医院，向急需骨髓移植但缺乏费用的贫寒少女杨柳捐赠30万元现金时拍下的。照片上，杨柳躺在病床上，枕边堆满了人民币。帖子引发热议，评论可想而知是一边倒的，最具代表性的说法是："受赠者也需要尊严，这样赤裸裸地将钱摆在身边拍照，是哪个干的缺德事？"这"缺德事"恰恰是新闻媒体的记者干的。这张照片暴露了我们某些传媒记者对被报道对象毫无尊重意识，以及骨子里的不平等态度。

第二，尊重被报道对象的价值观、信仰和生活方式。

如前所述，对危害社会安定、妨碍社会进步的观念和生活方式，新闻媒体应旗帜鲜明地加以反对。但反过来，对那些并不妨碍他人生活的价值观和生活方式，媒体要给予理解和尊重。

第三，尊重被报道对象的私人空间。

对于普通公众，新闻媒介无权去干扰他们的私人生活，即便针对公众人物，新闻媒介也不能粗暴地介入其私人生活。近年来，娱乐新闻领域出现的大量名人隐私报道对新闻媒体的道德形象造成了极为恶劣的影响。

参考文献

[1] 陈力丹. 精神交往论 [M]. 北京：开明出版社，1993.

[2] 陈汝东. 传播伦理学 [M]. 北京：北京大学出版社，2006.

[3] 成美，童兵. 新闻理论教程 [M]. 北京：中国人民大学出版社，1993.

[4] 曾庆香. 新闻叙事学 [M]. 北京：中国广播电视出版社，2005.

[5] 丁柏铨. 新闻理论新探 [M]. 北京：新华出版社，1999.

[6] 高平平，黄富峰. 传播与道德 [M]. 长沙：湖南大学出版社，2005.

[7] 高宜扬. 流行文化社会学 [M]. 北京：中国人民大学出版社，2006.

[8] 中国社会科学院应用伦理研究中心，香港浸会大学应用伦理学研究中心. 中国应用伦理学 [M]. 北京：中央编译出版社，2004.

[9] 顾潜. 中西方新闻传播：冲突·交融·共存 [M]. 上海：复旦大学出版社，2003.

[10] 韩明谟. 中国社会与现代化 [M]. 北京：中国社会出版社，1998.

[11] 韩运荣，喻国明. 舆论学：原理、方法与应用 [M]. 北京：中国传媒大学出版社，2005.

[12] 侯玉波. 社会心理学 [M]. 北京：北京大学出版社，2002.

[13] 黄建钢，宋富军，李百奇，等. 社会稳定问题研究 [M]. 北京：红旗出版社，2005.

[14] 景天魁. 社会公正理论与政策 [M]. 北京：社会科学文献出版社，2004.

[15] 李斌雄.中国共产党的价值观研究[M].北京:中国社会科学出版社,2003.

[16] 李钢.社会转型代价论[M].太原:山西教育出版社,1999.

[17] 廖申白,孙春晨.伦理新视点[M].北京:中国社会科学出版社,1997.

[18] 刘建明.现代新闻理论[M].北京:民族出版社,1999.

[19] 刘建明.媒介批评通论[M].北京:中国人民大学出版社,2001.

[20] 罗国杰.道德教育与价值导向[M].北京:教育科学出版社,2000.

[21] 马洪.中国发展研究[M].北京:中国发展出版社,2003.

[22] 茅于轼.中国人的道德前景[M].广州:暨南大学出版社,2003.

[23] 倪瑞华.可持续发展的伦理精神[M].北京:中国社会科学出版社,2004.

[24] 汝信.2002年:中国社会形势分析与预测[M].北京:社会科学文献出版社,2002.

[25] 汝信.2003年:中国社会形势分析与预测[M].北京:社会科学文献出版社,2003.

[26] 汝信.2007年:中国社会形势分析与预测[M].北京:社会科学文献出版社,2006.

[27] 莲香,等.中国社会文化心理[M].北京:中国社会出版社,1998.

[28] 司马云杰.文化价值论:关于文化建构价值意识的学说[M].西安:陕西人民出版社,2003.

[29] 宋惠昌. 应用伦理学 [M]. 北京：中共中央党校出版社，2008.

[30] 孙聚成. 信息力：新闻传播与国家发展 [M]. 北京：人民出版社，2006.

[31] 孙隆基. 中国文化的深层结构 [M]. 桂林：广西师范大学出版社，2004.

[32] 谭敏. 什么是中国的和谐 [M]. 广州：广东经济出版社，2005.

[33] 谭忠诚，陈少锋，伦理学研究 [M]. 福州：福建人民出版社，2006.

[34] 唐凯麟. 伦理大思路当代中国道德和伦理学发展的理论审视 [M]. 长沙：湖南人民出版社，2001.

[35] 王海明. 新伦理学 [M]. 北京：商务印书馆，2001.

[36] 王怀超. 社会发展理论研究 [M]. 北京：中共中央党校出版社，2002.

[37] 王正平，周中之. 现代伦理学 [M]. 北京：中国社会科学出版社，2001.

[38] 王正平. 伦理学与现时代 [M]. 上海：上海三联书店，2004.

[39] 韦政通. 伦理思想的突破 [M]. 北京：中国人民大学出版社，2005.

[40] 文崇一. 中国人：观念与行为 [M]. 南京：江苏教育出版社，2006.

[41] 肖雪慧. 守望良知：新伦理的文化视野 [M]. 沈阳：辽宁人民出版社，1998.

[42] 薛澜，张强. 危机管理 [M]. 北京：清华大学出版社，2003.

[43] 杨国枢. 中国人的心理 [M]. 南京：江苏教育出版社，2006.

[44] 张岱年，方克立. 中国文化概论 [M]. 北京：北京师范大学出版社，2004.

[45] 张敦福. 现代社会学教程 [M]. 北京：高等教育出版社，2001.

[46] 章辉美. 社会转型与社会问题 [M]. 长沙：湖南大学出版社，2004.

[47] 章海山，张建如. 伦理学引论 [M]. 北京：高等教育出版社，1999.

[48] 赵玉明，王福顺. 广播电视词典 [M]. 北京：北京广播学院出版社，1999.

[49] 郑保卫. 当代新闻理论 [M]. 北京：新华出版社，2003.

[50] 郑杭生，等. 中国社会发展研究报告 2005 [M]. 北京：中国人民大学出版社，2005.

[51] 朱效梅. 大众文化研究：个文化与经济互动发展的视角 [M]. 北京：清华大学出版社，2003.

[52] 朱贻庭. 伦理学小词典 [M]. 上海：上海辞书出版社，2004.

[53] [美] 弗兰克·梯利. 伦理学概论 [M]. 何意，译. 北京：中国人民大学出版社，1987.

[54] [德] 赫尔穆特·施密特. 全球化与道德重建 [M]. 柴方国，译. 北京：社会科学文献出版社，2001.

[55] [美] 哈罗德·D. 拉斯韦尔. 世界大战中的宣传技巧 [M]. 田青，张洁，译. 北京：中国人民大学出版社，2003.

[56] [美] 杰克·富勒. 信息时代的新闻价值观 [M]. 陈莉萍，译. 北京：新华出版社，1998.

[57] [美] 约翰·菲斯克. 关键概念传播与文化研究辞典 [M]. 李彬，译. 北京：新华

出版社, 2004.

[58] [英]约翰·斯道雷. 文化理论与通俗文化导论[M]. 杨竹山,郭发勇,周辉,译. 南京:南京大学出版社, 2001.

[59] [英]诺曼·费尔克拉夫. 话语与社会变迁[M]. 殷晓蓉,译. 北京:华夏出版社, 2003.

[60] [美]塞缪尔·亨廷顿,劳伦斯·哈里森. 文化的重要作用:价值观如何影响人类进步[M]. 程克雄,译. 北京:新华出版社, 2002.

[61] [美]斯蒂文·小约翰. 传播理论[M]. 陈德民,叶晓辉,译. 北京:中国社会科学出版社, 1999.

[62] [加拿大]文森特·莫斯可. 传播:在政治和经济的张力下:传播政治经济学[M]. 胡正荣,等译. 北京:华夏出版社, 2000.

[63] [荷]托伊恩·A.梵·迪克. 作为话语的新闻[M]. 曾庆香,译. 北京:华夏出版社, 2003.